中国高等教育学会高校辅导员队伍建设与发展研究专项课题项目(项目批准号:2020FDZ01)
山东省社会科学规划研究项目文丛·青年项目(项目批准号:21DJYJ09)

# 新时代大学劳动教育论纲

## ——基于山东大学的探索与实践

王君松　主编

山东大学出版社
SHANDONG UNIVERSITY PRESS
·济南·

**图书在版编目(CIP)数据**

新时代大学劳动教育论纲:基于山东大学的探索与实践/王君松主编.—济南:山东大学出版社,2022.12

ISBN 978-7-5607-6917-2

Ⅰ.①新… Ⅱ.①王… Ⅲ.①高等学校-劳动教育-研究-中国 Ⅳ.①G40-015

中国版本图书馆CIP数据核字(2022)第067046号

责任编辑 刘 彤
文案编辑 杨露宾
封面设计 王秋忆

**新时代大学劳动教育论纲**

XINSHIDAI DAXUE LAODONG JIAOYU LUNGANG

——基于山东大学的探索与实践

出版发行 山东大学出版社
社 址 山东省济南市山大南路20号
邮政编码 250100
发行热线 (0531)88363008
经 销 新华书店
印 刷 山东和平商务有限公司
规 格 787毫米×1092毫米 1/16
15.5印张 237千字
版 次 2022年12月第1版
印 次 2022年12月第1次印刷
定 价 50.00元

# 《新时代大学劳动教育论纲》
# 编委会

**主　　编**　王君松

**副 主 编**　张　熙　翁祥栋

**编委会成员**　（按姓氏笔画排序）

马海波　王永军　方　华　朱云龙

李　齐　李　磊　刘　政　杜恩义

张　洁　张婷婷　陈诗宜　范清涵

封　莹　桑军帅　贾彦楠　路云生

**主　　审**　姜炳刚

# 前　言

“民生在勤，勤则不匮”，劳动是一切幸福的来源。习近平总书记指出：“我国工人阶级和广大劳动群众在实现中国梦伟大进程中拼搏奋斗、争创一流、勇攀高峰，为决胜全面建成小康社会、决战脱贫攻坚发挥了主力军作用，用智慧和汗水营造了劳动光荣、知识崇高、人才宝贵、创造伟大的社会风尚，谱写了‘中国梦·劳动美’的新篇章。”①中国共产党自成立以来，把马克思主义劳动观与社会主义革命、建设、改革深度融合，形成了符合我国实际的特色劳动理论。新时代党中央高度重视劳动教育，随着社会实践的推进，劳动教育成为中国特色社会主义教育制度的重要内容。

习近平总书记强调：“把劳动教育纳入人才培养全过程，贯通大中小学各学段和家庭、学校、社会各方面。”②这一重要论述不仅为新时代加强劳动教育奠定了基本基调，更提供了根本遵循。劳动教育作为中国特色社会主义教育制度的重要内容，自提出以来便备受关注，是社会主义建设者和接班人生命成长中不可或缺的关键课程，直接影响了其世界观、人生观、价值观的塑造。《中共中央、国务院关于全面加强新时代大中小学劳动教育的意见》（以下简称《意见》），以及为更好地落实《意见》，由教育部研制印发的《大

① 习近平：《在全国劳动模范和先进工作者表彰大会上的讲话（2020 年 11 月 24 日）》，《中华人民共和国国务院公报》2020 年第 34 期。

② 习近平：《在全国劳动模范和先进工作者表彰大会上的讲话（2020 年 11 月 24 日）》，《中华人民共和国国务院公报》2020 年第 34 期。

中小学劳动教育指导纲要(试行)》更是为全国各地大中小学丰富劳动教育形式、细化劳动教育内容、拓展劳动教育途径指明了方向。政策与指导纲要的预期目标,只有在执行中才能达成,因此怎样从“课”到“育”,让新时代劳动教育起好步,就成了我们当前的重要任务。

首先,准确把握新时代劳动教育的教育目标。劳动教育不仅有劳动技能的目标要求,还包括劳动知识、劳动素养、劳动品质和劳动价值观等内容。大力开展劳动教育,全力推动劳动教育在学生心里生根、发芽、枝繁叶茂,要高度重视课堂教学和第二课堂中的劳动教育,打破传统教育模式。发挥教育者的主导作用,创造机会和条件、创新内容和形式、创设情境和平台;发挥受教育者的主体作用,崇尚劳动、尊重劳动、热爱劳动。

其次,深刻理解新时代劳动教育的本质特性。思想性与实践性相统一,意味着把劳动课堂搬到真实场景中,学生需要将所学知识运用于实践体悟劳动,掌握必备的劳动技能,反对一切贪图享乐、不劳而获的思想,在发现问题、解决问题的基础上获得持续创造幸福生活的能力。社会性与协同性相统一,意味着劳动课堂与社会接轨,与家庭、社区、企业等多方联动,充分发挥协同育人作用,引导学生树立正确的劳动观念,提高分工协作意识和个人劳动素质,增强家庭责任感和社会责任感,学会认识世界、改造世界,推动社会的改革和进步。

最后,积极探索新时代劳动教育的推进体系。新时期,要致力于全方位全过程进行劳动教育,紧紧围绕培养什么人、怎样培养人、为谁培养人这一根本问题,深刻把握劳动教育与德育、智育、体育、美育的内在联系,遵循教育规律,切实推进劳动教育地位的提高。例如,与创新创业教育等高等教育人才培养中不可或缺的重要形式关联配合,增强针对性和时代性,都不失为开创高校劳动教育新格局、构建劳动教育体系的良计。

山东大学始建于1901年,作为中国创办最早的高校之一,在中国劳动教育发展的历程中留下了浓墨重彩的印记。劳动教育的发展从山东大学堂时萌芽,到党的十八大以来紧跟党和国家的脚步取得新发展,一百二十年来,一代代山大人将劳动教育以更切实全面的举措融入教育教学和人才培养全过程,使劳动意识的提高、劳动习惯的养成、劳动技能的培养和劳动精神的传承变成一个长期持续的过程，取得了丰硕成果。习近平总书记给《文史哲》编辑部全体编辑人员回信中传达的鲜明指示精神更是为山东大学落实立德树人、加快构建学科体系提供了根本遵循。面向未来，山东大学将进一步深化劳动教育内涵，拓展劳动教育外延，利用新科技手段积极探索劳动教育的新模式，推动劳动教育高质量发展，为党和国家培养担当民族复兴大任的新型人才。

本书积极响应党中央号召，深入贯彻党的二十大精神，重点在于系统提炼劳动教育在课堂教学、第二课堂中的发展历程，总结发展规律，探索劳动教育的实施路径，激励当代青年积极投身于建设中国特色社会主义现代化强国和民族复兴伟大事业。本书主要内容在于阐释高校为什么要开展劳动教育，继而总述山东大学办学历史中劳动教育发展过程，回应劳动教育推进困境，探索高校劳动教育日益完善的工作格局和切实可行的实施路径。通过对比国外劳动教育开展现状和国内不同时期劳动教育发展措施，进行经验总结、规律探索与模式分析，启发新时期劳动教育工作者的创新思维。

总之，本书以习近平新时代中国特色社会主义思想为指导，立足"两个一百年"的历史交汇期和全党全国各族人民迈上全面建设社会主义现代化国家新征程的重要历史节点，在学校党委副书记王君松的带领下，由共青团山东大学委员会牵头完成，系统总结了劳动教育的发展历程、呈现形式和实践路径，阐明劳动教育在高校人才培养体系中的定位与功能，按照实然的实践凝练和应然的经验提升相结合的逻辑，助力更好实现立德树人的根本目标。本书经过两年多的编写与打磨，既可作为山东大学劳动教育工作开展的指导材料和学生的学习材料，亦可为兄弟院校提供参考，同时望社会各界提出宝贵意见。

编 者<br>2022 年 12 月

# 目　录

# 第一章　总　论

劳动来源于人类改造自然、创造社会的伟大实践，劳动者、劳动对象和劳动资料是劳动的三大要素。开展劳动教育是推动劳动发展与变革的重要方式，劳动教育本身的形态、内容、目标、方法和途径等也随之变化更新。习近平总书记在党的二十大报告中指出，要“在全社会弘扬劳动精神、奋斗精神、奉献精神、创造精神、勤俭节约精神”。新时代，加强劳动教育是继承和发展马克思主义劳动观、贯彻落实习近平新时代中国特色社会主义思想的重要体现，强化大学生劳动教育势在必行、意义非凡。国内外劳动教育发展的程度和现状是不同的，了解和分析不同时期、不同地区的劳动教育状况对开展好新时代劳动教育具有重要的指导和借鉴意义。

## 第一节　劳动教育概述

劳动创造了人本身，劳动发展了世界。劳动是积累财富的过程，也是人类自我创造和完善的过程。劳动的具体含义随着社会的进步和发展不断丰富，劳动与人、劳动与社会发展的关系也变得更加密切。劳动教育是培养德智体美劳全面发展的社会主义建设者和接班人的重要环节，是新时代社会主义教育的本质特征。马克思主义经典作家和中国共产党人对劳动教育的含义、内容、形式、意义等进行了充分的阐述和表达，推动了劳动教育的丰富发展。在新时代，作为中国特色社会主义教育制度重要内容的劳动教育被赋予了更重要的时代责任和历史使命。

## 一、劳动概述

### (一)劳动

从字面意思来看,在英文中,“劳动”为“labour”,来自古法语的“labor”和拉丁语的“laborem”,意为“工作”“辛苦”等。在汉语中,古代金文的“劳”字是由上边两个“火”字和下面一个“心”字构成的,表示火在心头燃烧的意思,是一种忧心如焚的状态。这个字在当时应该是指人的心力或者脑力的劳动,而不包括体力劳动。“动”字在金文中与“童”字相通,“童”字则是由上半部分的刻刀和下半部分的人的眼睛构成,意为在人的眼睛上方即额头上刺字,这在当时意味着对罪人或奴隶的惩罚,不仅表现出奴隶辛勤劳作的情况,也透露出他们低下的社会地位。所以可以推测,“劳动”在古代意为“心”与“力”皆劳,即体力劳动与脑力劳动结合的辛苦工作。

需要注意的是,劳动的内涵是具体的、历史的,是随着人类的进步和社会的发展而不断变化的。目前被广泛认同即比较成熟的“劳动”的概念是由马克思提出并完善的,在他之前,每一个时代的哲学家都对“劳动”有着符合那个时代的解释。在古希腊,劳动仅仅是一种会说话的工具——奴隶所具有的职能。在当时的贵族和奴隶主看来,劳动者是一个卑贱、低俗的群体。不过这种对劳动的轻视态度随着社会进步和经济发展开始逐渐转变,出于资本主义生产生活的需要,古典经济学家开始对劳动问题进行特别研究,形成了丰富的、具有开创意义的劳动思想。但是他们始终把“劳动”作为一个政治经济学概念来使用,在他们的观念中,劳动是创造财富的手段,财富增长是劳动的根本目的。德国古典哲学家的代表黑格尔则把“劳动”概念由经济学领域提升到了哲学领域,赋予“劳动”哲学内涵,认为劳动是绝对精神在塑造世界时的外化,把劳动看作人的本质,是一种抽象的精神活动。黑格尔对“劳动”概念的阐释虽然具有明显的局限性,却深入社会历史观的核心部分,具有深远意义。真正对“劳动”做出正确解释和理解的是马克思,他在对“劳动”概念的理解上,实现了对古典经济学家们和古典哲学家黑格尔“劳动”概念的超越。马克思对黑格尔哲学中的劳动主题进行了改造,批判和克服了黑格尔的唯心主义，同时也对古典经济学中的“劳动”概念进行了批判，提出了异化劳动理论。马克思认为，“劳动首先是人和自然之间的过程，是人以自身的活动来引起、调整和控制人与自然之间的物质变换的过程”[①]，“劳动”已经不单单是一个经济学的、人类学的或生物学意义上的概念，而是应从哲学层面来加以理解和把握，从人的生命活动、人的存在方式上来理解。

劳动是主观作用于客观的能动的实践活动，人依靠劳动来改变外部世界和周围环境，劳动产生生产力，生产力决定了社会历史的发展。劳动的三要素为劳动者、劳动资料和劳动对象。这也是影响生产力发展的三要素。劳动者通过劳动改变自然、改造世界，同时劳动者自身的生理、心理、智慧、人格等也都发生了变化，劳动能力和方法得到了训练和发展，即“劳动创造了人本身”。劳动资料即劳动者在劳动中使用的、凭借的、依靠的自然物质和工具，“劳动工具更能显示一个社会生产时代的具有的决定意义的特征”[②]，这说明劳动工具与社会生产时代特征息息相关。劳动对象包括直接从自然界获取的材料或者已经经过二次加工改造的材料，劳动对象越来越丰富，说明人类改造自然的能力在不断提升。

（二）劳动与人的关系

劳动体现着人的本质，劳动创造了人，劳动是人创造历史的基本条件，因为只有劳动才能改造自然，获得人类赖以生存的物质基础，满足自身发展的需要，所以劳动体现着人的本质，这也是人与动物相区别的最根本的标志。马克思在《1844年经济学哲学手稿》中写道：“一个种的全部特性，种的类特性就在于生命活动的性质，人的类特性恰恰就是自由的自觉的活动。”[③]动物的生命活动仅仅是一种生存活动，只能以自己的本能去适应环境从而获得生存权，但是人的生命活动除了是生存活动，还是一种生活活动，以劳动的方式去主动改变这个世界以满足自己物质和精神的需求，同时自己还得到了良好的发展。人在能动地改变对象的同时，也在发展并确认着自己的本质力量，人通过劳动把自己的知识、技能、意图物化到对象

① 《马克思恩格斯文集》第5卷，人民出版社2009年版，第207页。
② 《马克思恩格斯文集》第5卷，人民出版社2009年版，第210页。
③ 《马克思恩格斯全集》第42卷，人民出版社1979年版，第96页。

中，改变并且占有对象，在此过程中也发展了自己的本质力量。

劳动是人类获取社会物质资料和精神资料以维持生存的根本条件和源泉。从唯物主义的视角来看，物质的根本属性是客观实在性，也就是说物质无法被创造和消灭，但自然事物是客观物质属性与存在形态二者相统一的产物，因此，其存在形态是可以被改变的。客观来说，自然界中能够直接以自己原本的形态来满足人类衣食住行需求的生产资料并不多，大部分是需要通过一种中介来促成其转换为人类直接需求之物。一般来说，自然物质本身不会向对人类生存与发展有益的形态自动转变，这个中介只能从人类本身中去寻找，即集物质与意识为一体的人类劳动。

劳动促进人的全面发展，人推动劳动方式的变革。人是劳动的主体，人的对象性的生命活动就是劳动。现实的人不是抽象的个体，而是在一定物质基础上从事物质生产劳动的人。劳动本身会直接地锻炼人的劳动能力，提高人的劳动水平，磨炼人的劳动意志，夯实人的劳动和生活基础，促进人的全面发展。劳动是多种多样的，生产生活、工作学习、交流实践等等都是劳动的具体形式，不同的劳动形式对人的发展有不同的推动作用、不同的影响。

### （三）劳动与社会发展的关系

劳动是人类社会存在和发展的基础，马克思曾说："任何一个民族，如果停止劳动，不用说一年，就是几个星期，也要灭亡，这是每个小孩都知道的。"[①]这说明劳动对于一个民族、国家和社会的存在与发展是至关重要的。劳动决定和制约着社会结构，劳动的发展变化必然带来社会的发展与进步。劳动推动了社会的发展，是一切历史的前提和基础。社会经济结构、政治结构和文化结构及其发展状况，都直接或间接地受劳动手段的制约。另外，劳动工具的不同也代表了人类社会发展进步水平的不同。在以简单加工的石器为主要劳动工具的时代是不可能有现代高度发达的物质资料、精神文明和复杂的社会结构的。生产力的发展决定着社会的发展水平，而劳动工具则对生产力的发展发挥着重要作用，工业革命的过程就是人们改造劳动工

① 《马克思恩格斯文集》第 10 卷，人民出版社 2009 年版，第 289 页。

具的过程，进而可以更有效率地、更方便快捷地、更大范围地去改造自然世界，引发了生产力的变革和进步，最终推动人类社会不断向前发展。因此，人们的物质生产实践是社会发展的最终决定力量，劳动方式的发展带来了社会系统的活力增强和社会的发展进步。

习近平总书记指出："劳动是财富的源泉，也是幸福的源泉。人世间的美好梦想，只有通过诚实劳动才能实现；发展中的各种难题，只有通过诚实劳动才能破解。生命里的一切辉煌，只有通过诚实劳动才能铸就。"①这一论述阐明了劳动是完成社会变革、推动社会发展的必由之路，唯有劳动才能取得发展。自新中国成立以来，正是因为我们有一支爱劳动、能劳动和会劳动的劳动者大军在各个岗位上奋勇争先、努力拼搏、勤恳劳动，中国特色社会主义事业的大厦才越建越高、越建越稳、越建越快！

## 二、劳动教育概述

### （一）劳动教育含义

如何对"劳动教育"这一概念做出科学的界定是一个复杂的问题，因为从我国的历史文化语境出发，就会发现"劳动教育"在一个相当长的时期内并不是一个独立的概念，常常与"劳动技术教育""综合技术教育""技术教育"概念交叉重叠出现，这三个范畴之间既相互联系，又有其各自的侧重点。而且阐释某一事物的概念，不仅要揭示概念的内涵与外延，同时要避免脱离历史和现实状态的"寻根"。具体来说，"劳动教育"在一定历史时期出现了"手工劳动""劳动教育""工艺劳动""劳作教育""综合技术教育""劳动技术教育"等一系列表述上的变化。可以说，在每个时期，关于"劳动教育"这一概念的界定都不尽一致。

目前，对"劳动教育"的定义无外乎以下几个层面的内容。

1.劳动教育是德育的重要内容之一

《中国大百科全书》对"劳动教育"的定义是："使学生树立正确的劳动观点

---

① 习近平：《在同全国劳动模范代表座谈时的讲话》，《人民日报》2013 年 4 月 29 日。

和劳动态度，热爱劳动和劳动人民，养成劳动习惯的教育，是德育的内容之一。"[①]《辞海》对"劳动教育"的解释是："劳动教育是德育的内容之一，是对学生进行热爱劳动和劳动人民、珍惜劳动成果、树立正确的劳动观点和劳动态度、通过日常生活培养劳动习惯和技能的教育活动。"[②]所以，劳动教育具有明显的德育属性，侧重热爱劳动和劳动人民的情感、正确劳动观念和态度的培养，把劳动习惯和技能的教育看作是日常生活培养的结果，并不突出劳动教育的智育价值。但是把劳动教育作为德育内容之一加以界定，这一定义将劳动教育置于德育内容之中，使其成为德育的附属品，掩盖了劳动教育自身的独特性。劳动教育与德育既紧密相连，又相互区别。德育一般是以思想教育为主，结合训练学生的道德行为；而劳动教育则一般是以劳动实践为主，结合思想教育。尽管劳动实践可以作为培养学生道德思想的一种重要方式，但是劳动教育和德育的关注点和目的存在本质差异。

2.劳动教育是智育的重要内容之一

成有信在其《教育学原理》中更是直截了当地将"劳动教育"定义为"培养学生具有现代工农业生产的基本知识和基本技能的教育"[③]。《教师百科辞典》对"劳动教育"的定义是："劳动教育就是向受教育者传播现代生产的基本知识和技能，培养他们具有正确的劳动观点、劳动习惯和热爱劳动人民、劳动成果的感情。劳动教育十分重视劳动过程中的智力因素，把平凡的劳动同创造性劳动结合起来，把简单的劳动与富有知识的劳动结合起来。"[④]这两种定义都更强调劳动教育的智育属性，认为劳动教育的目标是传播现代生产基本知识和技能、提高社会劳动力总体的智力水平，从而更好地开展和从事劳动。

3.劳动教育是德育和智育两者的结合

在《中国百科大辞典》中，"劳动教育"和"技术教育"的定义为："劳动教育是以劳动实践为主，结合进行思想教育。技术教育是使学生掌握一定的

---

① 《中国大百科全书》总编委会编：《中国大百科全书》，中国大百科全书出版社 2009 年版，第 425 页。

② 《辞海》编辑委员会编纂：《辞海》，上海辞书出版社 1999 年版，第 383～384 页。

③ 成有信：《教育学原理》，河南教育出版社 1993 年版，第 390 页。

④ 《教师百科辞典》编委会编：《教师百科辞典》，社会科学文献出版社 1987 年版，第 317 页。

生产知识及技术和劳动技能。其实施有利于培养学生的劳动观点、劳动技能和劳动习惯,为普通教育和职业教育打下基础。”[①]由此可以看出,劳动教育更偏重德育,而技术教育偏重智育,两者结合共同培养劳动观点、劳动技能和劳动习惯。也有学者表示,“劳动教育是使青少年学生获得正确劳动观念、劳动习惯、劳动情感、劳动精神,了解和懂得生产技术知识,掌握生活和劳动技能,在劳动创造中追求幸福感的育人活动。它包括劳动思想观念的教育、劳动技术知识和劳动技能的教育”[②]。以上定义都在强调劳动教育具有思想品德教育和知识技能教育的双重属性,是德育和智育的结合。

(二)马克思主义的劳动观

在马克思主义经典著作中有很多关于劳动的论述,如《1844 年经济学哲学手稿》提出了“异化劳动”,《德意志意识形态》提出了“物质生产劳动”,《资本论》和很多手稿则是围绕“雇佣劳动”“剩余劳动”“自主劳动”等展开论述的。通过对劳动与人类起源、劳动与社会进步、劳动与人类发展辩证统一关系的详细论述,建构了马克思主义的劳动观。

1.劳动与人类起源

在《1844 年经济学哲学手稿》中,马克思指出:“正是在改造对象世界中,人才真正地证明自己是类存在物。这种生产是人的能动的类生活。通过这种生产,自然界才表现为他的作品和他的现实。因此,劳动的对象是人的类生活的对象化:人不仅象在意识中那样理智地复现自己,而且能动地、现实地复现自己,从而在他所创造的世界中直观自身。”[③]正是劳动,彻底将人与猿区别开来。恩格斯在《劳动在从猿到人转变过程中的作用》中指出:“其实劳动和自然界一起才是一切财富的源泉,自然界为劳动提供材料,劳动把材料变为财富。但是劳动还远不止如此。它是整个人类生活的第一个基本条件,而且达到这样的程度,以致我们在某种意义上不得不说:劳动创造了人本身。”[④]所以,劳动是人类赖以生存、发展的决定力量。在劳动的直接推动

① 中国大百科辞典编委会编著:《中国大百科辞典》,华夏出版社 1990 年版,第 460～461 页。

② 徐长发:《劳动教育是人生第一教育》,《中国农村教育》2015 年第 10 期。

③ 《马克思恩格斯全集》第 42 卷,人民出版社 1979 年版,第 97 页。

④ 《马克思恩格斯选集》第 3 卷,人民出版社 1972 年版,第 508 页。

下，人类经历了从早期猿人到晚期智人的发展过程。劳动促使人类的脑容量不断增加，体态特征越来越接近现代人。人类智力得到进化，使劳动工具日益得到改进和多样化，人类的物质生活逐渐丰富起来。

2.劳动与社会进步

在《德意志意识形态》一书中，马克思和恩格斯指出："我们首先应当确定一切人类生存的第一个前提也就是一切历史的第一个前提，这个前提就是：人们为了能够'创造历史'，必须能够生活。但是为了生活，首先就需要衣、食、住以及其他东西。因此第一个历史活动就是生产满足这些需要的资料，即生产物质生活本身。同时这也是人们仅仅为了能够生活就必须每日每时都要进行的（现在也和几千年前一样）一种历史活动，即一切历史的基本条件。"[①]在他们看来，劳动是"一切历史的基本条件"，有了人类的劳动，有了满足人类生存必需的前提，才产生了生活和历史。马克思从唯物主义立场出发，充分肯定了劳动对于整个人类和人类社会发展的重要意义。他进一步强调指出："任何一个民族，如果停止劳动，不用说一年，就是几个星期，也要灭亡，这是每一个小孩都知道的。"[②]

3.劳动与人类发展

自然界、人类社会还有人的思维都处在不断地运动、变化和发展过程中，人类社会的发展是前进性与曲折性的统一。实践是人能动地改造客观世界的物质活动，是人所特有的对象性活动。人的实践活动具有自主性，人通过实践来认识和把握客观规律，而且能够利用客观规律。同时，实践还具有创造性，它创造出按照自然规律本身无法产生或产生的概率几乎等于零的事物。实践的自主性和创造性一起，共同体现了人的主体性特征。马克思以异化劳动理论为基础，尖锐批判了资本主义社会异化扭曲人的本质。在私有制条件下，本应是"自由自觉的活动"的生产劳动却变成了异化劳动，劳动本身成为劳动者的一种异己的力量。从本质上看，劳动异化折射出的恰恰是因私有制而导致的无产阶级和资产阶级的对立。在马克思看来，在未来的共产主义社会里消灭了旧式的社会分工，消灭了异化劳动，劳动将成

① 《马克思恩格斯选集》第1卷，人民出版社1972年版，第32页。

② 《马克思恩格斯全集》第32卷，人民出版社1974年版，第541页。

为人们生活的第一需要，将人的本质重新还给人，从而实现人的自由全面发展。马克思深刻指出，生产劳动同智育和体育相结合，它不仅是提高社会生产的一种方法，而且是实现人的解放、造就全面发展的人的唯一方法。

### （三）中国共产党人关于劳动教育的论述

中国共产党是马克思主义的坚定信仰者，也是中华优秀传统文化的传承者和弘扬者。在革命、建设、改革进程中，中国共产党把马克思主义劳动观与中华优秀传统文化融会贯通，形成了独具特色的劳动理论，并在实践中坚持教育与生产劳动相结合，将劳动教育发展成为中国特色社会主义教育制度的重要内容。新中国成立后，毛泽东同志指出，教育必须为无产阶级政治服务，必须同生产劳动相结合。改革开放新时期，邓小平同志强调，现代经济和技术的迅速发展，要求教育质量和教育效率的迅速提高，要求我们在教育与生产劳动结合的内容上、方法上不断有新的发展。在全面建设小康社会的新时期，江泽民同志站在时代的高度，继承并进一步发展了教育与生产劳动相结合的思想，将新时期教育与生产劳动相结合明确为教育与实践相结合，强调理论联系实际，学以致用，培养全面发展的人才。进入 21 世纪之后，国际形势愈发复杂，胡锦涛同志提出了“体面劳动”，认为劳动者的劳动不只是谋生手段，而且是提升自我的方式，国家和用人单位要采取各种保障机制，为劳动者营造一个良好的劳动环境，要让劳动者在劳动过程中得到尊重，获得幸福感。

### （四）习近平总书记关于劳动的重要论述

党的十八大以来，习近平总书记发表系列重要讲话，就劳动、劳动者、劳模精神、中国梦等内容进行了系统论述，在充分继承马克思主义思想的基础上，进一步发展了马克思主义劳动观，开创了新时代中国特色社会主义劳动思想新境界。习近平关于劳动的重要论述回应了新时代的重大关切，包含了劳动价值观、劳动教育观、劳动发展观、劳动实践观等丰富内涵，成为新时代推动劳动事业发展的思想遵循和行动指南。

中国特色社会主义进入新时代以来，以习近平同志为核心的党中央高度重视劳动教育，对办好新时代劳动教育、培养堪当民族复兴大任的时代新人提出明确要求。2020 年 3 月，中共中央、国务院印发《关于全面加强新时代大中小学劳动教育的意见》（以下简称《意见》），要求全面贯彻党的教育方针，坚持立德树人，把劳动教育纳入人才培养全过程，贯通大中小各学段，贯穿家庭、学校、社会各方面，创新体制机制，注重教育实效，实现知行合一，促进学生形成正确的世界观、人生观、价值观。

1.劳动价值观

习近平总书记高度重视劳动的价值作用，在多个场合、多次讲话中从劳动创造人类、创造社会、创造民族、创造财富、创造幸福等不同角度阐述了劳动在人类社会发展中的重要价值。他指出，“人类是劳动创造的，社会是劳动创造的”①，“劳动是财富的源泉，也是幸福的源泉”，“劳动创造了中华民族，造就了中华民族的辉煌历史”②。习近平总书记还指出，人世间的美好梦想，只有通过诚实劳动才能实现；发展中的各种难题，只有通过诚实劳动才能破解；生命里的一切辉煌，只有通过诚实劳动才能铸就；中华民族的光明未来，也必将由劳动创造。在国家层面要弘扬劳模精神、劳动精神，为实现中华民族伟大复兴的中国梦注入强大精神动力。在社会层面要弘扬劳模精神、劳动精神，为中国特色社会主义事业汇聚强大的正能量。个人层面，工人在工厂车间，弘扬“工匠精神”，精心打磨每一个零部件，生产优质的产品；农民在田间地头，精心耕作，努力赢得丰收；店员在商场店铺，笑迎天下客，童叟无欺，提供优质的服务，在平凡岗位上也都能干出不平凡的业绩，成就精彩的人生，为社会进步作出贡献。

2.劳动教育观

习近平新时代中国特色社会主义思想对新时代劳动教育的开展具有划时代的重大指导意义。习近平总书记在全国教育大会上指出，“培养德智体美劳全面发展的社会主义建设者和接班人”③，“要在学生中弘扬劳动精神，教育引导学生崇尚劳动、尊重劳动，懂得劳动最光荣、劳动最崇高、劳动最伟

① 习近平：《在知识分子、劳动模范、青年代表座谈会上的讲话》，《人民日报》2016 年 4 月 30 日。

② 习近平：《在同全国劳动模范代表座谈时的讲话》，《人民日报》2013 年 4 月 29 日。

③ 习近平：《培养德智体美劳全面发展的社会主义建设者和接班人》，中共中央党史和文献研究院编：《十九大以来重要文献选编》上，中央文献出版社 2019 年版，第 647 页。

大、劳动最美丽的道理,长大后能够辛勤劳动、诚实劳动、创造性劳动”①。习近平总书记强调:“要开展以劳动创造幸福为主题的宣传教育,把劳动教育纳入人才培养全过程,贯通大中小学各学段和家庭、学校、社会各方面,教育引导青少年树立以辛勤劳动为荣、以好逸恶劳为耻的劳动观,培养一代又一代热爱劳动、勤于劳动、善于劳动的高素质劳动者。”②这些重要论述高扬劳动教育的旗帜、丰富发展党的教育方针的同时,给予了劳动教育新的定位,具有重大的时代价值和鲜明的现实针对性。

3.劳动发展观

“要通过各种措施和方式,教育引导广大青少年牢固树立热爱劳动的思想、牢固养成热爱劳动的习惯,为祖国培养一代又一代勤于劳动、善于劳动的高素质劳动者。”③习近平总书记对广大青少年的劳动教育十分重视,指出要从青少年开始厚植劳动情怀、涵养劳动素质,极大地推动了劳动教育的开展。习近平总书记强调:“要教育孩子们从小热爱劳动、热爱创造,通过劳动和创造播种希望、收获果实,也通过劳动和创造磨炼意志、提高自己。”④切实加强劳动教育,努力把广大青少年培养成勤于劳动、善于劳动、热爱劳动的高素质劳动者,同时也旨在通过劳动教育来提高广大中小学生的劳动素养,促进他们养成良好的劳动习惯和积极的劳动态度,培养他们勤奋学习、自觉劳动、勇于创造的精神,为自身的全面发展打下坚实的基础。

4.劳动实践观

习近平总书记指出,劳动可以树德、可以增智、可以强体、可以育美。青少年学生中出现了劳动机会缺少、劳动意识缺乏、不会劳动、轻视劳动等现象。要通过教育引导,在青年学生中牢固树立“空谈误国,实干兴邦”观念,

---

① 习近平:《培养德智体美劳全面发展的社会主义建设者和接班人》,中共中央党史和文献研究院编:《十九大以来重要文献选编》上,中央文献出版社 2019 年版,第 653 页。

② 习近平:《在全国劳动模范和先进工作者表彰大会上的讲话》,人民出版社 2020 年版,第 5～6 页。

③ 习近平:《在乌鲁木齐接见劳动模范和先进工作者、先进人物代表向全国广大劳动者致以“五一”节问候》,《人民日报》2014 年 5 月 1 日。

④ 习近平:《庆祝“五一”国际劳动节暨表彰全国劳动模范和先进工作者大会隆重举行》,《人民日报》2015 年 4 月 29 日。

要多给青少年创造劳动实践机会，推进青少年躬身劳动实践、劳动锻炼和劳动体验。让青少年明白“幸福不会从天而降，梦想不会自动成真”。要实现我们的奋斗目标，开创我们的美好未来，必须依靠辛勤劳动、诚实劳动、创造性劳动。“空谈误国，实干兴邦”，实干首先就要脚踏实地劳动。近代以来，中华民族实现了“站起来”“富起来”“强起来”的根本转变，靠的正是一代又一代中国人民的辛勤劳动、接续奋斗。习近平新时代中国特色社会主义思想蕴含着全民族“实干兴邦”的劳动实践观，鼓励用辛勤劳动、诚实劳动、创造性劳动成就伟大梦想。

全面建成小康社会，建成富强、民主、文明、和谐、美丽的社会主义现代化国家，实现中华民族伟大复兴的中国梦，都离不开劳动，离不开劳动者，更离不开劳动教育。习近平新时代中国特色社会主义思想中关于劳动教育的思想是中国特色社会主义劳动教育体系的核心组成部分，直接决定着社会主义建设者和接班人的劳动精神面貌、劳动价值取向和劳动技能水平。

## 三、新时代开展大学生劳动教育的必要性与重要性

### （一）坚持和发展马克思主义劳动教育观的应然逻辑

教育与生产劳动相结合（简称“教劳结合”），是大工业生产提出的要求。在大工业生产出现之前，一般剥削阶级（包括奴隶社会和封建社会的剥削阶级）的教育，不论是在其所谓的“和谐发展”还是“全面发展”的教育思想中，都不包含劳动教育在内，就剥削阶级的本质而言，是鄙视劳动的。当然，在他们所实施的教育中，也就绝不会有教劳结合的问题提出。

大工业生产和现代科技的发展，要求提高劳动者的文化水平，提出了教劳结合的要求。资产阶级启蒙思想家卢梭曾把劳动视为培养自食其力的“自由人”的基本要求。瑞士教育家裴斯泰洛齐也主张让儿童从事生产劳动，以促使其智慧和道德的发展。这些都反映了资本主义萌芽时期的教劳结合思想。空想社会主义者欧文在大工业基础之上真正地实现了教劳结合，为了提高劳动者的文化技术水平，他制定了工厂制度，进行了教劳结合的试验，以解决在大工业生产条件下工人的无文化状况。马克思充分肯定了欧文的试验，认为：“从工厂制度中萌发出来了未来教育的幼芽，未来教育

对所有已满一定年龄的儿童来说，就是生产劳动与智育和体育相结合，它不仅是提高社会生产的重要方法，而且是造就全面发展的人的唯一方法。”[①]马克思的这一思想同他所写的《临时中央委员就若干问题给代表的指示》中提出的教育的三件事，即智育、体育、技术教育是同一思想。[②] 这里所说的技术教育的内容，是指综合技术教育，一是掌握现代生产的基本原理，二是学会使用简单的生产工具。马克思还在《哥达纲领批判》中指出：“在按照各种年龄严格调节劳动时间并采取其他保护儿童的预防措施的条件下，生产劳动和教育的早期结合是改造现代社会的最强有力的手段。”[③]从上述可见，马克思关于教劳结合的意义和作用的论述，可以归纳为三个方面：是提高社会生产的一种方法，是造就全面发展的人的唯一方法，是改造现代社会的最强有力的手段。至于具体的实施办法，就是实施技术教育、开办工艺学校等。马克思教劳结合的主张，是建立在大工业生产的基础之上的，是与现代科学技术相结合的，它与普鲁东主张的综合手工劳动的思想是完全不相同的，因为手工业者、小生产者的思想，永远不会消灭体力和脑力之间的差别。

列宁在十月社会主义革命之后，具体地实施和发展了马克思关于教育与生产劳动相结合的思想，设计了综合技术教育的实施措施。他在《民粹派空洞计划的典型》一文中指出：“没有年轻一代的教育和生产劳动的结合，未来社会的理想是不能想象的：无论是没有同时进行生产劳动的教学和教育，或是没有同时进行教学和教育的生产劳动，都不能达到现代技术水平和科学知识现状所要求的高度。”[④]在这里，列宁不但把教劳结合作为提高现代科学知识和科学技术水平的重要手段，而且作为实现未来社会理想的重要措施，因为没有教劳结合，要想消灭体脑差别，进而消灭城乡差别和工农差别的未来社会理想是不可能的。为此，列宁在十月社会主义革命之后，在《联共（布）党纲草案》中具体规定：“对未满 16 岁的男女儿童实行免费的义务的普通教育和综合技术教育（从理论上和实践上熟悉各主要生产部门）；把教

---

① 《马克思恩格斯全集》第 23 卷，人民出版社 1972 年版，第 530 页。

② 参见《马克思恩格斯全集》第 16 卷，人民出版社 1964 年版，第 216 页。

③ 《马克思恩格斯文集》第 3 卷，人民出版社 2009 年版，第 448～449 页。

④ 《列宁全集》第 2 卷，人民出版社 2013 年版，第 463～464 页。

育和儿童的社会生产劳动紧密结合起来。"[①]并具体规定了通过有关学科的教学和参加社会生产劳动实践的具体实施计划，使综合技术教育成为义务教育中的一门必修学科。列宁在《青年团的任务》的讲演中要求共产主义青年团"把自己的教育、训练和培养同工农的劳动结合起来，不要关在自己的学校里，不要只限于阅读共产主义书籍和小册子，只有在与工农的共同劳动中，才能成为真正的共产主义者"[②]。这些指示，对于我们今天实施教育与生产劳动相结合仍具有重要的指导意义。

中国共产党对教育与生产劳动相结合，一贯给予高度的重视。中国共产党成立之初就极为重视工农教育，把提高工农文化水平作为党的一项重要任务。从 1927 年建立革命根据地时起，就把教育与生产劳动相结合作为教育的基本方针，用作指导提高工农文化水平和教育青年一代以及改造知识分子的重要手段。1934 年，毛泽东同志在第二次苏维埃代表大会的报告中，就把"教育与生产劳动联系起来"列为苏维埃文化教育总方针的主要内容。在抗日战争期间，毛泽东同志在《青年运动的方向》一文中，更加突出地说明了我们的教育与旧教育的不同，一是学习革命理论，二是实行生产劳动。在当时实行教劳结合，开展大生产运动，不仅是为了解决当时革命根据地的物质困难，更兼有使知识分子走与工农相结合道路的重要目的，因而教劳结合也就成为知识分子思想改造的重要途径。全国解放后，劳动教育一直作为教育的一项重要内容，并把"爱劳动"定为"五爱"国民公德之一。1958 年，毛泽东同志又明确提出"教育必须为无产阶级政治服务，必须与生产劳动相结合。劳动人民要知识化，知识分子要劳动化"[③]的重要指示。"教育与生产劳动相结合"便被列为教育方针的重要内容，"两化"的要求也就成为教育工作的重要任务。如果说，马克思当时提出的教劳结合重在解决劳动者的知识化的话，毛泽东同志提出的教劳结合，则重在解决知识分子的劳动化问题。如 1958 年知识分子"上山下乡"运动，正是教育与生产劳动相结合的教育方针实施的体现，甚至把它看作是实现教育为无产阶级政治服务、

① 《列宁选集》第 3 卷，人民出版社 2012 年版，第 744 页。

② 《列宁选集》第 4 卷，人民出版社 2012 年版，第 295 页。

③ 中央文化革命小组编：《毛主席论教育革命》，人民出版社 1967 年版，第 11 页。

“反修防修”的重要手段。因而在毛泽东同志的教劳结合思想中，有正确的一面，也有错误的一面，特别在 1957 年“反右”之后，他对待知识分子的“左”的错误的一面在进一步发展，直到“文化大革命”中的“开门办学”和“斗私批修”等极“左”的主张，把教劳结合推向极端片面理解的边缘，所造成的后果是严重的。邓小平同志在 1978 年全国教育工作会议上的讲话中，根据历史的经验和时代的要求对教育与生产劳动相结合做了新的阐释，指出：“现代经济和技术的迅速发展，要求教育质量和教育效率的迅速提高，要求我们在教育与生产劳动结合的内容上、方法上不断有新的发展。”①并指出：“各级各类学校对学生参加什么样的劳动，怎样下厂下乡，花多少时间，怎样同教学密切结合，都要有恰当的安排。更重要的是整个教育事业必须同国民经济发展的要求相适应。”②还强调指出，在教劳结合上，“不但要看到近期的需要，而且必须预见到远期的需要，不但要依据生产建设发展的要求，而且必须充分估计到现代化科学技术的发展趋势”③。邓小平同志的这些指示，不但纠正了过去在教劳结合上一些“左”的做法和错误，而且强调指出教劳结合与现代科技发展的关系，突出了马克思主义有关教劳结合的现代化思想，这对于我们正确认识和全面安排教劳结合有着非常重要的指导意义。

实践呼唤思想、孕育思想，思想源于实践，反过来又指导实践。马克思主义劳动教育观指导了劳动教育实践的开展，但同时马克思主义劳动教育观也是在劳动教育的实践中得以丰富发展的，离开了实践，这一理论的发展就是无源之水、无本之木。马克思主义的发展史和中国共产党的历史告诉我们，要发展马克思主义劳动教育观就必须注重和开展好劳动教育实践，开展好劳动教育实践是坚持和发展马克思主义劳动教育观的应然逻辑。

（二）实现社会主义现代化和中华民族伟大复兴的必然要求

一代人有一代人的使命。建成社会主义现代化强国，实现中华民族伟大复兴，是一场接力跑，必须造就出一代又一代堪当民族复兴大任的时代新人。习近平总书记在 2018 年的全国教育大会上强调要培养德智体美劳全

① 《邓小平文选》第 2 卷，人民出版社 1994 年版，第 107 页。

② 《邓小平文选》第 2 卷，人民出版社 1994 年版，第 107 页。

③ 《邓小平文选》第 2 卷，人民出版社 1994 年版，第 108 页。

面发展的社会主义建设者和接班人，这不仅为新时代培养堪当民族复兴大任的时代新人指明了方向，也为在新形势下促进大学生全面发展和健康成长提供了基本遵循。

2022 年 10 月 16 日，中国共产党第二十次全国代表大会在北京召开。党的二十大是在全党全国各族人民迈上全面建设社会主义现代化国家新征程、向第二个百年奋斗目标进军的关键时刻召开的一次十分重要的大会。大会高举中国特色社会主义伟大旗帜，坚持马克思列宁主义、毛泽东思想、邓小平理论、"三个代表"重要思想、科学发展观，全面贯彻习近平新时代中国特色社会主义思想，认真总结过去 5 年工作，全面总结新时代以来以习近平同志为核心的党中央团结带领全党全国各族人民坚持和发展中国特色社会主义取得的重大成就和宝贵经验，深入分析国际国内形势，全面把握新时代新征程党和国家事业发展新要求、人民群众新期待，制定行动纲领和大政方针，动员全党全国各族人民坚定历史自信、增强历史主动，守正创新、勇毅前行，继续统筹推进"五位一体"总体布局、协调推进"四个全面"战略布局，继续扎实推进全体人民共同富裕，继续有力推进党的建设新的伟大工程，继续积极推动构建人类命运共同体，为全面建设社会主义现代化国家、全面推进中华民族伟大复兴而团结奋斗。在党的二十大报告中，习近平总书记明确指出，"深入实施人才强国战略，坚持尊重劳动、尊重知识、尊重人才、尊重创造，完善人才战略布局，加快建设世界重要人才中心和创新高地，着力形成人才国际竞争的比较优势，把各方面优秀人才集聚到党和人民事业中来"，这为做好新时代人才培养和劳动教育工作提供了根本遵循。

德为人之灵、智为人之魂、体为人之基、美为人之情、劳为人之本，德智体美劳是当今时代新人不可或缺的重要品质。因此，培育时代新人需要我们在新时代加强德育、智育、体育、美育以及劳动教育。而本书所主张的新时代大学生劳动教育不仅具有提升学生劳动素养的独特育人价值，而且也具有树德、增智、健体、育美的综合育人价值，即一方面通过劳动的内容教育，帮助大学生树立正确的劳动观、积极的劳动态度等，以提升大学生的劳动素养。比如，通过劳动的平等观教育，让学生由衷地认同劳动没有高低贵贱之分，任何职业都值得被尊重；通过劳动的使命观教育，让学生切实地担负起实现中华民族伟大复兴中国梦的历史使命；通过劳动的伟大观教育，使学生真正地理解体力劳动和脑力劳动相结合对于国家和个人的伟大意义。另一方面通过劳动这种形式的教育，使大学生在身体力行中树立高尚的品德、增长智力、锻炼身体以及培养审美能力。比如，通过拍摄微电影这种活动形式，在提高大学生的劳动技能的同时，提升大学生发现美、创造美的能力；通过志愿服务活动，在提高大学生劳动意识的同时，培养大学生热爱祖国、热爱人民的高尚品德。因此，新时代大学生劳动教育有利于培育德智体美劳全面发展的时代新人。

劳动是一切知识的源泉，教育是培养人才的基本途径。劳动教育，作为高校思想政治教育的重要内容，具有其他学科不可替代的特殊的育人功能，它不仅有利于增强高校思想政治教育的针对性，还有利于拓宽高校思想政治教育的路径，是完善高校思想政治教育的必然要求。近几年来，高校思想政治教育改革进程不断深化，取得了一些可喜的成绩，但这些成绩主要停留在思想政治理论课的改革与创新上。从思想政治教育的视野看，单纯对思想政治理论课进行改革并不能从根本上解决高校思想政治教育的现实困境，脱离实际和缺乏有效性仍然是当前思想政治教育的突出问题。劳动教育作为思想政治教育的重要组成部分，在联系实际方面有独特作用，因此对大学生开展劳动教育活动也就成为思想政治教育的应有之义。这主要体现在以下四个方面。

第一，加强劳动教育进一步拓宽了思想政治教育的路径。传统的思想政治教育侧重于在课堂上教育者对受教育者的单方面灌输式教育，在说教的过程中向学生讲授理论知识，这种传统的教学方式只能让学生学习到浅显的内容，不能够深刻理解所学知识，更不能外化于行动之中。作为新时代的大学生，要勇于实践，不能坐而论道。大学生劳动教育在理论知识和实践活动之间建立了桥梁，创新了思想政治教育发展的路径，使大学生不再拘泥于课堂而是有了更直接的体验，在劳动实践活动中让大学生在解决实际问题时熟练运用所学知识，培育劳动情怀，在这个过程中深刻理解思想政治教育的价值意蕴。

第二，加强劳动教育进一步提高了思想政治教育的吸引力。思想政治教育在大学生的印象中常常是枯燥乏味的，使得大学生对思想政治教育课程缺乏学习兴趣，导致思想政治教育达不到预期的效果。加强劳动教育的举措使得思想政治教育的形式更加丰富多彩，改变了大学生对思想政治教育的传统印象，充分调动了大学生的积极性。

第三，加强劳动教育有利于增强思想政治教育的实践性。近几年来，许多高校为贯彻落实党的教育方针，在组织开展大学生劳动教育方面进行了积极探索，培养了大学生从事实际工作、开展社会活动的能力，劳动教育是对学生能力包括组织能力、表达能力、交往能力、分析能力、自学能力、动手能力、应急能力的培养和提高，使得大学生得到全面的锻炼，并在此过程中磨炼自身意志，提高劳动素养。

第四，加强劳动教育进一步提升了思想政治教育的针对性。由于长期受应试教育的影响，社会各阶层都忽略了对大学生的劳动教育，这就造成了一些大学生日常生活中的坏习惯。例如，常常以自身利益为中心，不善于集体合作，只善于索取，不懂得付出，等等。对于这些问题，加强劳动教育能够进一步培养大学生劳动价值观、劳动情怀、劳动知识技能和劳动素养，树立起正确的世界观、人生观、价值观，从而为将来走上工作岗位奠定坚实基础。

中国梦是国家的梦、民族的梦，也是每一个中国人的梦。中国梦的实现不仅需要党的领导，更需要每一个中国人的努力。回望中华人民共和国走过的历程，从“站起来”“富起来”到“强起来”，靠的就是一代又一代中国人踏石有印、抓铁有痕的实干。正是在筚路蓝缕、胼手胝足与挥汗如雨的实干中，我们才托起来一个充满活力的现代中国。实现中华民族伟大复兴的中国梦，同样需要新一代中国人的接力奋斗。作为时代新人主体的青年大学生更应该接过奋斗的接力棒，用劳动托起中国梦。国家富强、民族振兴、人民幸福是中国梦最本质的要求，需要依靠青年一代的辛勤劳动、诚实劳动、创造性劳动才能圆梦。“一勤天下无难事”，正是依靠一代又一代中国人的辛勤劳动，我们实现了从“站起来”“富起来”到“强起来”的伟大飞跃，也正是依靠一代又一代中国人的辛勤劳动，我们才能以崭新的姿态屹立于世界民族之林。所以，国家富强、民族振兴、人民幸福中国梦的实现也需要我们青年一代的辛勤劳动。历史也同样证明,中华民族伟大复兴的中国梦绝不是轻轻松松就能实现的,势必会遇到各种挫折和考验,而通过诚实劳动可以有效地破解发展中的各种难题。所以,国家富强、民族振兴、人民幸福中国梦的实现也需要青年一代的诚实劳动。新时代是创新发展的时代,中国速度向中国质量的转变、制造大国向制造强国的转变、"中国制造"向"中国创造"的转变,离不开创新,在激烈的国际竞争中赢得主动离不开创新,人民生活的智能化、便捷化离不开创新。而创新离不开创造性劳动,创造性劳动是创新的源泉。所以,国家富强、民族振兴、人民幸福中国梦的实现也需要我们青年一代的创造性劳动。而无论是辛勤劳动、诚实劳动还是创造性劳动,都离不开对大学生的劳动教育。因此,新时代大学生劳动教育有利于实现中华民族伟大复兴的中国梦。

（三）促进大学生成长成才和全面发展的必由之路

劳动教育作为教育与劳动的过程性统一,体现了马克思主义劳动观与人的发展观的思想实质。人的发展必须通过一定的途径,马克思主义把教育与生产劳动的结合确认为实现人的全面发展的必由之路。进入现代社会以来,人类生产劳动的精神要素及其产品日益扩大,个体学习、知识生产等智力劳动越来越凸显,劳动的专业性、创造性比以往任何时候都显得更为重要,传统的劳动者的劳动界限被打破,简单体力劳动和复杂脑力劳动的关系日益紧密联结,生产劳动发展成为关涉一切价值创造活动的普遍劳动,人的生存与发展也被纳入普遍的社会劳动体系,并被引向更全面的素质发展要求中,因而,教育与生产劳动的结合成为现代社会普遍劳动对人的发展要求的一个必然结果。把劳动教育视为教育与劳动的过程性统一,切合了马克思主义关于劳动是人类的本质存在及劳动发展的思想旨趣,反映了现当代教育与普遍的生产劳动形式相结合的实际状况。

党的十八大以来,习近平总书记曾在多次重要讲话中围绕劳动、劳动者、劳模精神、劳动教育等内容进行深刻阐述,并在 2018 年的全国教育大会上提出了培养德智体美劳全面发展的社会主义建设者和接班人的总要求。这一提法将劳动教育从以往促进大学生全面发展的途径提升为国民教育体系中与德育、智育、体育、美育并举的重要组成部分,这不仅丰富了党的教育方针，也对大学生劳动教育提出了新的要求。在党和政府的高度重视下、社会各界的帮助推动下，新时代大学生劳动教育取得了明显成效，对个人全面发展和自身成长起到了重要的促进作用。

马克思主义劳动观为我们从历史唯物论的视域确立了教育的劳动价值指向。劳动源于人的生存必然性，但不是仅限于生存的必然性要求。马克思主义劳动观在考察劳动发展与人类社会历史发展的关系中，肯定了劳动的生产性、谋生性等工具基础性，但更深层次地赋予了劳动以实践的普遍意义。劳动作为一种实践活动，不断融合且发展了人类物质性和精神性的普遍文化成果及其价值意涵，推动了人类社会的历史进步和人类自身自由性的普遍发展。

马克思主义劳动观启示我们，理解劳动教育绝不能畛域自囿于作为一种教育类型的特别教育活动，不能仅仅从劳动的外在工具价值出发来看待劳动教育对于劳动力培养的基本价值，还需要从劳动的内在价值层面以及放眼于人类劳动发展与人类发展的历史视野中，全面审视劳动教育的内涵及价值根基。强调教育与生产劳动相结合，突出劳动教育特别的地位和价值，是我们一直坚持的马克思主义教育理论立场。然而，在对劳动教育本质认识及其实践中，往往更多地偏向于强调生产生活中物化劳动方式与劳动内容的社会性教育意义，“对劳动教育在人的全面发展中的重要地位、战略意义认识不足”[①]。这很难说触及了劳动与劳动教育的价值根本。劳动教育需要从全面的、发展的劳动观出发，深入劳动的内在价值层次上来彰显对人自身作为劳动存在的价值关怀，突出劳动在释放人的自由天性和全面发展人的自由性中的根本教育价值。因此，从劳动的根本价值立场出发，劳动教育还应该确立全面的、整体的发展立足点，“劳动教育命题的着眼点就在于培育在体力、脑力上均获得全面发展的人。劳动教育具有立德、益智、健体、育美等较为全面的教育功能”[②]。

随着人类社会发展，劳动也越来越走出其偏狭的结构，劳动的物质性与

① 徐长发：《新时代劳动教育再发展的逻辑》，《教育研究》2018 年第 11 期。

② 檀传宝：《劳动教育的概念理解——如何认识劳动教育概念的基本内涵与基本特征》，《中国教育学刊》2019 年第 2 期。

精神性内容的结合越来越往“普遍智能化”的方向发展，对劳动的精神要素及其要求的不断提升，使得社会平均劳动的复杂程度及其产品的享用度日益提高，体现在服务劳动、知识劳动、数字劳动、创新劳动等方面的社会劳动形态在人类文明进步中越来越占据主导位置。这就意味着创造“更智能化，更可交流化，更情感化”的“非物质产品”的“非物质劳动”[①]日益成为当代人类劳动鲜活的发展方向。由此，劳动教育也越来越走入属于全体人的全面劳动和促进人的全面发展的教育价值体系中。同时，德育、智育、美育、体育等教育活动本身也越来越凸显其劳动价值属性与意涵。劳动教育不能没有劳动知识、劳动技能与能力以及一定劳动品质等基本劳动素质的教育。在现实性上，劳动教育具有特别重要的、独立的工具价值，但劳动教育更为根本的价值在于全面提升每个个体的自由力量，培养个体真正成为自由创造的劳动主体，进而不断推动整个社会的劳动意识、劳动方式、劳动关系、劳动文化和劳动价值的变革发展。劳动教育需要与时俱进地与人类劳动发展统合起来，将教育的全面性与劳动发展的全面性融合起来，而这必须植根于人性发展的深处，以促进人的自由全面发展为价值根基。

人的全面发展是社会主义社会发展的远大目标和个人发展的最高境界，而劳动教育作为全面教育体系不可或缺的一环，理应是实现人的全面发展的重要组成部分。与此同时，实现了人的自由全面发展，势必是对劳动教育育人手段的提升。促进人的全面发展，离不开劳动教育价值的发挥。马克思主义认为，要造就全面发展的人，就需要对他进行劳动教育。新时代的劳动者要满足社会主义现代化强国建设的需要，为中华民族伟大复兴的新征程积蓄力量，就需要德智体美劳全面发展。高等教育需要为社会培养全面发展的人才。具体来说，一方面要接受良好的教育，具备扎实的科学文化功底，表现为大学生通过学习劳动相关知识，具备基本的劳动知识与技能，提高劳动能力，能够更好地满足工作岗位的要求；另一方面也是最重要的方面，大学生要在未来社会竞争中立于不败之地，还必须提高思想道德素质，而在劳动过程中既能够增强身体素质，还能磨炼人的意志和锻炼人的心智。

---

① A. Negri，M. Hardt，*Multitude：War and Democracy in the Age of Empire*，New York：The Penguin Press，2004，p.108.

新时代大学生劳动教育对于培养全面发展的劳动者、提高大学生的劳动能力、增强劳动者思想道德素质具有重要的作用。

## 第二节 国内外劳动教育发展历史

**案例 1**

在美国加利福尼亚州深泉谷,有一所被《纽约时报》评为"世界上最挑剔和最具创新精神的学校之一"的美国深泉学院(Deep Springs College,又译为"幽泉学院")。深泉学院创办于 1917 年,是美国一所有着另类教育理念的专科学院,每年招收 13 名男生,学制两年,学费和生活费全免。在沙漠深处,学生一边放牧,一边进行超强度的学术训练。学生每个星期需要进行 30 个小时的苦力劳动。学生们必须和校工一起在牧场放牛、耕种。除了正常课堂学业之外,每名学生都必须担任一项职务,包括每天清早四点钟起床去牛棚挤奶、为牲畜喂食添加饲料、驾驶拖拉机播种、搬运木材、挖掘水渠、放牧牛羊、宰杀牲畜、食堂做饭等。学校包括教授聘请、校长任免等一切运营管理由学生表决自治。这所牛仔式大学特立独行的方式吸引了不少优秀学生,是学生心中的乌托邦。两年学习结束后,大部分毕业生转入哈佛、耶鲁、康奈尔等常青藤名校继续大三学业。创办人卢西恩·卢修斯·纳恩为深泉学院定下了影响至今的校训:劳动、学术和自治(labor, academics, and self-governance)。

**案例 2**

"在我们农学院,每个班级都有一块属于自己的土地,春耕夏耘,秋收冬藏,浇水施肥,大家在地里劳动,感受劳动的意义。到了期末的时候,老师还会根据我们的劳动,进行打分,综合评价我们的劳动成果。我们也在劳动中收获友谊和成长,学会珍惜和感恩。"得知全国大中小学生都要加强劳动教育,浙江农林大学农学院大三学生曹宇钦对于开展劳动教育的意义深有感触。

浙江农林大学从1958年建校第一天开始，就将劳动课设置为全体学生的必修课，使用锄头等工具更是当时农林学子必须掌握的技能。该校老校区的不少老房子、运动场，就是当时的学生共同参与建设的。①

劳动教育不是一个新的研究课题，却是一个在高校中容易忽视的问题。开展劳动教育研究，借鉴国内外实践经验非常有必要。

## 一、新中国成立以来劳动教育方针的演变

劳动是一切幸福的源泉。重视劳动是普遍规律，也是我国优良的传统。2018年9月10日，习近平总书记站在实现中华民族伟大复兴的战略高度，在全国教育大会上深刻指出："要努力构建德智体美劳全面培养的教育体系，形成更高水平的人才培养体系。"2019年3月18日，习近平总书记在学校思想政治理论课教师座谈会上强调："扎根中国大地办教育，同生产劳动和社会实践相结合，加快推进教育现代化、建设教育强国、办好人民满意的教育。"习近平总书记的这些论述为新时代劳动教育指明了方向，提出了新要求、新任务。2020年3月，中央全面深化改革委员会第十一次会议审议通过了《关于全面加强新时代大中小学劳动教育的意见》，强调劳动教育是中国特色社会主义教育制度的重要内容，要全面贯彻党的教育方针，坚持立德树人，把劳动教育纳入人才培养全过程，贯通大中小学各学段，贯穿家庭、学校、社会各方面，把握育人导向，遵循教育规律，创新体制机制，注重教育实效，实现知行合一。

劳动教育开展过程中要注意实效，要贴近学生实际，要符合学生需要，促使学生形成"劳动最光荣、劳动最崇高、劳动最伟大、劳动最美丽"的观念。同时，高等学校劳动教育需要注意与专业知识技能的结合，任重而道远。

新中国成立后，我国不断探索劳动教育的实践路径。由于每个时期认识和实践的不同，劳动教育路线也有不同。

---

① 《人民网：浙江农林大学劳动教育已经坚持了60多年　劳动是每位学生的"必修课"》，浙江农林大学门户网站，http://www.zafu.edu.cn/index.htm。

(一)1949～1956年:新民主主义社会向社会主义社会过渡时期的劳动教育

1949年9月召开的中国人民政治协商会议第一次全体会议,通过了《中国人民政治协商会议共同纲领》(以下简称《共同纲领》)等文件。《共同纲领》提出"中华人民共和国的文化教育为新民主主义的,即民族的、科学的、大众的文化教育",将"爱劳动"列为国民五项公德之一。这一时期,劳动教育在"为工农服务,为生产建设服务"的指引下发展。1950年,教育部副部长钱俊瑞在《当前教育建设的方针》中明确指出"为工农服务,为生产建设服务,这就是当前新民主主义教育的中心方针",通过劳动教育鼓舞民众从事劳动创造的热情和积极性,组织原来不从事劳动生产的人民参加生产劳动并在劳动中改造自己。[①]

在此时期,"教育与生产劳动相结合"还未成为我国教育的基本方针。从1950年的《教育部关于实施高等学校课程改革的决定》《教育部关于颁发中学暂行教学计划(草案)及中等学校暂行校历(草案)的命令》《中学暂行规程(草案)》《小学暂行规程(草案)》《中等技术学校暂行实施办法》等文件中可以看出,劳动教育在高等教育机构和中等技术学校中的表现形式是专业实习,在小学、中学、工农速成中学和文化补习学校中,劳动教育并未被列入正式教学计划。1953年,我国中小学毕业生明显增多。教育部、宣传部、共青团中央等部门就不能升学的高小和初中毕业生参加生产劳动出台了很多政策,组织了多样化的劳动教育活动。1955年,教育部发布的《关于初中和高小毕业生从事生产劳动的宣传教育工作报告》中指出:"过去一年,很多学校采取参观工厂、农场、农业生产合作社,访问劳动模范,请劳动英雄作报告,和劳动青年联欢,阅读有劳动教育意义的读物、参加体力劳动等方式在课外对学生进行劳动教育,收到了很好的效果。但是在通过课堂教学经常性进行劳动教育就做得较差。""今后进行劳动教育,除注意培养劳动观点和劳动习惯外,还应注意进行综合技术教育,使学生从理论上和实

---

① 参见何东昌主编:《中华人民共和国重要教育文献(1949～1975)》,海南出版社1998年版,第8页。

践上懂得一些工农业生产的基础知识。”①在这以后，生产技术劳动开始成为劳动教育的重要内容，并与智育、德育、体育、美育一起写进了1955年教育部颁布的《1956～1957学年度中学授课时数表》《关于普通学校实施基本生产技术教育的指示（草案）》，对生产技术教育每周的上课时间、要求都做了明确规定。

“三大改造”时期，劳动教育作为缓解中小学毕业生升学压力、动员就业的手段受到了国家的高度重视。这一时期的劳动教育不但强调劳动态度、劳动观念的教育，而且注意根据工农业发展形势进行生产技术教育，构建了生产劳动技术教育体系。

（二）1956～1976年：社会主义建设探索时期的劳动教育

1956年，我国教育事业的发展极为迅速，大量中学毕业生无法升学，必须走向劳动就业。毛泽东同志在1957年《关于正确处理人民内部矛盾的问题》中指出：“我们的教育方针，应该是使受教育者在德育、智育、体育几方面都得到发展，成为有社会主义觉悟的有文化的劳动者。”②但“由于当时要突出解决的是学生的政治方向和毕业后参加生产劳动问题，而对政治的理解又局限于搞阶级斗争，对生产劳动的理解又主要是从事体力劳动，这样在实践中贯彻教育方针时，就出现了‘左’的偏差”③。1958年6月，时任教育部部长陆定一发表了毛泽东主席审定的《教育与生产劳动相结合》一文，将是否坚持“教育与生产劳动结合”视为教育战线资本主义和社会主义两条路线斗争的表现。劳动教育在当时作为消除体脑分工、进行阶级改造的政治手段而广受重视。

此外，在这个阶段，劳动教育还作为解决教育经费问题的手段。1957年，刘少奇就中小学升学难问题进行全国调查，发现不少家庭经济困难无力负担，因此产生了提倡勤工俭学、开展课余教育的想法，并将其看作“解决学

---

① 何东昌主编：《中华人民共和国重要教育文献（1949～1975）》，海南出版社1998年版，第449～551页。

② 参见何东昌主编：《中华人民共和国重要教育文献（1949～1975）》，海南出版社1998年版，第450页。

③ 李庆刚：《“大跃进”时期“教育革命”研究》，中共中央党校出版社2006年版，第27页。

生学习费用困难和普及教育的重要途径”[①]。

1957～1966年，劳动教育在实践中强势推进。课程设置上“一种学校，均把生产劳动列为正式课程，并在不同时期，根据实际情况，对不同级类学校、年级每周、每月、每学年的劳动时间作明确规定，同时开设了属于教育与生产劳动相结合范畴的多门课程。如小学的生产常识、手工、劳动课，中学的生产知识课和劳动课”[②]。

“文化大革命”期间，劳动教育的政治意义被过度拔高，甚至把脑力劳动和体力劳动对立起来，使劳动教育无法按照正常的规律进行。

（三）1978～1999年：改革开放至20世纪末的劳动教育

党的十一届三中全会后，工作重心转移到经济建设上来，学者对劳动教育在全面发展教育中的地位等问题进行了深入讨论。

1981年6月中国共产党十一届六中全会通过的《关于建国以来党的若干历史问题的决议》，明确提出“要坚决扫除长期存在而在‘文化大革命’期间登峰造极的那种轻视教育科学文化和歧视知识分子的完全错误的观念”，要“坚持德智体全面发展、又红又专、知识分子与工人农民相结合、脑力劳动与体力劳动相结合的教育方针”，去掉了“必须为无产阶级政治服务”的说法。[③]

1995年，“教育必须与生产劳动相结合”方针正式写入《中华人民共和国教育法》，对劳教结合的理解直接和如何贯彻执行教育方针相联系，这不仅是重大的理论问题，也是迫切需要解决的实际问题。[④]

桑新民、陈建翔认为：“劳动技术教育的实质是培养创造性实践能力，劳动技术教育是‘五育’的整合，对于培育学生的智力、劳动观念、劳动感情以及身心的和谐发展有着积极的作用。”其从理论和实践两方面，深入地探讨了劳动技术教育的实质、内在结构及其在“五育”中的地位，并由此调整我国

---

① 李庆刚：《正确处理人民内部矛盾探索中的制度创新》，《北京党史》2017年第3期。

② 成有信：《教育与生产劳动相结合问题新探索》，湖南教育出版社1998年版，第307页。

③ 参见中共中央文献研究室编：《三中全会以来重要文献选编》，中央文献出版社2011年版，第170页。

④ 参见萧宗六：《怎样理解“教育与生产劳动相结合”》，《教育研究》1999年第6期。

基础教育的目标模式、课程标准、教学计划以及相应的考核评价体系，这对于未来国民素质的培育将产生极为深远的影响。①

“教育与生产劳动相结合”成为这一时期劳动教育研究的关注热点，学者们先后举办多场学术研讨会。在理论探索的同时，探讨了许多实施层面的实际问题，各地也根据自身情况提出了一些教育与生产劳动结合的实践模式。

（四）1999 年至今：改革深化期的劳动教育

进入 21 世纪，国家之间综合实力的竞争越来越激烈，已经从之前表层生产力水平的竞争转化为深层次以创新型人才为中心的竞争。“大众创新、万众创新”是新时期的风向标。大众创业、万众创新既是解放生产力，更是解放人的创造力，促进人自由而全面的发展。

1999 年 6 月，《中共中央、国务院关于深化教育改革，全面推进素质教育的决定》明确指出：“学校教育不仅要抓智育，更要重视德育，还要加强体育、美育、劳动技术教育和社会实践，使诸方面教育相互渗透、协调发展，促进学生的全面发展和健康成长。”②

通过中国知网数据检索可以发现，“劳动教育”这一主题早期就受到研究者关注，随后出现了明显的波动。在 1998～1999 年，这一主题受到较多关注；2000～2009 年，关注度保持在较低的水平；2010 年后，学术界的关注和研究逐渐回暖；2016 年至今，相关研究快速增加，内容也越来越多样化。

黄济在论文《关于劳动教育的认识和建议》中从劳动在人的形成和发展中的作用谈起，对劳动教育的意义和任务以及内容和实施做了比较全面的论述：“通过对比马克思主义的教劳结合思想与我国革命传统教育中的劳动教育，提出在进行生产技术教育的同时有必要加强思想品德教育。”“建议将劳动教育列为教育整体的一个组成部分，在基础教育中将德、智、体、美四育增补为德、智、体、美、劳五育。”③

针对黄济的《关于劳动教育的认识和建议》，瞿葆奎在论文《劳动教育应

① 参见桑新民、陈建翔：《教育哲学对话》，河北教育出版社 1996 年版，第 212～231 页。

② 《中共中央、国务院关于深化教育改革，全面推进素质教育的决定》，中华人民共和国教育部政府门户网站，http://www.moe.gov.cn/jyb_sjzl/moe_177/tnull_2478.html。

③ 黄济：《关于劳动教育的认识和建议》，《江苏教育学院学报》（社会科学版）2004 年第 5 期。

与体育、智育、德育、美育并列？——答黄济教授》中认为："人的发展包涵身、心两方面；心的发展包涵智、德或智、德、美。人的身、心发展的教育为体育、智育、德育、美育。劳动教育极其重要。然而，对体育、智育、德育、美育来说，劳动教育是另一类别的教育、另一个层次的教育，它不能也不应与体育、智育、德育、美育并列为人的全面发展教育的组成部分。"[①]

田慧生认为，义务教育阶段的综合实践活动包括四个指定领域——"研究性学习、社区服务与社会实践、劳动技术教育、信息技术教育。除此之外，还包括大量非指定领域，如班团队活动、校传统活动（科技节、体育节、艺术节）、学生的心理健康活动，等等"[②]。综合实践活动是一种实践取向的课程，多以主题活动的形式开展，注重直接经验，面向生活情境、生活经历以及生活领域，在生活中发现问题是综合实践活动的本质规定。劳动教育是综合实践活动的一部分，通过劳动有助于学生深入生活、发现问题以及积累直接经验，其体现着综合实践活动的精神。

崇尚劳动是党的十八大以来以习近平同志为核心的党中央一以贯之的价值导向。2015 年 7 月，教育部、共青团中央和全国少工委联合下发《关于加强中小学劳动教育的意见》，明确指出："劳动教育是全面贯彻党的教育方针的基本要求，是实施素质教育的重要内容，是培育和践行社会主义核心价值观的有效途径。"2018 年全国教育大会上，习近平总书记在阐释党的教育方针时重提德智体美劳全面培养，把劳育列入全面发展教育理论中，具有重大战略意义和深远影响。新时代教育背景下，面对"百年未有之大变局"，更需要学校培养出"德智体美劳"全面发展的创新型人才。2019 年，教育部高等教育司的"2019 年十项工作要点"，强调要深入推进创新创业教育与思想政治教育、专业教育、体育、美育、劳动教育紧密结合，全力打造创新创业教育升级版，将"五育"贯穿人才培养全过程等。2020 年 3 月，在《中共中央、国务院关于全面加强新时代大中小学劳动教育的意见》中提出，"劳动教育是中国特色社会主义教育制度的重要内容，直接决定社会主义建设者和接班

① 瞿葆奎：《劳动教育应与体育、智育、德育、美育并列？——答黄济教授》，《华东师范大学学报》（教育科学版）2005 年第 3 期。

② 田慧生：《综合实践活动课程实施中的问题与策略》，教育科学出版社 2007 年版，第 5 页。

人的劳动精神面貌、劳动价值取向和劳动技能水平”,“劳动教育是国民教育体系的重要内容,是学生成长的必要途径,具有树德、增智、强体、育美的综合育人价值”。2020 年 11 月 24 日,习近平总书记在全国劳动模范和先进工作者表彰大会上的讲话指出:“要开展以劳动创造幸福为主题的宣传教育,把劳动教育纳入人才培养全过程,贯通大中小学各学段和家庭、学校、社会各方面,教育引导青少年树立以辛勤劳动为荣、以好逸恶劳为耻的劳动观,培养一代又一代热爱劳动、勤于劳动、善于劳动的高素质劳动者。”①

每一时期的劳动教育研究和实践都和当时的教育方针密不可分。我们梳理了新中国成立以来重大教育方针的演变,方便我们更好理解每一时期的劳育研究现状(见表 1-1)。

**表 1-1　新中国成立以来重大教育方针的演变**

| | 会议·机构 | 时间 | 方针内容 |
|---|---|---|---|
| 《中国人民政治协商会议共同纲领》 | 中国人民政治协商会议第一次全体会议 | 1949 年 9 月 21 日 | 中华人民共和国的文化教育为新民主主义的,即民族的、科学的、大众的文化教育。人民政府的文化教育工作,应以提高人民文化水平,培养国家建设人才,肃清封建的、买办的、法西斯主义的思想,发展为人民服务的思想为主要任务 |
| 《中华人民共和国宪法》(1954 年) | 一届全国人大一次会议 | 1954 年 9 月 20 日 | 中华人民共和国公民有受教育的权利。国家设立并且逐步扩大各种学校和其他文化教育机关,以保证公民享受这种权利。国家特别关怀青年的体力和智力的发展 |

① 习近平:《在全国劳动模范和先进工作者表彰大会上的讲话(2020 年 11 月 24 日)》,《中华人民共和国国务院公报》2020 年第 34 期。

续表

| | 会议·机构 | 时间 | 方针内容 |
|---|---|---|---|
| 《关于教育工作的指示》 | 中共中央、国务院 | 1958年9月19日 | 党的教育工作方针，是教育为无产阶级的政治服务，教育与生产劳动相结合。为了实现这个方针，教育工作必须由党来领导 |
| 《中共中央关于无产阶级文化大革命的决定》 | 中共八届十一中全会 | 1966年8月8日 | 在这场“文化大革命”中，必须彻底改变资产阶级知识分子统治中国学校的现象。在各类学校中，必须贯彻执行毛泽东同志提出的教育为无产阶级政治服务、教育与生产劳动相结合的方针，使受教育者在德育、智育、体育方面都得到发展，成为有社会主义觉悟的有文化的劳动者 |
| 《关于建国以来党的若干历史问题的决议》 | 中共十一届六中全会 | 1981年6月27日 | 坚持德智体全面发展、又红又专、知识分子与工人农民相结合、脑力劳动与体力劳动相结合的教育方针 |
| 《中华人民共和国宪法》(1982年修正) | 五届全国人大五次会议 | 1982年12月4日 | 促使青年、少年、儿童在品德、智力、体质等方面全面发展 |
| 《中共中央关于教育体制改革的决定》 | 中共中央 | 1985年5月27日 | 教育必须为社会主义建设服务，社会主义建设必须依靠教育。社会主义现代化建设的宏伟任务，要求教育不但必须放手使用和努力提高现有人才，而且必须极大地提高全党对教育工作的认识，面向现代化、面向世界、面向未来，为20世纪90年代以至21世纪初叶我国经济和社会的发展大规模地准备新的能够坚持社会主义方向的各级各类合格人才 |

续表

| | 会议·机构 | 时间 | 方针内容 |
|---|---|---|---|
| 《中华人民共和国义务教育法》 | 六届全国人大四次会议 | 1986 年 4 月 12 日 | 义务教育必须贯彻国家的教育方针,努力提高教育质量,使儿童、少年在品德、智力、体质等方面全面发展,为提高全民族的素质,培养有理想、有道德、有文化、有纪律的社会主义建设人才奠定基础 |
| 《加快改革开放和现代化建设步伐,夺取有中国特色社会主义事业的更大胜利》 | 中共十四大 | 1992 年 10 月 12 日 | 各级各类学校要全面贯彻党的教育方针,全面提高教育质量 |
| 《中国教育改革和发展纲要》 | 中共中央、国务院 | 1993 年 2 月 | 各级各类学校要认真贯彻"教育必须为社会主义现代化建设服务,必须与生产劳动相结合,培养德、智、体全面发展的建设者和接班人"的方针 |
| 《中华人民共和国教育法》 | 八届全国人大三次会议 | 1995 年 3 月 18 日 | 教育必须为社会主义现代化建设服务,必须与生产劳动相结合,培养德、智、体等全面发展的社会主义事业建设者和接班人 |
| 《高举邓小平理论伟大旗帜,把建设有中国特色社会主义事业全面推向二十一世纪》 | 中共十五大 | 1997 年 9 月 12 日 | 认真贯彻党的教育方针,重视受教育者素质的提高,培养德、智、体等全面发展的社会主义事业建设者和接班人 |
| 《关于深化教育改革,全面推进素质教育的决定》 | 中共中央、国务院 | 1999 年 6 月 | 实施素质教育,就是全面贯彻党的教育方针,造就"有理想、有道德、有文化、有纪律"的德、智、体、美等全面发展的社会主义事业建设者和接班人 |

续表

| | 会议・机构 | 时间 | 方针内容 |
|---|---|---|---|
| 《全面建设小康社会，开创中国特色社会主义事业新局面》 | 中共十六大 | 2002年11月8日 | 全面贯彻党的教育方针，坚持教育为社会主义现代化建设服务，为人民服务，与生产劳动和社会实践相结合，培养德、智、体、美全面发展的社会主义建设者和接班人 |
| 《中华人民共和国义务教育法》(2006年修正) | 十届全国人大常委会第二十二次会议 | 2006年6月29日 | 义务教育必须贯彻国家的教育方针，实施素质教育，提高教育质量，使适龄儿童、少年在品德、智力、体质等方面全面发展，为培养有理想、有道德、有文化、有纪律的社会主义建设者和接班人奠定基础 |
| 《高举中国特色社会主义伟大旗帜 为夺取全面建设小康社会新胜利而奋斗》 | 中共十七大 | 2007年10月15日 | 要全面贯彻党的教育方针，坚持育人为本、德育为先，实施素质教育，提高教育现代化水平，培养德、智、体、美全面发展的社会主义建设者和接班人，办好人民满意的教育 |
| 《中华人民共和国教育法》(2009年修正) | 十一届全国人大常委会第十次会议 | 2009年8月27日 | 教育必须为社会主义现代化建设服务，必须与生产劳动相结合，培养德、智、体等方面全面发展的社会主义事业建设者和接班人 |
| 《国家中长期教育改革和发展规划纲要(2010～2020年)》 | 中共中央、国务院 | 2010年6月21日 | 全面贯彻党的教育方针，坚持教育为社会主义现代化建设服务，为人民服务，与生产劳动和社会实践相结合，培养德、智、体、美全面发展的社会主义建设者和接班人 |

**续表**

| | 会议·机构 | 时间 | 方针内容 |
|---|---|---|---|
| 《坚定不移沿着中国特色社会主义道路前进　为全面建成小康社会而奋斗》 | 中共十八大 | 2012 年 11 月 8 日 | 坚持教育为社会主义现代化建设服务、为人民服务，把立德、树人作为教育的根本任务，全面实施素质教育，培养德、智、体、美全面发展的社会主义建设者和接班人，努力办好人民满意的教育 |
| 《关于修改〈中华人民共和国教育法〉的决定》（第二次修正） | 十二届全国人大常委会第十八次会议 | 2015 年 12 月 27 日 | 教育必须为社会主义现代化建设服务，为人民服务，必须与生产劳动和社会实践相结合，培养德、智、体、美等方面全面发展的社会主义建设者和接班人 |
| 《决胜全面建成小康社会　夺取新时代中国特色社会主义伟大胜利》 | 中共十九大 | 2017 年 10 月 18 日 | 要全面贯彻党的教育方针，落实立德树人根本任务，发展素质教育，推进教育公平，培养德智体美全面发展的社会主义建设者和接班人 |
| 《关于深化教育教学改革全面提高义务教育质量的意见》 | 中共中央、国务院 | 2019 年 6 月 23 日 | 全面贯彻党的教育方针，落实立德树人根本任务，遵循教育规律，强化教师队伍基础作用，围绕凝聚人心、完善人格、开发人力、培育人才、造福人民的工作目标，发展素质教育，培养德、智、体、美、劳全面发展的社会主义建设者和接班人 |
| 《关于全面加强新时代大中小学劳动教育的意见》 | 中共中央、国务院 | 2020 年 3 月 20 日 | 劳动教育是中国特色社会主义教育制度的重要内容，直接决定社会主义建设者和接班人的劳动精神面貌、劳动价值取向和劳动技能水平。劳动教育是国民教育体系的重要内容，是学生成长的必要途径，具有树德、增智、强体、育美的综合育人价值 |

（五）高校劳动教育现状

在新中国劳动教育的发展历程中，以中小学生为对象的劳动教育政策文件较多，大学生劳动教育处在被忽视的地位。1987年《中共中央关于改进和加强高等学校思想政治工作的决定》中对大学生劳动教育才做了具体规定："只有理论与实际相结合、脑力劳动与体力劳动相结合……才是青年知识分子成长的唯一正确道路。业务实习、军事训练和公益劳动、生产劳动都需要纳入教学计划。"[①]高等教育作为学生走上社会前接受的最后系统教育，劳动教育显得尤为重要。2004年《中共中央、国务院关于进一步加强和改进大学生思想政治教育的意见》、2005年《中宣部、中央文明办、教育部、共青团中央关于进一步加强和改进大学生社会实践的意见》对大学生劳动教育做了规定，这是我国劳动教育历史上的一个突破。

在高校，开展好劳动教育，引导学生"崇尚劳动、尊重劳动，懂得劳动最光荣、劳动最崇高、劳动最伟大、劳动最美丽的道理"，"培养德智体美劳全面发展的社会主义建设者和接班人"意义重大。檀传宝通过"劳动、实践、活动、劳动精神、劳动价值、劳动素养"的概念分析，提出"劳动教育"是以提升学生教育素养的方式促进学生全面发展的教育活动。[②] 刘娜指出，高校开展劳动教育要突出学生的主体作用，要将学生作为活动的参与者、组织者、实施者、设计者，而不是单纯地作为教育的对象，在开展劳动教育过程中，充分调动学生在其中的感知思考以及行动，通过让学生身体在场的劳动体验，实现由身到心知行合一的劳动教育。[③] 万婕、朱惠蓉提出要积极构建多元化的劳育体系（课程劳育、专业劳育、思政劳育、实践劳育），着力建设高校劳动育人生态系统。[④]

在实践层面，天津大学充分挖掘劳动教育在树德、增智、强体、育美等方

---

① 教育部思想政治工作司组编：《加强和改进大学生思想政治教育重要文献选编（1978～2014）》，知识产权出版社2015年版，第71页。

② 参见檀传宝：《劳动教育的基本内涵与特征》，《中小学德育》2019年第6期。

③ 参见刘娜：《新时代高校劳动教育的多维向度》，《黑龙江高教研究》2020年第11期。

④ 参见万婕、朱惠蓉：《新时代高校劳动教育的价值意蕴与实践路径》，《山西师大学报》（社会科学版）2020年第6期。

面的育人价值，推动课堂教学与实践活动贯通融合，探索构建劳动教育新模式。以劳动教育引导学生“会劳动”，以专业实践锻炼学生“能劳动”，以文化浸润激励学生“爱劳动”。努力培养德、智、体、美、劳全面发展的社会主义建设者和接班人。[①]

上海财经大学加强体制机制建设，将劳动教育纳入人才培养全过程；夯实课堂教学阵地，切实强化必修课程重要作用；丰富劳动教育形式，充分发挥第二课堂育人功能；拓展劳动教育平台，深入推进创新创业教育；奏响“三全育人”强音，打造“三位一体”协同育人格局。[②]

高校劳动教育开展至今，有许多可取之处，但也存在一些薄弱环节。例如，大学生对“劳动教育是培养劳动精神、劳模精神、工匠精神、敬业精神的基础教育”“以劳动托起中国梦”理念的理解还不到位。对“以劳树德、以劳增智、以劳健体、以劳育美、以劳创新”的中国特色社会主义劳动教育的特点和重大作用理解还不到位。在创新实践、职业认知、创业意识、就业观念等方面，体验和体悟还不到位。

为深入贯彻习近平总书记关于教育的重要论述，全面贯彻党的教育方针，落实《中共中央、国务院关于全面加强新时代大中小学劳动教育的意见》，加快构建德智体美劳全面培养的教育体系，教育部组织研究制定了《大中小学劳动教育指导纲要（试行）》（以下简称《纲要》）。《纲要》中明确指出，普通高等学校需强化马克思主义劳动观教育，注重围绕创新创业，结合学科专业开展生产劳动和服务性劳动，积累职业经验，培育创造性劳动能力和诚实守信的合法劳动意识。[③] 普通高等学校劳动教育需紧密围绕《纲要》中清晰列明的高校学生接受劳动教育四项基本要求，加强和深化马克思主义劳动观、劳动价值观教育，要把劳动精神、工匠精神纳入大学生的思想体系的建设之中，把掌握基本的劳动知识和技能应用到日常学习生活中，使学生自

---

① 参见《天津大学探索构建劳动教育新模式》，中华人民共和国教育部政府门户网站，http://www.moe.gov.cn/jyb_xwfb/s6192/s133/s157/201911/t20191105_406923.html。

② 参见《上海财经大学打造劳动教育特色模式》，中华人民共和国教育部政府门户网站，http://www.moe.gov.cn/jyb_xwfb/s6192/s133/s172/202006/t20200619_467042.html。

③ 参见《教育部关于印发〈大中小学劳动教育指导纲要（试行）〉的通知》，中国政府网，http://www.gov.cn/zhengce/zhengceku/2020-07/15/content_5526949.htm。

觉自愿、认真负责、安全规范、坚持不懈地参与劳动，为其深刻领会和弘扬开拓创新、砥砺奋进的时代精神，构建坚实的精神信仰体系打下基础，塑造勤劳、智慧、有社会责任感、有真善美情怀、敢于担当的新时代大学生。高校劳动教育大有可为。

## 二、国外劳动教育发展情况

马克思、恩格斯认为："劳动是一切价值的创造者。"[1]马克思认为人的全面发展过程是以劳动实践为前提和手段的，人的本质也是在劳动实践中得以发展的。我国劳动教育既要立足已有的理论和实践方面已经取得的有益经验，也要积极借鉴和吸纳人类文明中的优秀成果。

很多国家设置了较多样化、系统化的劳动教育课程的体系。在这里，我们选取了几个劳动教育开展有代表性、有特色的国家展开介绍，提取了一些我们觉得可以借鉴、应用于我国劳动教育的地方，采百家之长，方能精益求精。德国的劳动与技术教育是自然人走向社会、开始职业生活的先决条件和必要准备[2]，其相对完善的劳动教育体系和劳动教师教育课程体系对我国劳动师资的培养具有借鉴意义。在美国，劳育一直与教育息息相关，包括实用主义、生计教育。[3] 日本开展技术教育的主要目的是为学生踏入社会或者进入生产领域打下基础，使其具备必需的生存能力和创造能力。俄罗斯开设工艺课程的核心和关键是培养学生自主劳动和独立生活的能力。

### （一）德国劳动教育

德国的劳动教育历史悠久，早在18世纪，德国就出现了关于劳动教育的实践与理论思考。1964年，德国教育委员会在《关于在主体中学建设劳动课程的建议》中指出："劳技课的目标并非等同于职业教育的结果——'职业成熟'，而是一种符合教育法精神的对'脑、心、手'的培养。期间渗透了现代

① 《马克思恩格斯选集》第3卷，人民出版社1995年版，第239页。

② 参见段俊华：《"以劳育德"视域下黄冈市小学劳动教育问题及对策研究》，黄冈师范学院2020年硕士学位论文。

③ 参见李旭荣等：《"五育"背景下新工科劳育和美育课程建设探索》，《中国现代教育装备》2020年第9期。

技术和经济的传授，从而帮助学生熟悉了解当代生产、服务等领域内各种职业的基本特征，并为其今后能做出明智的职业选择奠定基础。”[①]

二战后，劳动教育在东西德分别得到了进一步发展，并在两德统一后形成了比较完备的劳动教育课程体系。德国的劳动教育一方面既立足于当下社会发展的现实问题，另一方面又具有历史发展的主动前瞻性。[②] 德国小学和中等教育第一阶段的各类中学都有自己的劳育课程，每一门课程都有很明确的教学目标、内容和考核标准，劳动教育内容涉及经济、社会、法律、家政、自然科学、文化、职业和学业导向等不同的领域，让学生获得应对日常生活、社会生活和职业生活等多方面的综合技能。劳动教育具有很强的实用性，有助于学生更好适应现代社会生活和职业生活的挑战。

德国各州对劳动教育目标和任务的表述有所不同，但可以归纳为：培养学生在职业、家政、经济和环境保护等领域的基本能力，使学生能正确选择适合自己的职业，具有社会责任感，具备处理私人生活、未来职业生涯和公共生活等领域的具体问题的能力。可以看出，这个目标兼顾了个人发展和社会进步两个方面。[③]

德国劳动教育历史悠久，实践经验丰富，其价值内涵历经三次重大的转变：“强调职业教育与公民教育的有效联结、为职业选择与企业劳动培养全面发展的人、协助解决社会劳动的现实问题。”[④]随着工业 4.0 进程的不断推进，德国学校劳动课程也进入了数字信息化时代，其课程建设的主要特征表现为：“目标旨在培养学生解决职业、生活问题的劳动能力；内容涉及家政、技术、经济与职业劳动领域；课程设置凸显综合性、模块性以及跨学科性；课程实施以行动力为导向，并辅以专业的师资队伍与教学设备。”[⑤]德国非常重

---

① 参见傅小芳、周俪：《德国基础教育中的劳动技术教育》，《比较教育研究》2005 年第 2 期。

② 参见孙进、陈囡：《德国中小学的劳动教育课程：目标·内容·考评》，《比较教育研究》2020 年第 7 期。

③ 参见孙进等：《德国的劳动教育》，北京师范大学国际与比较教育研究院，世界主要国家“劳动教育”的政策与实践，北京，2018 年，第 22～30 页。

④ 任平、贺阳：《从“劳作学校”到“普职融合”：德国劳动教育课程建设的价值嬗变、特征与启示》，《全球教育展望》2020 年第 10 期。

⑤ 任平、贺阳：《从“劳作学校”到“普职融合”：德国劳动教育课程建设的价值嬗变、特征与启示》，《全球教育展望》2020 年第 10 期。

视劳动教育教师队伍的培养，对其培训内容做了相关规定，同时还要不定期组织在职培训。可以看出，德国的劳动教育的目标与社会生产劳动的现实与发展趋势紧紧相连，能够主动根据时代和社会生产需要及时调整，从而保证自身的先进性。

作为工业制造业的强国，德国一整套的劳动教育和技术教育为自然人走向社会、开始职业生活提供了必要准备，其相对完善的劳动教师教育课程体系对我国劳动师资培养具有一定借鉴意义。

（二）日本劳动教育

日本非常重视劳动教育，尤其是家庭劳动教育。在劳动教育地位的立法方面，日本表现得特别突出。日本从宪法的高度充分肯定了劳动的地位，在法律上确认了劳动的价值和劳动教育的重要性。《日本国宪法》第二十七条第一款规定："所有国民有劳动的权利和义务。"

1947 年，日本颁布《劳动基本法》，明确要求学校教育中要"注重劳动与责任"。2006 年，《劳动基本法》将劳动教育的目的修订为"重视职业和生活的联系，培养尊重劳动的态度"。在此基础上的《学校教育法》对劳动教育的目标做了规定："培养关于职业的基础知识与技能、尊重劳动的态度、适应个性选择未来出路的能力。"①日本《学校教育法》第三章第三十六条规定，初中以"培养社会所需要的各种职业的基本知识和技能、尊重劳动的态度以及按照个人才能选择专业的能力"为任务。日本高中《学习指导要领》第一章总则第一款规定："学校适应地区与学校的实况等，对劳动体验的学习进行适当的指导，使学生体验到劳动与创造的愉快，以资形成社会所期望的劳动观与职业观。"

强有力的法律规定可以保证劳动教育在法律上的正当性和合法性，为劳动教育的全面推进提供了法律保障。在劳动教育立法方面，日本做了一个很好的榜样。

（三）美国劳动教育

在美国，受实用主义教育思潮和生计教育运动的影响，形成了由家庭、

① 参见杨红军：《日本中小学家庭课的特点及启示》，《劳动教育评论》2020 年第 3 期。

学校、社会三位一体开展劳动教育的传统，劳动教育的发展更加完善，其经验值得我们参考。在美国，劳动主要分为体力劳动、脑力劳动和手工劳动，旨在培养学生的劳动习惯、劳动态度和尊重劳动的精神。美国劳动教育的目标指向的是人的通识素养的培养，是培养积极的家庭成员、职业领域的合格准备者、负责任的社会公民。和英国、日本、俄罗斯、古巴等国家相同，美国也强调学生的劳动教育应立足于学生良好习惯和态度的培养。

美国在家庭和学校里有各种与劳动教育相关的活动，如收拾整理自己的物品、打扫房间、修剪草坪、分担家务等。美国综合高中会开设劳育类选修课程，如手工课、家政课、烘焙课等，美国的学校一般会有专职人员开展生涯教育，鼓励学生选修或必修职业入门课程。美国十分重视公民的教育与培养，从小就开始接受志愿劳动教育，志愿服务已成为美国人的生活习惯、方式甚至自觉行为。

总的来看，美国劳动教育有鲜明的特点，教育内容和形式重视因时制宜、因地制宜，美国劳动教育与实践相结合，注重“从做中学”，有着较大的借鉴意义。

（四）俄罗斯劳动教育

俄罗斯的劳动教育除了让学生掌握劳动知识、提升能力外，也特别重视劳动价值观的培养。2009 年，俄罗斯教育科学院制定并出台的《俄罗斯公民精神道德发展与公民道德教育构想》明确了俄罗斯现代教育最重要的目标是培养道德高尚、有责任感、具有创造力和首创精神的有技能的俄罗斯公民。“基本国家价值观”包括了爱国主义、社会团结、公民性、家庭、劳动与创造、科学、传统的俄罗斯宗教、艺术和文学、大自然、人类等方面。[①] 劳动与创造作为“基础国家价值观”的一项内容，在促进人的发展方面占据着十分重要的地位。

2017 年 3 月 29 日，俄罗斯联邦国家杜马通过并且公布了《学校劳动教育法草案》，建议将劳动教育引入俄罗斯各级普通教育中。教育学者认为，劳动是人类和自然相互作用的过程，劳动不仅应满足人的需求，也要满足自

① 参见姜晓燕、赵伟：《俄罗斯基础教育》，同济大学出版社 2005 年版，第 165～166 页。

然的需求。

俄罗斯的劳动教育目标主要有以下方面：培养学生的自我服务能力；开展技术培训；培养学生的家务能力；培养学生的专业技能；引导学生通过劳动回馈社会。这些方面较好地将个人发展和社会需要结合了起来。[①]

从俄罗斯的劳动教育可以看出，劳动价值观的培养和引导非常重要，从思想上认同、接受，才能更好地指导实践，达到好的效果。

（五）印度劳动教育

印度的劳动教育不是要培养学生某一方面的职业能力和劳动技能，而是培养学生对劳动的尊重和服务社会的意识。在甘地的政治理想中，劳动教育最终要改变“尊贵的人不劳动，劳动的人不尊贵”的社会现象，实现人人平等、社会和谐的理想状况。[②]

印度的劳动教育具有非常明显的对社会进行民主改造的功能。印度的社会分化非常明显。20世纪60年代，印度教育委员会的委员们认识到教育是改造社会和经济结构的手段，倡导学生在家庭、学校、车间、农场、工厂或其他生产场所参加生产劳动。20世纪70年代以来，印度主要以“有益于社会的生产劳动”为方针推进劳动教育。2000年，印度制定的《2000年学校教育国家课程框架》中指出，要实施两年初中教育和两年高中教育，开设劳动教育等课程。

印度劳动教育的实践策略主要有“在中小学开设劳动教育课程，推动高中教育职业化并开展劳动教育，在扫盲教育中开展劳动教育等”。印度的劳动教育带给我们的启示有：通过发展素质教育为劳动教育的实施创造条件；劳动教育的根本任务在于正确的劳动价值观教育；在学校课程体系中，单独设立劳动教育课程以保障实施效果。[③]

---

① 参见肖甦、王玥：《俄罗斯的劳动教育》，北京师范大学国际与比较教育研究院，世界主要国家“劳动教育”的政策与实践，北京，2018年，第1～7页。

② 参见杨明全：《印度的劳动教育》，北京师范大学国际与比较教育研究院，世界主要国家“劳动教育”的政策与实践，北京，2018年，第52～56页。

③ 参见杨明全：《印度劳动教育的政策演进与实践策略》，《北京教育学院学报》2019年第1期。

(六)巴西劳动教育

在劳动教育的实践场地方面,巴西的一些做法具有启发性。

巴西利亚联邦区1996年成立了自然学堂(Escola da Natureza),这一学堂已经成为联邦区公立学校固定的实践基地。学堂有固定的活动记录模板,参与劳作的学生需要在学期结束时上交自己参加活动的记录,包括具体时间、活动地点、劳动内容、观察体会等。在学堂中,学生可以在菜园、农林复合园以及温室中观察、劳作,种植多种作物。同时,田园学校(Escola Parque da Natureza)也是巴西利亚联邦区承担劳动教育的重要机构,田园学校的劳动教育是一到五年级的独立课程,或者作为六至九年级艺术与体育的补充课程。

此外,巴西很多社区还有"农业之家",一方面可以让农村的孩子保持对劳动和原野的热爱,另一方面也让城市地区的孩子拥有接触田野的机会。

## 第三节　山东大学办学历史中的劳动教育

2018年9月10日,习近平总书记在全国教育大会上庄严提出"培养德智体美劳全面发展的社会主义建设者和接班人"的总要求,强调劳动育人的重要价值。2020年3月20日,中共中央、国务院发布《关于全面加强新时代大中小学劳动教育的意见》,指出各级各类学校必须充分认识新时代培养社会主义建设者和接班人对加强劳动教育的新要求,全面构建体现时代特征的劳动教育体系,广泛开展劳动教育实践活动,着力提升劳动教育支撑保障能力,切实加强劳动教育的组织实施。"劳动创造了人本身",也是推动人类社会进步的根本力量。新时期,党对教育工作重提加强劳动教育的要求,正是要积极发扬劳动教育的综合育人价值,发挥劳动树德、增智、强体、育美、创新的有效功能。

对高校来说,开展劳动教育就是要通过开展以劳动为主题的课程以及在课程主渠道之外由学生参与生产、生活或服务性的劳动,帮助学生提升劳动意识、习得劳动精神、培养劳动习惯、获得劳动能力,并真正成长为德智体美劳全面发展的社会主义建设者和接班人。作为中国高等教育的起源性高校，山东大学自1901年建校以来，在中国劳动教育发展的历程中留下了浓墨重彩的印记。

在建校之初，劳动一直嵌入山东大学的办学过程中，虽然劳动教育的明确概念并未传入中国，但是提升学生适应未来社会的能力的努力和对学生劳动技能的训练一直没有停止。在劳动教育观念初步传入中国时，山东大学劳动教育强调实验与动手能力等专业能力的培养，引导学生走向社会，但仍带有时代烙印，办学过程和方法部分渗透了封建因素；抗日战争时期，劳动教育观念广为接受，形式呈现多样化趋势，内容结合爱国主义等，为抗日战争服务，但由于资金、战争等影响，实践效度保障存在难点；解放战争时期，劳动教育随着战争的推进而不断变化，实践性不断增强，多样化趋势明显；新中国成立后，国家对劳动教育进行了崭新的探索，完成了劳动教育基本体系的初塑，山东大学劳动教育强调劳动态度、劳动观念的同时，开展系统性的劳动实践；“三大改造”后，国家不断提高劳动教育质量，建立劳动教育制度，但培养方式产生偏差，出现“以劳代学”现象，偏离了马克思主义“教育与生产劳动相结合”的教育初衷；改革开放后，山东大学首先将工作重点放在全面改革劳动教育政治化时期教育与劳动之间的失衡关系，在全国解放思想、实事求是的大背景下，广泛开展社会实践，将劳动教育渗透进日常生活中，培养学生良好的行为习惯；进入20世纪90年代之后，经济不断发展，对参加生产实践的劳动者的素质提出更高要求，国家对于高校教育也有了更高的期待。这一时期，山东大学劳动教育的重点在社会实践、创新创业、志愿服务等方面取得亮眼成绩；2000年之后，素质教育渗透进专业教育中，新时代教育与劳动观念进一步丰富和发展，更加注重学生素质和能力的培养；党的十八大以来，国家对于劳动教育重要性的认识进一步加深，强调“为人民服务”与“社会实践”相结合、提高“社会责任感”等。当前的劳动教育是新时代中国共产党对教育的新要求，是中国特色社会主义教育制度的重要内容。在山东大学，劳动教育不仅走进了课堂，更铺开到课外的广阔天地，贯穿到学校教育的各个方面。山东大学紧跟党和国家的脚步，以开放包容的姿态，在以课堂为中心的“第一课堂”和以社会实践、志愿服务、创新创业等为中心的“第二课堂”领域，进一步促进新时代劳动教育体系的全面构建与发展。

本节全面介绍山东大学自建校起各阶段开展劳动教育的措施，全面呈现建校以来山东大学劳动教育的建设图谱，梳理山东大学劳动教育的发展脉络。不忘历史，面向未来，力争为山东大学新时代劳动教育的发展提供沿革支撑和实践参考。

## 一、劳动教育的萌芽时期（1901～1928年）

### 案例

1924年，罗荣桓元帅考入私立青岛大学工科预科，面对当时灰暗的政治环境，年轻的罗荣桓在学习之余积极参与革命斗争。1925年4月，青岛纱厂3万余名工人为了反对日本资本家发起罢工运动，结果受到反动当局的镇压，死伤惨重，史称"青岛惨案"。为反对反动当局的残暴统治，私立青岛大学的学生组织起学生会，罗荣桓被推选为负责人，领导斗争，他组织学生参加义演，将售票所得财物用于支持工人运动，并前往北京、上海揭露"青岛惨案"的真相。在革命运动、义演等劳动过程中，罗荣桓虽未曾提出劳动教育的口号，但客观上引导了学生参加劳动，贴近工人阶级和广大劳动群众。

1901年，署理山东巡抚袁世凯上奏《山东省城试办大学堂暂行章程折稿》（以下简称《山东大学堂章程》），同年10月，《山东大学堂章程》获批，十分详尽地规定了大学堂的各项管理制度以及如何创办省城大学堂，山东大学前身——山东大学堂在济南泺源书院正式成立。这所官办大学堂同私塾和科举制度比较起来，已经有了质的区别。

（一）劳动教育萌芽初现

山东大学堂成立于清末光绪年间，其办学理念不可避免地受到封建思想的影响，教学内容仍然以"四书五经"为主。但是，与封建私塾和科举制相比，山东大学堂已经有质的区别。山东大学堂具备近代正规高等学校的体制与规模，而且除了经学以外，还开设了20多门其他课程，其中包括地质学、物理学、博物学等自然科学课程。这些学科具有实践性，与科举时代"两耳不闻窗外事，一心只读圣贤书”的八股文教育相比，已经有了很大的进步，为劳动教育在中国的产生打下良好的基础。

民国成立后，山东大学堂遵章停办，师生分别转入山东省立法政、农业、商业、工业、矿业、医学六个专门学校。相较于前一个时期，这个时期的教育家拥有着更为广阔的视野和更为先进的教育理念。他们结合民国时期劳工的生活状况，以及存在的社会问题，将劳动教育与挽救中华民族相联系，并进行了以劳工为对象的、旨在使劳工更高效地参与工业生产的一系列教育实践，如黄炎培开创的职业教育、陶行知倡导的生活教育、晏阳初践行的平民教育等。[①]

这六所专门学校受到这些思想的影响，致力于为当时的社会培养工农商业发展所需的劳动者。例如，1913 年，山东公立农业专门学校以培养农业专门人才为宗旨，开展预科和本科教育。自 1913 年至 1926 年，共培养了 400 余本科生及中等农业技术人员 200 余人，对促进山东农业的发展起到了一定的作用。[②] 在对当时积贫积弱的传统农业大国农业生产技术的规范与传承起到了不可忽视的作用的同时，这也是将劳动理论与劳动实践有机结合从而实现劳动教育价值意蕴的有力表现，在当时的社会具有进步性和时代性的特点。由于当时的社会性质存在局限性，专门学校的教育究其根本是为了培养专精一职的技术人才，服务于机械化大生产。但不可否认的是，这一时期的教育已初步具备了现代劳动教育的特质，将劳动教育的内容拓展到了智、技、德、体等诸多方面，这也为我国劳动教育理论与实践的产生和发展奠定了良好的基础。

（二）劳动教育与家国情怀结合

山东大学堂尤其注重培养学子的家国情怀，《山东大学堂章程》第三章第八节明确指出：“公家设立学堂，是为天下储人材，非为诸生谋进取；诸生

---

① 参见朱文辉、许佳美：《从分立窄化到固本创新：我国劳动教育的发展历程与价值取向》，《教师教育学报》2021 年第 6 期。

② 参见《山东大学百年史》编委会编：《山东大学百年史（1901～2000）》，山东大学出版社 2001 年版，第 32～33 页。

来堂肄业,是为国家图富强,非为一己利身家。”[①]该章程把学生、大学堂的命运与国家、民族的命运紧紧地联系在一起,引导学生了解时局之艰难,感受国恩之深重,通过求学成才实现报效国家的理想。

此时正值革命运动风起云涌,劳动教育带有深深的时代烙印。许多学子认识到,不仅可以通过单纯的劳动达到学理论、学技能的目的,还可以通过投身革命运动将社会实践与劳动实践相结合,从而推动社会变革与进步。因此,山东大学堂涌现出一批通过革命实践报国的仁人志士,在革命实践的劳动中接受教育,助力社会发展。

1911 年 10 月,辛亥革命的大潮兴起,山东大学堂的进步学子先后投入辛亥革命。同盟会会员徐镜心、张伯言是山东高等学堂选送去日本留学的学生,回国后联合山东高等学堂师生和各界人士,与山东巡抚孙宝琦谈判,迫令孙宝琦宣布山东独立。[②] 这体现了劳动教育能够引导学生带着所学从学堂走出去,到社会中去,充分发挥主观能动性。而主观主动性的发挥,使学生能够更好地培养社会责任感,承担社会担当,为社会变革与进步贡献力量。

1919 年 5 月,五四运动前夕,省立法政、工业、农业、商业、医学五个专门学校的师生,获悉巴黎和会上中国外交失利的消息,立即组成“山东学生外交后援会”,发表通电,深入社会各界广泛宣传,从而掀起山东各界人民的爱国运动。同年,中国人民教育家、思想家,伟大的民主主义战士陶行知先生回国。他结合当时的社会背景,倡导“从字面的到手脑相长的、从耳目的到身心全顾的”教育救国生活教育实践,提出“过劳动的生活便是受劳动的教育”的观点,把“劳动”和“教育”的相互关系问题,带入中国人民的视野。陶行知先生的教育思想影响着当时的教育事业,唤醒了很多的中国青年,为国家培养了许多的革命斗士。1925 年 4 月,私立青岛大学成立了体育会、音乐会、职员会等群众组织。这一阶段,学生接受的教育不仅仅是道德说教,还

---

① 《山东大学百年史》编委会编:《山东大学百年史(1901～2000)》,山东大学出版社 2001 年版,第 22 页。

② 参见《山东大学百年史》编委会编:《山东大学百年史(1901～2000)》,山东大学出版社 2001 年版,第 10 页。

有亲身亲历的爱国实践运动,这些引导着学生做国家的保卫者、时代的奋斗者。虽然没有参与生产活动,但是学子们用其所学,积极投入到了救亡图存的革命实践中,发挥主观能动性解决实际问题,也达到了学校进行劳动教育的目的。

"劳动"和"教育"的现代关系问题,由 1919 年回国的中国人民教育家、思想家,伟大的民主主义战士陶行知先生首次提出,他倡导"从字面的到手脑相长的、从耳目的到身心全顾的"教育救国生活教育实践,"过劳动的生活便是受劳动的教育"。[①] 此后,"劳动"和"教育"的相互关系问题,开始进入中国人民的视野。

## 二、劳动教育与革命战争深度结合时期(1928～1949 年)

### 案例

国立青岛大学于 1930 年 9 月 21 日成立,杨振声先生在蔡元培先生的举荐之下担任校长,任职期间他民主办学、广罗人才。他认为拥有完善的设备是办好一所大学最为基本的条件,因此提出减少开支、勤俭办学的理念,用节省下来的经费购置实验设备、先进仪器,并为学校建造了一座科学馆作为实验室。

杨振声校长强调动手实践、重视实验的态度深深影响了国立青岛大学的诸多学子,充分体现了学校对于劳动教育的重视。厚育劳动教育理论和实践研究的土壤,使得学生们积极参与到实践劳动之中,推动劳动教育观念朝着科学、规律、有序的方向发展。

### (一)北伐战争结束,劳动教育观念普及

北伐战争基本上推翻了北洋军阀在全国的统治,加速了中国革命的历史进程。在这一时代背景之下,中国的教育事业基本上摆脱军阀的束缚,走上了正规化的发展道路。中国共产党所领导的革命力量不断壮大,在将红色力量扩展到各大高校的同时,也为广大进步青年带来了先进的教育理念,

① 陶行知:《生活教育文选》,四川教育出版社 1988 年版,第 93 页。

劳动教育观念得以进一步被国内知识界接受与重视。

随着劳动教育观念的普及，国立青岛大学主动引进新教育理念，在1929年决定于济南分设工厂、农事试验场，以供相关专业学生进行劳动实习[①]，提升学生的动手能力，将课堂中学到的知识与实践接轨。一时间校园内热爱劳动、尊重劳动的风尚蔚为大观，营造了良好的校园劳动文化环境。

在此之后，为了让劳动教育覆盖更多学生，鼓励学生积极参加劳动，学校在1935年设置了一系列勤工助学岗位，并出台《学生工作给酬办法》，将工作时长与薪酬进行了纸面规定。[②] 这一办法不仅为部分贫困学生减轻了生活压力，使其能够更加全身心地投入到学习之中，更扩充了劳动教育形式，使得劳动工作不断普及到一般学生之中。

（二）抗日战争爆发，劳动教育与爱国主义相结合

在劳动教育在教育界不断普及并取得显著成果的同时，中国却面对着愈发恶劣的国际形势，中日之间的关系不断恶化，直至演化为战争，使得抗日救亡成为这一时代的主题。国立青岛大学的广大学生群体投身抗日救国的各项活动，为呼唤人民觉醒、抵抗外来侵略作出杰出贡献，并在这一过程中实践着自己在劳动教育中获取的知识经验。

九一八事变后，进步学生积极向先进思想靠拢，把劳动教育与爱国主义精神相结合，用自己的实际行动扛起家国大义的旗帜。比如开展抗日救国的各项活动，成立起中共青岛大学地下党支部、学校抗日救国会。[③] 此后，中共国立青岛大学党支部先后组织了“读书会”和“时事讨论会”，并成立“海鸥剧社”。通过阅读进步书刊、讨论时事政治和排演活动以团结积极分子、联系群众，扩大中国共产党的政治影响。与此同时，“海鸥剧社”在学校公演《工厂夜景》和《月亮上升》两部戏剧，观众逾千人，在校内外产生了巨大反

① 参见山东大学档案馆编：《山东大学大事记（1901～1990）》，山东大学出版社1991年版，第26页。

② 参见山东大学档案馆编：《山东大学大事记（1901～1990）》，山东大学出版社1991年版，第91页。

③ 参见山东大学档案馆编：《山东大学大事记（1901～1990）》，山东大学出版社1991年版，第31页。

响,学校的政治空气为之一振。[①]

除了校内活动,学生们还积极走出校门,投身实践,体会劳动者的艰辛,鼓舞人民参与救亡图存的斗争、与人民共患难。在“学中做”,在“做中学”,注重劳动理论和实践的结合,用理论指导实践,将人生追求融入社会发展进步之中,不计较个人得失。1937 年 4 月,在此前建立起的青岛救亡同学会的基础上,建立起国立山东大学抗日民族先锋队,作为党的外围组织。七七事变爆发后,抗日民族先锋队走出校门,深入群众进行多方面的抗日宣传和组织工作,动员民众奋起抗战。[②]

（三）抗战持续,劳动教育蓬勃发展

总体而言,山东大学在这一时期摆脱了之前山东军阀张宗昌的影响,得以自主独立地发展教育事业,劳动教育工作也呈现出蒸蒸日上的新局面。在抗日战争爆发后,学校中国共产党地下组织的成立与学生抗日救国运动的不断发展,鼓舞起学生接受思想劳动教育的热情,这份热情最终转化为抗日救国的具体行动,为新中国成立后学校加强劳动教育提供了鲜活的方案,为劳动教育的进一步发展打下了坚实的基础。

然而,本阶段的劳动教育在发展的同时仍旧存在着一定问题,如学校办学资金不足,支撑保障稍显落后;地区形势紧张,校园屡次搬迁,最终甚至被教育部下令暂时停办;等等。国内环境不稳定使得学校劳动教育的落实存在难点。

（四）解放战争爆发,劳动教育在艰难中孕育生机

抗日战争胜利后,受战争影响而迁移与停办的国内各所高校也逐步迁回并恢复教学秩序。山东大学于 1946 年春天在青岛复校,复校工作千头万绪,赵太侔校长抓住重点解决了校舍、师资、招生和系科设置等问题,促进了教学和科研水平的提高,为山东大学后续发展奠定了良好的基础。在复校

① 参见山东大学档案馆编:《山东大学大事记(1901～1990)》,山东大学出版社 1991 年版,第 33 页。

② 参见山东大学档案馆编:《山东大学大事记(1901～1990)》,山东大学出版社 1991 年版,第 46～47 页。

的过程中，学校教职工发挥吃苦耐劳，艰苦创业的精神，自己动手建立仪器修造厂，克服困难，使学校在经费紧张的情况下完成了复校筹备工作，用实际行动向山大学生诠释了劳动精神，这种劳动精神在山大之后的历史中也一直被传承下去。

相较于抗日战争，解放战争初期学校受到战争的影响略小，因此常规性教学活动按部就班地进行。山大复校后加强教学管理，改进教学方法，把"研究高深学术、养成专门人才、陶融健全品格"作为教育目标，在教学过程中更加注重理论联系实际，培养学术的学习与创造能力。例如，化学系拟组织化学社，以方便师生取得联系，并对外接受化验等服务工作；新建的地质矿物学系设计建设多个实验室和研究室，并要求毕业学生一定要以山东各处为其实习场所。然而，随着国共两党之间关系的恶化与内战的爆发，学校的计划未能如期实现，但可以看出在复校以后，学校各院系负责人非常注重培养学生的实践能力和自我学习发展的理念，为劳动教育事业的普及提供了天然的土壤。

在课堂之外，这一时期，山大的社团活动和学生运动也是劳动教育开展的途径之一。面对国民党反动派的倒行逆施和美帝国主义的罪恶行径，山大学子无法抑制住内心的愤怒，反抗情绪与日俱增。在这种背景下，进步爱国社团如雨后春笋般在山大校园内陆续出现。其中，联系群众最广泛、校外影响力最深远的要属"大众音乐团"和"方生剧社"。在举办活动的过程中，同学们不仅打击了敌人嚣张的气焰，发扬了爱国主义精神，更是在劳动中锻炼了自己，磨砺了艰苦奋斗、甘于奉献的劳动精神。以"方生剧社"为例，其在成立之初就为了救济困难同学公演了话剧《岁寒图》。除此之外，"方生剧社"还成功演出了《开锣之前》《王秀銮》《赤叶河》等多部话剧、歌剧，深受学校师生和广大民众的赞誉和喜爱。但其实他们的演出条件十分艰苦，剧社演出的布景、道具和灯光设备都是社员捐钱、捐物，自己动手制作的，同时他们还要面临反动派的围追堵截。面对困难，同学们依旧乐观向上、一丝不苟地完成演出。在这个时期，山大学子配合全国革命运动，开展各式各样爱国的劳动教育实践活动，并在劳动中帮助他人、磨砺自我，养成了吃苦耐劳、艰苦创业等一系列劳动精神，客观上促进了劳动教育理念在师生间的广泛传播，为新中国成立后劳动教育在全校范围内推行打下了坚实的群众与思想基础。[①]

(五)战争如火如荼,劳动教育凸显实践性

**案例**

1946年,山东大学在青岛复校,童第周担任理学院动物系主任,继续其之前对文昌鱼的研究工作,在兢兢业业工作之余,他积极投身于革命运动之中。1947年,山大学生不满国民党反动政府倒行逆施,掀起了示威游行和签名活动,童第周坚决站在学生一边,第一个在抗议书上签名。每天夜里研究工作结束之后,他便与夫人一起整理被国民党反动派封锁的报道,以邮件的方式发出,争取全国各地的支援。

童第周不单通过自己在科研事业上的工作劳动以身作则,成为学生们的榜样,发挥榜样的旗帜作用,引导学生刻苦认真、实事求是地钻研学术问题,还积极投身于革命事业中,将自己的劳动与社会运动结合起来,将个人利益与国家利益结合起来,堪称一位真正的"革命劳动者"。

1947年1月,国民党军队重点进攻鲁南,由于人员的匮乏,校内大部分学生和干部支援前线工作。战役结束后,陈毅写下《鲁南大捷》诗篇:"快速纵队走如飞,印缅归来自鼓吹。鲁南泥泞行不得,坦克都成废铁堆,快速部队今已矣,二十六师汝何为?徐州薛岳掩面哭,南京蒋贼应泪垂。"同年9月,国民党军队进攻山东胶东解放区,华中建设大学学员提前结业,全校90%以上的学员报名参军,支援前线。[②]

1947年,伴随着解放战争的节节胜利,蒋家王朝陷入了严重的军事危机和经济危机,蒋介石为了摆脱危机,疯狂对蒋管区的居民进行残酷的压制和剥削。面对起码的生活和人身安全得不到保证的残酷现实,学生们认识到,要想生存就要斗争,只有投身于革命,将自己的所思所学运用到社会实践中去,才能获得真正生存和发展的机会。在这个过程中,许多学生的思想观念

---

① 参见《山东大学百年史》编委会编:《山东大学百年史(1901～2000)》,山东大学出版社2001年版,第118～132页。

② 参见山东大学档案馆编:《山东大学大事记(1901～1990)》,山东大学出版社1991年版,第309页。

发生了转变，他们认识到，一心读书而不参与到社会的劳动实践中，自身的生存都难以保障，更别提振兴国家。只有积极参与劳动，把社会所需与自身劳动实践结合起来，才能促进社会的变革和进步。

劳动教育的产生是具有时代基础与历史趋向的，动乱的时代为劳动教育提供了先行条件，亦为之后的劳动教育指出光明前景。1947 年 1 月 5 日，山东大学工学院由以往只注重课堂学习改为学习间接经验与实际操作相结合。这一阶段，学生接受的教育不仅仅是简单的知识性教授，还会与亲身亲历的实践劳动相结合，同时增加修业年限，将以往的四年毕业改为五年，增加学生的劳动经验，培养学生的劳动能力。在此背景下，劳动教育在学生心中生根发芽、逐渐壮大。

（六）战争形势严峻，劳动教育服务于实际

解放战争异常困难，但仍然阻止不了学生们自强自立、艰苦作战的决心。在解放区的学生们积极参与到各类战地服务和生产劳动中，以实际行动为解放战争和土地改革服务。1947 年 1 月，临沂山东大学需要调出一部分学生参加被俘虏官兵的甄别和教育工作，广大学生纷纷要求参战支前，为解放战争作出贡献。同年 2 月，国民党反动派对山东解放区实行重点进攻。临沂山东大学向胶东后方转移，月底到达日照县后，预科部学生、本科学生大部分提前结业，支援解放战争，在各政工、后勤、文艺单位作出重要贡献。学校则经胶东迁往渤海解放区，同年年底，学校停办，在校学生全体结业支援前线，学校干部职工组成土地改革队参加当地土改工作。①

同年，在曾经私立青岛大学校学生自治会工作经验的基础上，国立山东大学成立起有中共地下党员参加的学生自治会。在解放战争期间，学生自治会配合全国革命形式，领导和团结全校同学进行“反美怒潮”、“六二”反饥饿、反内战运动、反“特刑庭”斗争、反南迁护校斗争等多次反美反蒋斗争，在解放战争的第二条战线上作出贡献。在这些斗争中，很多同学的意识到仅仅学习书面上的知识是救不了国家的，只有将自身投入到实践中，服务于社会，才能改变自身和国家的命运。

---

① 参见李鹏程：《临沂山东大学述略》，《临沂大学学报》2013 年第 2 期。

这一时期，很多学生走出校园，为学校和国家的利益奋起抗争。在这个过程中，他们的思想觉悟不断提高，而后积极参与到服务革命、服务社会的事业中，对之后解放战争的胜利以及劳动教育的发展都起到了积极作用。

（七）战争取得胜利，劳动教育多样化发展

华东大学、华东白求恩医学院、华东交通专科学校、山东省人民政府生产部工业学校等也都进行学生、干部劳动培养工作，培养的学生大都提前结业，参军支援解放战争。社会形势以及当时的学习环境使学生们对劳动重要性的认识程度越来越深。战场前线的生活以及丰富的学习经历让学生们更加懂得艰苦劳动、拼搏向上的意义。这为促使新中国成立初期青年学生树立社会主义劳动观点、确立社会主义劳动态度、掌握劳动知识技能打下了坚实基础，同时也有利于培养以劳动为荣的价值理念、报效国家的价值追求和坚韧不拔的意志品质。

1949 年 6 月 2 日是被历史铭记的一天。随着隆隆的炮声，人民解放军三路战队如雄狮一般冲破了国民党青岛守军的最后一道防线，直击青岛市区。中午 12 点，青岛宣告解放，自此迎来了青岛的新生。青岛的解放，在青岛学生群体心中落下了深深的烙印，并对同时期山东大学的劳动教育产生重大影响。通过宣传这一时期的革命劳动榜样、学校劳动教育与家庭劳动教育等多主体的融合，加强文学艺术形式对劳动教育的渗透和劳动教育多样化的实践，山东大学有效开展了青年学生的劳动教育，呈现出鲜明的山大特色。

## 三、劳动教育体系初塑时期（1949～1958 年）

**案例**

1952 年，由于形势的需要，中央决定在全国重点大学成立工农速成中学，帮助部分企业中的劳动模范完成高中学业，进入大学深造。发明了“郝建秀工作法”的全国纺织工业劳动模范郝建秀进入了山大工农速成中学。在校期间，学校对她与同期学员给予多方面的关心和照顾：华岗校长亲自主持校务委员会，配备完善的领导班子，抽调优秀教师任教，帮助他们提升文化知识水平和思想道德素质。郝建秀刻苦学习，珍惜机会，用两年的时间修完了全部课程。华岗校长的一系列举措和郝建秀在山大工农速成中学的学习成果是这一时期山东大学重视劳动教育的生动证明。

1949 年 9 月通过的《中国人民政治协商会议共同纲领》中指出,"'爱劳动'是国民五项功德之一",并着力推进劳动教育的顺利开展和实施。新中国成立初期,国家以恢复与建设为主要任务,劳动教育体系也以个人与国家的生存与发展为主要目的进行初塑。1949 年 12 月,第一次全国教育工作会议指出,以"为工农服务,为生产建设服务"为方针,通过教育支援工农生产,通过教育推动国家建设。

(一)学习劳动模范精神,助推教学发展

新中国成立初期,国家对劳动教育进行了崭新的探索,完成了劳动教育基本体系的初塑。新中国刚刚成立,处于百废待兴的状态,为加快经济建设,全国掀起劳动教育的热潮。1950 年 3 月 24 日,胶东劳动英雄张福贵与山东劳动英雄朱福胜到青岛山东大学发表演讲,受到全校师生的热烈欢迎。两位英雄从亲身经历出发,给同学们上了一节生动的劳动教育大课。

1950 年 6 月,第一次全国高等教育会议指出,教育发展要遵循理论与实际紧密结合的基本原则,高等教育领域应加强与工农业生产劳动的联系。为践行教育与生产相结合的方针,在华岗校长的带领下,山东大学在强调劳动态度、劳动观念教育的同时,从学校层面积极开展劳动教育,其中也包括多种多样的劳动教育实践。

(二)参与劳动实践活动,进行爱国教育

新中国成立初期,中国刚刚经历过战争的洗礼,正着手大力恢复各项建设。1950 年,淮河发生严重水灾,为响应国家根治淮河的号召,山东大学校土木系四年级的同学们积极报名,参加治淮工程。山大学子不怕苦不怕累,与官兵们同吃同住,克服衣食住行等方面的困难,用自己劳动和汗水,助力于淮河治理。

1950 年,美国以"联合国军"的名义入侵朝鲜,为了维护来之不易的和平,在此危急存亡之时,山东大学举行抗美援朝反美侵略动员大会,共有 344 人签名要求赴朝参战。全体师生员工发表《反美侵略宣言》和《给朝鲜人民军和中国抗美援朝保家卫国志愿军部队的致敬信》，表达山东大学对前线志愿军战士的崇敬。为支援前线奉献力量，山东大学出现爱国参军高潮，广大师生奋不顾身，参军报国。前线医护人员紧缺，山大医学院附属医院和附设高级护士学校的医护人员，前后组成三批医疗队，奔赴抗美援朝前线，抢救伤病员。这群可爱的学子们用自己的热血与汗水回报祖国，用实际的劳动付出彰显爱国之情。

无论是治淮工程还是抗美援朝，山大学子们始终不怕艰难困苦，勇往直前，用劳动实践回馈祖国、报效祖国。

（三）加强党员思想教育，制定劳动纪律规章

无规矩不成方圆，山东大学劳动教育体系初塑时期，校领导班子为提高广大党员思想认识，决定全面深入开展反旧教育思想、反贪污、反浪费、反官僚主义运动，并对全体党员干部进行动员。

为进一步加强全校教职员工劳动纪律，学校制定实施了《山东大学教职员工劳动纪律暂行办法》，并召开了校务委员会扩大会议，通过1954年度学校工作重点，即“贯彻专业教学，开展科学研究，积极培养师资，加强劳动纪律”。为鼓励青年学子投身社会主义建设，学校还邀请吴运铎来校作报告。吴云铎是新四军兵工事业的创建者和新中国兵器工业的开拓者，是新中国第一代工人作家，被誉为中国的“保尔·柯察金”。他鼓励同学们用劳动回馈祖国，积极参加劳动教育活动，发扬劳模精神，提出祖国的建设需要每一位中国人的不懈努力。

（四）开展勤工助学活动，贯彻劳动教育方针

“勤工助学”活动是我国青年学生的优良传统，也一直是山东大学实施劳动教育活动的形式之一，它与教学活动、科技活动、文体活动和公益劳动一样，都是学校教育活动不可分割的一部分。山大师生积极响应号召，广泛开展勤工助学活动。

1956年寒假，山东大学广大教职工与留校学生共同制定勤工助学的方案，并开展具体活动。各个院系根据自身专业性质与特点，开展了具有创新性、针对性的勤工助学活动。例如，中文、历史、外文三系师生除了下乡、下厂调查研究和参加生产劳动外，还进行了开办炼铁厂、食品加工厂的尝试。

通过勤工助学活动，学生们用自己的双手创造成果，深刻体会到劳动的收获感，感受到劳动的光荣感。学校也借此对学生进行劳动技术教育，使学生掌握一定的生产知识和劳动技能，培养学生形成正确的劳动观点和态度，养成自立自强、艰苦奋斗等良好思想作风。

山东大学教职工及学生开展勤工助学活动成果显著，得到省领导的高度关注。山东大学党委决定，动员全校师生员工全面贯彻山东省高教会议的精神和教育方针，进一步实现生产、教学、研究的三结合。在高教部举办的教育与生产劳动相结合展览会上，山东大学选送的探测仪、放射探伤仪、水色针、钛酸钡、磁性材料、半导体、超声波发生器、压电晶体等样品，获得有关部门重视。由此可见，山东大学贯彻实施的各种劳动教育举措成效显著，符合学校劳动教育发展要求和学生认知发展规律，为后续劳动教育建设的发展打下坚实基础。

(五)服务性转向生产性，初步建立生产劳动教育体系

1954 年 5 月，中共中央宣传部发布《关于高小和初中毕业生从事劳动生产的宣传提纲》，强调“教育同生产劳动绝对是不可分离，各学段的毕业生都应该积极从事劳动生产”。为进行全阶段全方面劳动教育，山东大学鼓励各个学院首先以服务性劳动为主，后转入生产性劳动。学校经常组织师生下厂、下乡进行现场教学，下放了大批干部、教师参与农业生产。

其中比较典型的是山东医学院与山东工学院。山东医学院于 1958 年 4 月开始，结合教学改革，开展勤工助学活动。全院师生数千人的劳动大军到济南东郊公社参加秋收和深翻土地，与农民同吃同住同劳动。在参加生产劳动的同时，还结合医学教学的特点，重视劳动教育与群众性卫生工作相结合。山东工学院也在这段时期将生产劳动列入教学计划，安排了大量的劳动时间。此时的劳动教育不仅强调劳动理论、劳动态度、劳动观念的间接教育，而且开始侧重于根据工农业发展形势进行生产技术教育，初步建构了系统的生产劳动技术教育体系。

## 四、劳动教育政治化时期(1959～1977 年)

### 案例

谢朝仁,1957 年毕业于武汉体育学院,后任教于山东工学院(山东工业大学前身)体育教研室,他苦心钻研游泳池水净化技术研究与应用近 40 年,填补了我国游泳池水净化科技的空白。在 20 世纪六七年代的教学工作之中,他坚持理论先导、实践检验的模式,长期担任竞技游泳裁判工作,从未脱离劳动工作第一线。

谢朝仁反对脱离生产工作而空谈理论,即使在“文化大革命”期间仍旧坚持不懈投身泳池建设事业,不忘初心,以实践推动思想的进步和理论的创新,最终取得令人瞩目的成就。

(一)提升劳动教育质量,教学、科研、生产有机融合

经过社会主义三大改造后,社会主义制度确立下来,为新的政治制度服务成了这一时期劳动教育新的探索目标。1958 年,中共中央、国务院《关于教育工作的指示》指出,党的教育工作方针是“教育为无产阶级的政治服务,教育与生产劳动相结合”。此后“文化大革命”期间的劳动教育则带有浓重的“以阶级斗争为纲”色彩。劳动教育在教育方针中有了一席之地,但同时也因过度政治化而异化发展。

山东大学认真贯彻“教育为无产阶级的政治服务,教育与生产劳动相结合”的教育工作方针,校党委举行扩大会议,深入讨论全面贯彻党的教育方针和本学期教学、科研跃进计划、生产劳动安排、宣传组织工作规划等问题。学校党委书记、校长联合办公会议决定,停止铁厂生产,将劳动力投入农业生产。学校多次组织全校师生参与春播、夏收等农业生产,并分批分期参加农村社会主义教育运动,要求全校师生三年内全部参加。

这段时期,山东大学成仿吾校长提出把“加强党的领导,反对右倾,鼓足干劲,全面贯彻党的教育方针。巩固与发展教育革命,反对脱离政治、脱离群众、脱离实际、脱离生产”作为方针任务,并向全校师生员工作《关于目前形势和学校工作方针》的报告,分析国内外形势,号召大家积极投身于“保粮

保钢”的中心任务。校党委决定成立生产救灾、节约度荒领导小组，由房金堂同志负责。随后举行校委会扩大会议，讨论教学、科研、生产劳动三结合问题。成仿吾校长指示三结合要以教学工作为中心，切实安排好教学、科研、生产劳动，进一步稳定教学秩序，提高教学质量。

成仿吾校长于1960年制订新的教育计划：加强政治教育，适当增加生产劳动，增加社会实践，提高科学水平，并为《山东大学校歌》作词，“这儿是我们学习、劳动的乐园”，将劳动作为重要的一环记录在校歌中。劳动是最实际最生动的教育，学生在劳动中养成了劳动习惯增进了工农感情。劳动也使师生们的健康状况大有改观，精神面貌总体向好。此时劳动教育发展多次强调了劳动的重要性，但仍然以教育为中心。

(二)“半工半读”盛行

1958年1月，国家发布《关于在中学生中提倡勤工俭学的决定》，指出勤工俭学是具体实现知识分子与工农相结合、脑力劳动与体力劳动相结合的重要途径。教育部确定山东大学为“半工(农)半读”试点单位。高教部召开全国半工(农)半读教育会议后，山东大学连续召开党内外各种会议，进行传达贯彻。校党委决定，政治系迁农村，实行半工(农)半读。并派有关同志去高等教育部面陈政治系迁去农村后的基地建设等问题。经过学校多次实地考察与高教部同意，最终决定文科下乡实行半工(农)半读的基地设在平阴县孝直公社。

但在实际教学中，大量学校采用以劳代学、勤工俭学的方式，用单纯的体力劳动代替系统化科学文化知识的学习，体脑结合失衡。不少成绩优秀的知识分子放弃学业从事工农业生产，造成知识分子流失，社会建设在一些方面发展停滞。这一时期劳动教育的培养方式呈现出一定偏差，一种近乎“畸形”的劳动教育培育模式形成。

除了进行劳动教育，全校还进行为期一周的半日上课、半日学习无产阶级专政理论的教学安排，在学习朝阳农学院教育革命经验的基础上，提出要把学校办成无产阶级专政的工具，搞“社来社去”试点，鼓励学生毕业后自愿要求当农民。

### (三)劳动教育制度化发展,勤工“减”学异化现象生成

这一时期劳动教育被提升到前所未有的高度,在实践中也开始以一种史无前例的姿态强势推进。在课程设置上,各大学校均把生产劳动列为正式课程,并在不同时期,根据实际情况,对不同类型的学校和不同年级,每周、每月、每学年的劳动时间做出明确规定,同时开设了属于教育与生产劳动相结合范畴的多门课程。特别是1958年以后,学校办工厂、工厂办学校,勤工俭学、半工半读,边学习、边劳动,劳动人民知识化、知识分子劳动化,成为席卷全国的热潮。

根据当时国情,适度推动勤工俭学、半工半读,组织学生参加生产劳动,接受教育和锻炼,并形成一定的制度,是十分必要的。但在极“左”思潮影响下,勤工俭学、半工半读的劳动教育很快变成了一种过度的狂热,甚至将勤工俭学异化为勤工“减”学,“工”即“学”,以劳代学。“文化大革命”期间,劳动教育的思想道德教育色彩更加浓郁,被更多地作为阶级斗争的武器,偏离了马克思主义“教育与生产劳动相结合”的教育初心。

## 五、劳动教育现代化初建时期(1978～1992年)

**案例**

王天铎,1943年考入齐鲁大学医学院医学专业,1950年毕业并留校任教,历任讲师、副教授、教授。1978年,他开展了创造性的“广泛喉咽癌切除一期喉咽功能重建术”,并在三年后获得国家卫生部甲级成果奖。在校任教工作的50多年之中,他以精湛的医术、高尚的医德、严谨的学术作风闻名,培养了大批优秀人才,为我国的耳鼻喉科学作出了巨大贡献。

王天铎曾凭借突出贡献得到国家教委表彰,而他勤于实践、认真工作的作风和踏实肯干、刻苦钻研的工匠精神更值得尊敬,得到了大力宣传。王天铎教授用亲身经历为广大山大学子带来了来自第一线的劳动教育,鼓舞着山大学子摒弃贪图享受、不劳而获的思想,形成良好的劳动习惯,以劳动为荣,树立勤俭敬业意识,从而实现全面发展。

1978年5月11日,《光明日报》刊登了题为《实践是检验真理的唯一标

准》特邀评论员文章,引发了一场关于真理标准问题的大讨论。[①] 这次讨论极大地解放了人们的思想,为拨乱反正提供了前提条件。1978 年 11 月,党的十一届三中全会的召开确立了解放思想、实事求是的思想路线,改革开放的春风开始吹遍中国大地上,翻开了中国历史的新篇章。从此,中国社会主义的航船修正了方向,重新确立了"实践"的权威。[②] 在教育领域,劳动与教育的关系得到重新审视。邓小平同志的《在全国教育工作会议上的讲话》在政策层面作出了新的指示,将马克思主义教育思想中"教育要与生产劳动结合"的思想与"劳动教育要发展新内容、新方法"的中国实际国情结合起来,提出"教育事业必须同国民经济发展的要求相适应"的要求。邓小平也曾指出,劳动教育需要适时、适量进行,不能以劳动代替劳动教育,长时间的劳动会妨碍学生身心健康发展[③],对上一时期"以劳动代替教学"的乱象做了总结并提出改正要求,促进了全国各高校劳动教育的恢复工作,劳动教育开始回归正轨。

这一时期,山东大学首先将工作重点放在全面调整劳动教育政治化时期教育与劳动之间的失衡关系,使劳动教育工作得以正常开展。随后,学校针对改革开放形势下的具体国情,逐步清除以往劳动教育中的不成熟不合理因素,并从社会实践、思想教育等层面推动劳动教育为新时期现代化建设服务,将劳动教育落到实处,使之制度化、体系化。学校的劳动教育工作在这一时期在改正错误发展方向的基础上,适应了现代化教育的发展趋势,使劳动教育稳步前进。

### (一)"上山下乡"退出历史舞台,劳动教育形式不断丰富

20 世纪六七十年代,劳动教育体系初塑时期,为响应毛泽东发出的"农村是一个广阔的天地,到那里是可以大有作为的""知识青年到农村去,接受贫下中农的再教育"号召,知识青年开展了如火如荼的"上山下乡"运动。山

① 参见赵凌云:《社会主义建设时期中国共产党思想解放的三个阶段》,《江汉论坛》2008 年第 7 期。

② 参见赵凌云:《社会主义建设时期中国共产党思想解放的三个阶段》,《江汉论坛》2008 年第 7 期。

③ 参见中共中央文献研究室编:《邓小平论教育》,人民教育出版社 2004 年版,第 50、70 页。

东大学响应“上山下乡”的号召，逐步推进劳动教育工作方面的建设。1968年12月28日，鲁迅大学革委会决定把校系毕业分配办公室改为上山下乡安置办公室，将“上山下乡”作为本时期大学生劳动教育的主要形式。“知青”们离开城市，到乡下与农民一同居住、劳动，在劳动中接受教育，得到锻炼，“上山下乡”作为这一时期大学生劳动教育的主要形式，促进了生产劳动和教育相结合，起到了一定的教育效果。

随着时代变化和经济发展，劳动教育进入现代化建设初建时期，在这一时期“上山下乡”逐步退出了劳动教育的历史舞台。1978年4月17日，山东大学为加强对知青工作的领导，任命郭林同志兼任知青领导小组组长，郑明训、马长义同志任副组长。5月12日，校知青领导小组召开会议，确立了今后学校工作中仍坚持“知识青年上山下乡”的方向，引领知青在劳动中坚持正确方向。1978年10月，全国知识青年上山下乡工作会议决定停止“上山下乡”运动，并妥善安置知青的回城和就业问题。经省文教委员会批准，1982年3月31日，撤销山东大学知识青年上山下乡办公室，建立了山东大学待业青年安置办公室和山东大学劳动服务公司，做好青年的就业指导工作。至此，“上山下乡”的劳动教育形式退出山东大学的历史舞台。

20世纪80年代开始，随着经济发展和国家政策的调整，城市化建设进程加快，劳动技术水平不断提高，“上山下乡”的劳动形式不再适应历史发展潮流。加之劳动形式不断丰富，勤工俭学、社会实践和社会公益服务等劳动教育形式逐渐成为大学生劳动教育的主流发展趋势，劳动教育现代化建设得到进一步推进。

### (二)广泛开展社会实践，劳动教育成效显著

自20世纪80年代起，山东大学的社会实践和勤工俭学活动就已经有序开展。学校以贯彻党的教育方针为中心，全心全意为学生的成才服务。多年来，学校各级团组织与工矿企业、农村社队纷纷建立联系，结成姊妹支部和友好团委，把学到的知识无私地奉献给人民。

1983年，共青团山东省委发起全省大学生社会实践调查报告征文活动，标志着山东省大学生社会实践活动从此进入一个新的阶段。山东大学团委按照有关指示，多次召开团总支书记会，研究讨论开展学生社会实践工作的

具体细节，在此后的工作开展过程中不断改进工作思路，调整工作模式，扩展工作方法，致力于为山东大学青年学生营造良好的实践环境，做学生的贴心人，切切实实为学生提供帮助、创造便利。[①]

早期的大学生社会实践活动以社会调查为主要内容。1984 年 4 月 22 日至 5 月 19 日，报名支援边疆建设的 1984 届毕业生组成赴西北考察组，对青海、甘肃、新疆等地进行了实地考察。[②] 1984 年暑假，参加社会调查活动的学生占全校总人数的比例已超过 56%。1985 年至 1986 年，在学校团委和有关部门的指导下，学生们利用教学实习和寒暑假的时间，先后成立大学生赴东营油田考察慰问团、中文系赴沂水社会实践建设营、历史系赴尼山扶贫社会实践小组等实践团队深入工厂、农村进行调查研究。尤其是后者，除单纯进行社会考察外，还增加了社会服务的内容，延展了调查的深度与广度。[③] 1987 年 7 月，学校 3000 余名大学生深入工厂、农村、街道或回到家乡，广泛开展社会调查、知识咨询、智力扶贫、科技服务等社会实践活动。

在师生的共同努力下，山东大学在社会实践活动领域取得了一系列荣誉。1987 年 10 月 13 日，山东大学团委被评为山东省大学生暑期扶贫兴鲁社会实践建设营活动先进组织单位。[④] 1988 年 10 月 15 日，在团省委、省教育厅和省学联共同举行的“全省大学生富民兴鲁建设营活动表彰大会”上，校团委被授予“大学生社会实践活动优秀组织单位”光荣称号，10 名教师被授予“大学生社会实践活动优秀指导者”称号，50 名学生被授予“大学生社会实践活动优秀学生”称号。12 月，山东大学由于在组织大学生社会实践中表现突出、成绩优异，被中共中央宣传部、国家教委、共青团中央授予“社会实

---

① 参见共青团山东大学委员会编著:《共青团在山大(1922～2013)》，山东大学出版社 2014 年版，第 81 页。

② 参见山东大学档案馆编:《山东大学大事记(1901～1990)》，山东大学出版社 1991 年版，第 223～225 页。

③ 参见共青团山东大学委员会编著:《共青团在山大(1922～2013)》，山东大学出版社 2014 年版，第 82 页。

④ 参见山东大学档案馆编:《山东大学大事记(1901～1990)》，山东大学出版社 1991 年版，第 249～256 页。

践活动先进单位”称号。[①]

同时期，原山东工业大学的社会实践也搞得如火如荼。1986年到1988年，校团委连续三年在贫困老区临沂开展“扶贫兴鲁社会实践活动”，率领一批优秀的师生去支援革命老区临沂的建设与发展，发挥工科院校的特长，为当地企业创新、经济发展奉献青春的力量，受到了当地政府、企业和民众的热烈欢迎和拥护。此外，为搭建学生参与科技服务的长效机制平台，解决活动经费问题，原山东工业大学校团委还开拓性地创办了“大工公司”，这为青年学生长期持续开展科技实践活动提供了良好的组织和经济保障。[②]

1990年7月，山东大学组织4000多名本科生、研究生参加以“科技兴鲁建设营”“重点工程劳动营”“国情省情考察营”为主要内容的社会实践活动。从社会实践中取得的经验可以让山大学子们更好地了解社会实际，提高学生的劳动应用能力，增强服务于祖国的责任意识，促进劳动教育的普及和深入开展。

### （三）推动榜样模范形象塑造，在劳动中进行思想引领

改革开放揭开了时代新篇章，劳动教育进入现代化初建时期。在此阶段，为了多途径加强对学生的思想政治教育，山东大学多措并举，打造宣传劳动模范代表，进行思想引领，培养正确的劳动态度和劳动精神。本时期，山东大学通过宣传学习国家、省级到校内的劳动模范，进一步涵养师生的劳动情怀和精神。

1978年，劳动教育现代化初建初期，山东大学大力宣传全国范围内学习的劳动模范和榜样，校党委决定在学生中间开展“学雷锋、创三好”的活动。[③]该活动旨在通过鼓励同学们向榜样学习，提倡积极劳动，以达到德育的目的。1980年3月28日，学校召开1979年度“学雷锋创三好”总结表彰大会，

---

① 参见山东大学档案馆编：《山东大学大事记（1901～1990）》，山东大学出版社1991年版，第264～273页。

② 参见共青团山东大学委员会编著：《共青团在山大（1922～2013）》，山东大学出版社2014年版，第106页。

③ 参见山东大学档案馆编：《山东大学大事记（1901～1990）》，山东大学出版社1991年版，第186～188页。

劳动教育现代化初建进入纵深推进阶段。为进一步通过劳动模范培养劳动精神，山东大学把握山东本地资源，宣传“当代保尔”张海迪同志的精神事迹，1982年11月13日，山东大学校团委做出向张海迪同志学习的决定。14日，张海迪同志到山东大学作报告。次年5月13日，校党委发出《关于进一步开展学习张海迪活动的通知》。山东大学结合大学实际情况，挖掘身边劳模精神，进一步选树典型，1990年2月20日，校团委发出通知，决定在全校团员青年中开展“学雷锋精神，做四有新人”活动。3月4日，在“全国学雷锋活动日”里，4000余名大学生开展丰富多彩的为人民服务活动。6月13日，校团委召开“学雷锋表彰大会”，表彰18个先进集体和211名积极分子。该阶段，师生间涌现出了大批劳动模范，优秀者如晶体材料研究所所长蒋民华教授，被省政府授予“山东省劳动模范”称号，被全国总工会授予“全国优秀科技工作者”荣誉称号，并获得“五一劳动奖章”。通过宣传和学习校内外优秀劳动者的事迹和劳动精神，本阶段的劳动教育思想引领建设卓有成效。

劳动教育现代化初建时期，为更好地贯彻落实劳教结合的教育方针，山东大学大力提倡向榜样学习，重视学生道德品质、实践能力的培养，本阶段多项措施为劳动教育进一步发展提供了丰富给养，凸显了重视劳动教育的重要性，同时也涌现出大量优质的活动，以及大批劳动学习积极分子和先进模范。劳动教育从单一重视体力劳动，逐渐过渡到教育和生产劳动的双向渗透和融合。

### （四）形成良好行为习惯，劳动教育进入生活

山东大学十分重视学生的身心发展，这一时期学校注重培养学生良好的行为习惯风尚，形成积极向上的校园文化氛围，举行开展了“行为习惯养成”“劳育进入生活”等一系列活动，并立足国家政策和时代需要，探索将劳动教育深入到大学生活方方面面的途径。

这一时期，山东大学从校园环境建设和大学生习惯培养抓起，开始推进劳动教育融入日常生活。1979年10月，全校开展“五讲四美三热爱”活动，

要求人人重视，身体力行，进一步加强精神文明建设。[①]“五讲”是指“讲文明、讲礼貌、讲卫生、讲秩序、讲道德”，“四美”为“心灵美、语言美、行为美，环境美”，“三热爱”即“热爱祖国，热爱社会主义、热爱中国共产党”。1980年3月12日，是我国第一个植树节，全校师生分赴指定地区植树。1986年1月20日，学校对“五讲四美三热爱”活动进行总结。1989年3月14日，学校发出《山东大学关于开展爱国卫生美化校园活动的通知》。1990年4月13日，《山东大学关于开展先进班集体和文明宿舍评选工作的通知》决定，在每年年末开展一次先进班级体和文明宿舍的评选工作。

在校园文化建设的基础上，山东大学打通校内外资源壁垒，拓展大学生劳动教育的途径，以建设优美整洁的环境为主题，开展宣传、治安协助和大扫除等活动。1983年3月5日，全校师生员工和家属共一万余人，开展“全民文明礼貌月”的大扫除活动。8日，山东大学学生治安保卫委员会成立，该会积极协助校保卫处，及时打击偷盗、诈骗、流氓等犯罪活动。1984年2月29日，省委书记苏毅然等领导同志来山东大学视察，并同师生一起参加文明礼貌月公益活动。

山东大学同时立足时代需求，积极响应国家号召，全方位将劳动教育同国家政策相结合，于危难之际挺身而出，与时代同呼吸、与人民共命运。为进一步从国家政策和时代召唤的角度推行劳动教育，学校贯彻国家教委“双增双节”通知精神，于1987年4月18日召开“双增双节”会议，部署开展“双增双节”运动，“双增双节”是“增产节约、增收节支”的简称。山东大学广泛发动师生群众，努力增产增收，厉行勤俭节约，反对铺张浪费，不仅能够合理有效地利用有限的社会资源和自然资源，更好地发展各项生产建设事业，增加社会财富，而且可以发扬光大自力更生、艰苦奋斗、勤俭节约、勤俭办一切事业的优良传统。1987年8月26日傍晚至次日凌晨，济南市降特大暴雨，学校许多房屋进水，大量物品被淹，全校直接经济损失达32万元，学校广大师生积极加入抗洪救灾队伍，为减轻学校损失作出重大贡献。

由此可见，这一阶段劳动教育已逐渐渗入大学生生活的方方面面，致力

---

① 参见山东大学档案馆编：《山东大学大事记（1901～1990）》，山东大学出版社1991年版，第192～194页。

于帮助学生培养良好的学习习惯和行为习惯，在实际活动中对学生进行劳动教育，进而达到厚植劳动情怀，涵养劳动精神的目的，培养出一批在国家需要和时代召唤时能挺身而出的青年战士。

（五）开展爱国主义教育，积极举办“双心”活动

十一届三中全会后，教育事业成为社会主义现代化的工作重点，劳动教育也进入现代化初建时期。这一时期的劳动教育形式多样，各院校特点鲜明，对大学生开展劳动教育的思路和途径进一步扩展和丰富。山东大学历来重视爱国主义教育、德育教育，并在此时期逐渐推动二者与劳动教育相结合。20 世纪 80 年代，山东大学发起的“战士在我心中，祖国在我心中”的“双心”活动即是该时期劳动教育的杰出代表，此活动曾在国内产生重大影响。

1985 年，济南军区部队进入老山诸阵地，在对越自卫反击的过程中参与了那拉地区 2·11 高地争夺战。战斗开始前，山东大学学子听说了战士们即将奔赴战场的消息，自发地为战士们做了一些力所能及的事。2 月 3 日，生物系 1984 级郭琳、吴平英、刘红、蔡雪梅、孙杰、舒东、何彩姑、许梅八位同学，出于对解放军保卫边疆的热爱与崇敬之情，绣制锦旗并于 6 日寄往云南老山前线，以表达“战士在我心中”，八位女同学的行动立即得到学校党团组织的支持和广大青年的强烈响应，学校采取各种形式，开展“战士在我心中”的活动。前方将士对此深为感动，也以“祖国在我心中”为主题，开展军民共建精神文明的活动。

教育部在思想政治工作会议上，指出“双心”活动为高等学校思想政治工作闯出一条新路。10 月 1 日，学校举办“战士在我心中”活动展览会，展览会共展出数百封前线战士寄来的信件、实物，近 90 幅照片，6 幅字画、锦旗，以及学校各系准备寄往前线的书籍、食品等大量礼物。9 日，济南军区将一面绣着“拥军支前堪称模范，军民一致共筑长城”的锦旗送给山东大学全体师生，对山东大学发起“战士在我心中”活动及在文化教育方面对指战员的支持表示衷心感谢。15 日，解放军英模汇报团二分团的朱伯儒、张建军、李

怀琼三位同志，来校报告他们献身祖国、建设“四化”的动人事迹。[①] 1986 年 10 月，中央宣传部教育局负责同志到山东大学参加“双心”活动摄影集发行仪式大会，并听取了学校思想政治工作情况和学生参加社会实践活动情况的汇报。[②]

山东大学此时期在“双心”活动成功开展的基础之上，积极探索大学生劳动教育路径。1985 年，山东大学被列入高等学校学生军训试点单位。1988 年 9 月 19 日，1400 余名新生开赴解放军某部进行为期一个月的军事训练。1989 年 11 月 7 日，校团委举行“奉献的土地、英雄的人民”摄影作品展览剪彩仪式，拉开了“国情、责任、成才”大型主题教育活动的序幕。同日，邀请来自沂蒙老区的十几位人民代表与学生座谈，激发学生对祖国和人民的热爱，了解国情，明确肩负的责任。[③] 1990 年 4 月 27 日，为纪念鸦片战争爆发 150 周年，学校举办爱国主义系列教育活动。可以说红色基因根植在山大学子的血脉之中，学校寓劳动教育于锻炼学生的人格、体魄之中。

这一时期，国家和学校全面调整劳动教育异化时期教育的失衡，消除劳动教育中的不成熟、不合理因素，推动劳动教育与爱国主义教育相结合，为新时期现代化建设服务，适应国情，将现代化教育落到实处，在大政方针上进一步规定了劳动教育适应现代化发展的新趋势。[④]

## 六、劳动教育转型发展时期(1993～2000 年)

### 案例

1999 年，山东大学李大兴教授领导的科研团队研制开发的“公钥密码快

---

① 参见共青团山东大学委员会编著:《共青团在山大(1992～2013)》，山东大学出版社 2014 年版，第 69 页。

② 参见山东大学档案馆编:《山东大学大事记(1901～1990)》，山东大学出版社 1991 年版，第 237～242 页。

③ 参见山东大学档案馆编:《山东大学大事记(1901～1990)》，山东大学出版社 1991 年版，第 278～285 页。

④ 参见张雨强、张书宁:《新中国成立 70 年劳动教育的历史演变——基于教育政策学的视角》，《中国教育学刊》2019 年第 10 期。

速实现技术及 SMS100-1 网络安全平台”获得国际科技进步三等奖、国家党政密码科技进步二等奖，对于推动国内电子商务和电子政务发展具有重大意义。该成就的取得极大地鼓舞了山东大学学生参与创新创业的士气，振奋了学生通过投身科技创新，培养拼搏进取、勤于思考、勇于创新的精神，发展了劳动教育的方针，以“榜样激励”为形式的间接体验弘扬了劳动教育的宗旨，丰富了劳动教育的形式。

进入 20 世纪 90 年代，社会经济进一步发展，对于参与生产实践的劳动者的素质提出更高要求。1993 年 11 月，中国共产党十四届三中全会召开，会上强调，在当前背景下，中国要持续深化经济体制改革及推进社会主义现代化建设。针对这一具体国情的变化，国家对于高校劳动教育的要求也随之提高。1993 年《中国教育改革和发展纲要》中明确指出，这一时期教育工作的主要任务是进一步提高劳动者素质，这对高校提出了劳动教育现代化发展的更高水平的要求。山东大学劳动教育工作也要与时代要求匹配，在不断摸索中前进，不断扩充劳动教育形式。

(一)开展“三营”活动，着力在社会实践层面再聚焦再提升

山东大学通过组织社会实践的方式，将劳动教育与引导学生关注社会紧密联系，以此提高在校大学生的劳动服务意识。自 20 世纪 90 年代“三营”活动进行以来，山东大学根据中宣部、国家教委、团中央有关部门统一部署，开展“科技兴鲁建设营”“重点工程劳动营”“基层挂职锻炼营”等独具山大特色的活动，引导学生深入贫困地域，支援贫困老区建设发展。还参与济青高速公路修建，以亲身劳动服务社会，教育劳动形式、内容、目的融于劳动过程中，切实将劳动教育与大学生社会实践紧密结合起来，使学生获得自我价值实现带来的满足感，进一步激发学生学好专业技能，强化主动劳动的意识。

同时期，原山东工业大学在 1995 年成立社会实践工作指导委员会，并审议通过《山东大学工业社会实践活动三年规划草案》，对学生的劳动及社会实践活动进行科学规范、有效指导，以制度的形式将劳动教育及社会实践活动规范化，确保各项活动有序进行。

(二)开展就业指导,着力在创新创业方面再拓展再深化

改革开放以来,国家工作重心向经济建设转移,对科学技术发展的要求不断提升,山东大学为落实好团中央"中国青年科技行动"指示,致力于丰富劳动教育形式,采用合理的劳动能力培养方案,重点突出创新创业能力培养。

作为"挑战杯"系列竞赛发起者,山东大学广泛动员学生参与"挑战杯"系列赛事,校团委、科技创新协会、学生会、研究生会等共同组织发动,为山大学子提供咨询指导、筛选把关,通过竞赛的形式,引导学生刻苦钻研,培养学生能吃苦、肯吃苦的品德,弘扬劳动教育的宗旨。

1993年,山东大学与山东省各有关部委联合举办的"山东省第三届大学生科技文化艺术节"为契机,积极组织培养,号召学生发挥劳动教育精神,深入基层,多方面探索分析基层企业需要解决的技术难题,针对性进行科技研发,吃苦耐劳。此举将劳动教育同科技进步的时代发展需求紧密结合,既关注了学生职业技能的养成,教育实效性的提高,又关注了学生的劳动态度和劳动精神的培养,丰富了对学生的劳动教育形式。

(三)创建服务组织,着力在志愿服务方面再强化再加力

以青年志愿者联合组织引领大学生投身劳动教育及志愿服务活动。1994年,山东大学成立青年志愿者联合会,并组建青年志愿者联合队,引领青年学生投身到教育劳动及志愿服务活动中。

这一阶段,山东大学劳动教育工作为适应经济发展需要而不断进行转型升级。在社会实践方面,"三营"活动的发展、青年志愿者行动概念的提出和大学生就业的需求成为山东大学劳动教育体系扩展的重要方面;综合实践、以人为本和素质教育成为这一时期学校劳动教育改革的关键词与目标;劳动教育与专业学习的结合程度进一步加深。同时,对于学生劳动思想教育的相关工作也逐步与具体劳动实践相结合,使劳动思想教育的接受程度得到了提升。

1999年,《中共中央、国务院关于深化教育改革全面推进素质教育的决定》进一步强调推进素质教育的必要性,强调要加强"劳动技术教育和社会

实践”与“教育与生产劳动和社会实践相结合”。2000 年 7 月，原山东大学与原山东医科大学、原山东工业大学合并成为新的山东大学，山东大学将以全面的面貌面向 21 世纪，面向新时代的劳动教育工作。

## 七、劳动教育整合发展时期（2001～2011 年）

### 案例

山东大学科学社会主义与国际共产主义运动学科点经过 30 多年的发展，在全国同类学科之中已经名列前茅，2001 年之后的 10 年中，该学科点承担科研项目 30 余项，出版专著 20 多部，发表论文 200 余篇，为我国的科学社会主义研究作出了巨大贡献。山东大学劳动教育以马克思主义劳动观作为指导，山东大学科学社会主义与国际共产主义运动学科点为马克思主义研究作出重大贡献，该研究所重点研究 21 世纪世界社会主义与当代中国发展”，相关研究成果为劳动教育提供了坚实的理论基础，为劳动教育的发展作出了杰出贡献。

21 世纪，中国进入全面建设小康社会的新局面，经济建设也随着加入世贸组织而蓬勃发展。教育作为“四个面向”的重要一环，同样也在 21 世纪初得到了党和国家的重视与发展。江泽民同志在 1999 年第三次全国教育工作会议上指出：“坚持教育为社会主义、为人民服务，坚持教育与社会实践相结合，以提高国民素质为根本宗旨，以培养学生的创新精神和实践能力为重点。”[①]2000 年，教育部发布《关于实施“新世纪高等教育教学改革工程”的通知》，明确指出在高等学校本科教育上要“将素质教育渗透到专业教育之中，使学生较早地参与科学研究和社会、生产实践，普遍提高大学生的人文素质、科学素质、创新精神和创业、实践能力”[②]，在“教育与生产劳动相结合”的基础之上，注重社会实践对教育与劳动的作用。新时代，教育与劳动观念的

① 何东昌主编：《中华人民共和国重要教育文献（1998～2002）》，海南出版社 2003 年版，第 293 页。

② 何东昌主编：《中华人民共和国重要教育文献（1998～2002）》，海南出版社 2003 年版，第 505 页。

进一步丰富和扩展,为高校劳动教育提供了发展方向。

山东大学自2000年合校以来,“关注社会,参与实践”已经融汇成山东大学新的校园文化,劳动教育工作的发展进程以前所未有的速度向前迈进。

(一)社会实践细化发展,推进劳动教育系统化

自2000年合校以来,劳动教育进入整合发展时期,山东大学努力探索劳动教育的推进路径,贯彻落实2001年《国务院关于基础教育改革与发展的决定》中重申的“教育与生产劳动与社会实践相结合”,完善体制机制,落实社会实践细化发展,推进劳动教育系统化,“宣传”和“实践”两手抓,进一步完善“关注社会,参与实践”的山东大学文化。

在本阶段,山东大学按照育人要求,健全社会实践体制机制,并细化社会实践项目类别。2004年,山东大学制定《山东大学大学生社会实践基地管理办法》,进一步加强对全校范围内社会实践基地的创建与管理,积极拓展社会实践基地,截至2013年,山东大学建设各类社会实践基地448处,保障了社会实践活动长期化、项目化发展;加强社会实践工作的组织领导,丰富社会实践内容,完善社会实践考核体系,形成“形势政策与社会实践”必修课,将学生社会实践纳入课程教育体系,使社会实践工作进一步制度化、规范化、细则化。在此基础上,山东大学形成了“博士实践团”“‘相约山大·励志启航’优秀学子回访母校”等具有山大特色的品牌性社会实践活动。

21世纪以来,山东大学学生社会实践工作成果显著,并举办“实践归来话成长”小树林文化论坛,受到社会媒体的高度关注,《中国青年报》等20多家媒体对山东大学社会实践成果进行了深入报道,提升了山东大学社会实践工作的知名度,对山大学子也产生了积极的引领作用。

(二)响应志愿服务政策号召,推进劳动教育社会化

劳动教育进入整合发展时期以来,山东大学不断探索和推进公益志愿服务在劳动教育中的作用,响应国家志愿服务政策的号召,建立并完善服务机制,并结合大学“以人为本”的校园文化,推广志愿服务精神,并在劳动教育中推进大学生社会化进程,培养出一批有担当和情怀的青年群体。

这一时期,山东大学于2007年复建山东大学青年志愿者联合会,积极

整合各校区分散的志愿服务力量，形成以山东大学团委为指导、以山东大学青年志愿者联合会为核心的"院—校”联动体系，充分发挥各学院青年志愿者协会作用，促进志愿服务机制建设进一步发展。在完善志愿服务机制的同时，山东大学响应国家“西部计划”号召，进一步发展山东大学研究生支教团，鼓励学生参与大学生志愿服务西部计划，前后派出 70 余名优秀毕业生赴新疆、青海开展志愿服务活动。山东大学在“以人为本”观念的基础上，将“心系民生民情、关注弱势群体”作为志愿服务工作的重点，积极支持学校青年志愿者参与抗疫抗震、奥运世博等志愿活动，同时山东大学每年评比选出十佳志愿者和十佳志愿服务队，在全校范围内形成乐于帮助他人的志愿服务精神风尚。

山东大学在本时期推进志愿服务方面的工作卓有成效，彰显了新世纪山大学子的责任感和使命感，发扬了当代大学生的爱国情怀与志愿精神，展示了山东大学志愿服务工作的责任与担当，以及劳动教育社会化发展的优异成绩。

(三)加大创新创业支持力度，推进劳动教育创新化

这一时期劳动教育有着回归价值理性的发展动向，“教育为人民服务”的属性更加鲜明，这就意味着此时的劳动教育会指向以人民实际需求为发展宗旨，而劳动教育就必须融合现代社会人文精神与技术理性，因此山东大学以创新创业为突破口和抓手，加大对于学生创新创业的支持力度，推动劳动教育创新化，逐步实现培养现代化人才的本质需求。

山东大学提供政策支持，发展平台体系，使学校创新创业蓬勃发展，形成了“一个实验(活动)室——门课程——名指导教师——支团队——项资助——种竞赛”的“六个一”模式，并制定《关于推进青年学生科技创新活动的实施意见》等学生科技创新活动的政策性文件，并开设“大学生就业与创业指导”等创业教育课程，联系创建学生创业实践中心、创业辅导站等创业基地，承办“挑战杯”竞赛等创新创业竞赛平台，为学生参与创新创业活动提供更广阔的平台，促进学校创新创业体系建设，促进学生创新创业活动规范化、机制化。

劳动教育不能只是技能和习惯的培养，更应该有思想品德和精神世界

的塑造。为培养劳动精神,厚植劳动情怀,山东大学于2002年制定《关于加强学术交流,浓厚校园科技文化氛围的意见》,得到全校各部门的积极响应。山东大学于2005年举办首届校友创业论坛,通过创造学生与著名企业家、科学家接触、交流的机会,激发广大学生的创新创业激情,在校园内形成浓厚的创新创业氛围,进而丰富劳动教育的内涵,健全人才培养机制。

(四)改善校园劳动原有项目,推进劳动教育多元化

2001年《国务院关于基础教育改革与发展的决定》发布,赋予了劳动教育愈加丰富的内涵与要求,推动了劳动教育迈入整合发展的时代。山东大学结合学校实际情况,贯彻落实《国务院关于基础教育改革与发展的决定》的要求,盘活已有资源,推陈出新,利用“勤工助学”和“劳动实践基地”,促使劳动教育融入日常生活,使劳动精神和劳动素养在更广阔的平台资源中得到培养和提升。山东大学合校后,为保障学生就学,学校每学年拨出专款约100余万元用以保障校内外勤工助学工作的有序运行。为学生提供固定岗位与临时岗位约5000个,安排勤工助学学生5000余人次。学校成立校园勤工服务队,招募学生参与楼宇保洁、楼宇门值、校园保洁、绿化养护等校园劳动。通过实岗实践,学生在获得报酬的同时,还增强了劳动观念和劳动意识,形成热爱劳动、珍惜劳动成果的心理,这些措施促使尊重劳动的观念成为山大学子的共识。

21世纪以来,面对劳动教育要求的转变,山东大学于2002年将山东大学机械厂正式更名为山东大学工程训练中心,将山东大学专业实践基地由传统向现代化方向发展。截至2010年,教学训练项目由36项增加到107项,涵盖全校文、理、工、医等9个一级学科,实现了劳动训练“手段现代化、学科多元化、项目多样化,层次高级化”。2009年,山东大学工程训练中心大楼投入使用,初步实现了劳动教育目的向素质教育、创新教育方向发展。

进入21世纪后,山东大学的劳动教育工作经过数十年的发展,在完善已形成的体系与制度的基础上,将发展方向由横向切换为纵向发展,针对社会实践、创新创业、志愿服务和校园劳动四个层面,开拓内容、扩展形式,使得劳动教育更加多元化。

在劳动教育整合发展时期,山东大学一方面推行综合实践活动课程,实

现课程形式整合发展，劳动教育课程以“必修课＋实践课”为主要形式，劳动教育进一步系统化、制度化。综合实践活动课程充分发挥学科性和实践性相结合的优势，进一步推动劳动与技术的融合，引领资源整合和综合素质培养，实现了劳动教育发展的新跨越。另一方面，按照 2001 年《国务院关于基础教育改革与发展的决定》中劳动教育“为人民服务”的要求，这一时期山东大学以社会实践、创新创业、志愿服务和校园劳动四个层面为主要推进角度，将劳动教育融入大学生活的方方面面，以教育与生产劳动和社会实践相结合的新的话语表达为抓手，拓宽劳动教育的发展空间，实现劳动育人的教育目的。

同时，山东大学劳动教育将劳动精神、劳动情感和劳动态度摆在更为突出的位置，更加尊重知识与人才，更加注重学生自身的发展。特别是通过创新志愿服务制度和原有的校园劳动项目，将“以人为本”的人文关怀更加突出，为学生提供了更多主动参与劳动教育的机会，培养学生的独立自主的参与意识，将劳动思想教育与劳动情感教育相结合，在培养学生精神世界的同时，也让学生认识到劳动实践的意义与乐趣。劳动教育有了“生活、生命与生存”的气息，更加关注学生作为自由生命体的实践品性和文化品格，从精神世界的寻求与确证来探寻劳动教育发展的应然走向，逐渐回归劳动教育的本真诉求。

## 八、劳动教育新时代新发展时期(2012 年至今)

### 案例

2012 年 5 月 7 日，山东大学苏州研究院成立，该机构旨在服务地方经济社会发展，进行成果转化与产业孵化、国际合作和社会资源对接等。自研究院成立以来，有大量山东大学师生前往参观学习，并举办了诸如创业路演、主题沙龙等活动，为山东大学师生进行创新创业工作作出了重要贡献。

苏州研究院的建立标志着山东大学创新创业工作百尺竿头更进一步，在全校掀起了创新创业的风潮，山大学子们纷纷投身“双创”劳动实践，用自己的脑力、体力谱写着山大劳动教育的新篇章。

党的十八大以来，国家对于劳动教育重要作用认识进一步加深，劳动教育进入新时代发展时期。在2018年9月10日召开的全国教育大会上，习近平总书记强调："要在学生中弘扬劳动精神，教育引导学生崇尚劳动，尊重劳动，懂得劳动最光荣、劳动最崇高，劳动最伟大、劳动最美丽的道理。"①。2015年，全国人大常委会对《高等教育法》进行修订，增添了"为人民服务"与"社会实践"相结合，提高"社会责任感"的内容，为高校劳动教育的发展提供了目标。高校劳动教育也因此在党和国家的支持下加速发展。

山东大学在新时代紧跟党和国家的脚步，把握这一时期劳动教育时代性、综合性和规范性的特点，从四个角度开展这一时期的劳动教育。学校坚持价值引领，确立新时代思想发展方向，培育劳动精神和推进劳动文化建设；完善制度建设，形成长效评价机制，形成系统规范的教育体系；注重系统整合，综合完善课程体系和教育方式，盘活平台资源，通过搭建主框架、构建四梁八柱的形式全方位构建劳动教育体系；聚焦立德树人根本任务，坚持五育并举，充分发挥劳动综合育人功能。这一时期，劳动教育将教育重心从劳育本身转向五育并举和全面育人，教育目标从教会劳动转向能动创新型劳动，教育内容从自我封闭向实践一线全面拓展，教育方式从传统单一向多维发展。

（一）坚持"思想引领"价值导向，加强劳动精神文化建设

山东大学在新时代以习近平新时代中国特色社会主义思想为指导，全面贯彻党的教育方针。2015年7月，教育部等各部委相继发表有关劳动教育的重要意见，指出劳动教育在贯彻党的教育方针要求、实施素质教育和培育践行社会主义核心价值观方面具有难以估量的重要作用，对价值观塑造具有重大战略意义。依据国情和社会新时代建设进展，准确认识新时代劳动教育的价值观意义，是对马克思主义中国化的有益补充，也是坚定新时代理想信念的有力武器。劳动教育不单是简单的体力锻炼，更是一种正确劳动价值观的积极引导。

① 习近平：《坚持中国特色社会主义教育发展道路》，中国政府网，https://www.ccps.gov.cn/xytt/201812/t20181208_113807.shtml。

山东大学盘活学生课程资源，通过“劳动教育＋思政”模式，持续推动劳动教育进思政课，通过主渠道讲好劳动教育。学校以红色教育赋能劳动教育，通过打造“劳动教育＋党史学习教育”模式，同步在一校三地 50 余个学院团委成立“我为学校做好事”志愿服务工作组，带动全校 1000 个团支部开展随手公益，让学生在红色教育学思践悟中凝练劳动教育的真本领、真才干，在出力流汗中体悟精神信仰的正能量、正方向。

宣传劳动光荣精神，营造良好校园文化氛围，是压实思想引领的重要途径。山东大学通过加强劳动节日建设和强化宿舍劳动管理等方式提供丰富的劳动机会，吸引学生参与到节日劳动中去，形成良好的劳动习惯。2019 年 3 月 5 日，山东大学于学雷锋纪念日在全校范围内开展“学雷锋劳动月”活动，鼓励学生从自身出发，参与到各类劳动实践中去。通过制定宿舍劳动值日制度让学生参与到宿舍劳动中去，并将学生内务卫生状况纳入劳动教育评价体系中，帮助学生形成“劳动光荣”的劳动观念。

2022 年，山东大学持续推动日常化劳动教育宣传，组织编发山东大学劳动教育工作简报，已经编订 10 期，并将长期推进，开展劳动教育主题团日活动，面向全校，以校区为单位、以培养单位为基本依托，按照“包片划区”等形式，启动“每周一小时”劳动教育实践，划定各培养单位劳动教育实践责任区，着力营造校园劳动文化氛围，进一步做好劳动教育价值引领和劳动精神文化建设。

（二）围绕“制度建设”规范要求，形成长效推进评价机制

新时代劳动教育的显著特征之一在于其规范性和系统性，2017 年颁布的《关于深化教育体制机制改革的意见》和《中小学综合实践活动课程指导纲要》指出，要引导学生践行知行合一，积极动手实践和解决实际问题，从制度上规定了劳动教育应更加注重理论与实践结合、体力与脑力结合，其对综合实践活动课程同样也进行了制度化规范。建立劳动教育长效机制，推进教劳实质性结合，落实劳动与教育的内在融合，引发劳动价值自主体验、劳动意识自主萌发，才能将劳动教育的发展落到实处。2019 年 1 月，教育部部长陈宝生提出，要从综合素质评价、综合实践基地建设以及职业启蒙教育等入手，将劳动教育融入日常生活学习，建立有效的劳动教育机制。

山东大学理顺工作机制，构建学校劳动教育体系“基本盘”，学校制定工作任务清单、压实学院主体责任、围绕培育营造劳动教育浓厚氛围、深入挖掘扩大劳动教育实践资源供给、完善劳动教育课程培养体系建设、建立健全劳动教育支撑保障体系、形成长效劳动教育评价机制。到2022年，一是各培养单位(党政联席会)专门研究劳动教育议题并做出部署落实已经形成工作机制；二是从全从实制定(学院)培养单位层面劳动教育清单并推进落实；三是以班团支部等为抓手，强化劳动教育实践环节；四是依托课程化建设，探索开展劳动教育课程资源征集与认定工作；五是进一步推进劳动教育进评价环节，调研后形成劳动教育有关评价要求(指标)纳入《山东大学本科生综合评价方案(征求意见稿)》。此外，学校还组织各学院、相关单位发布劳动实践类选题，配套社会实践的全面覆盖，深入推动探索以项目化、团队化形式开展劳动教育。完成学生拓展培养综合管理系统中有关劳动教育录入统计评价模块，建立劳动教育实践管理员端口、学生使用端口等，依托智慧平台，有序推进劳动教育。

(三)整合“劳育体系”平台资源，融通各类教育思路途径

2020年，中共中央和国务院联合出台的《关于全面加强新时代大中小学劳动教育的意见》指出，要让不同学段、不同类型的学生加强个人清洁卫生、家务、社区服务生产劳动、职业技能、创新创业等方面的劳动。这就意味着劳动教育内容需要从自我封闭走向全面实践。山东大学从理论和实践两方面，突出山大特色，重新梳理劳动教育课程体系，强化内容设计，深入挖掘扩大劳动教育实践资源供给挖掘整合各类劳动教育机会，推动劳动教育清单并落地实施。与传统劳动教育方式相比，优化创新是新时代劳动教育方式的鲜明特点。劳动教育方式实现了从围绕劳动本身逐步向融入更多现代技术，实现与不同劳动领域、不同学科、不同社会文化交叉融合的多样化教育方式转变。

社会实践方面，山东大学响应国家号召开展社会实践，推进社会实践重点专题覆盖，健全实践基地体系机制建设，2013年，山东大学学生积极响应党的十八大号召，各学院根据“五位一体”总体布局开展了一系列社会实践活动。在社会实践专项主题外，山东大学在实际工作中摸索出理论政策宣

讲团、调研实践观察团、创新创业实践团、公益志愿服务团、文化艺术传播团、岗位见习实习团等六大社会实践重点专题，覆盖家庭、社会、专业三大类活动内容及社会调查、支农支教、科普宣传、文化传播、帮残助困、法律援助、医疗卫生服务等 15 项内容，拓展社会实践服务方向，助力学生参与实践调研。

志愿服务方面，山东大学搭建完善志愿服务平台，开展志愿服务专题活动，支持志愿服务项目建设，推动宣传工作全面开展。2015 年，山东大学青年志愿者积极参与到第 22 届国际历史科学大会中，得到了国内外参会人员的一致好评。2016 年，山东大学上线学生素质拓展培养综合管理系统，服务学生自主查询、参与志愿服务活动。2017 年，山东大学学生支教联盟成立，整合学校支教资源，为学生参与支教活动提供更为全面的保障。同年，山东大学公益社团联盟成立。由此，山东大学形成以山东大学青年志愿者联合会、山东大学学生支教团联盟、山东大学公益社团联盟为主体的志愿服务平台，为学校青年志愿者提供服务支持。2017 年 12 月 5 日，国际志愿者服务日，山东大学举办了“美丽中国・最美青年”志愿服务展。展览期间，共吸引全校 7000 余名师生前来参观，新增注册志愿者 1000 余人，并吸引 10 余家省级以上媒体报道。同时，山东大学进一步打造原有志愿服务精品活动，深入拓展研究生支教团、服务社区等特色青年志愿服务工作，以精品项目带动志愿服务向更高层次发展。

创新创业方面，山东大学响应“大众创业、万众创新”国家号召，完善创新创业支撑体系，营造创新创业文化氛围，推动国际创新创业合作。山东大学建设“稷下创新讲堂”“齐鲁创业讲堂”等创新创业教育课程群；建设“山东大学创业训练营”等 13 个创新创业教育平台；完善创客一条街、“联通未来青春创业社”等创新创业教育功能区，推动大学生创业活动的开展，为进一步丰富校园创业氛围打下坚实的基础。此外，山东大学分别与英国剑桥大学、美国哈佛大学等国际知名学校共同建立“山东大学国际创新转化学院”等国际创新创业教育机构和科研合作平台，为学生提供更广阔的空间和更高层面的平台参与创新创业劳动实践。

劳动基地建设和专业创新型人才培养方面，山东大学挖掘社会资源，开辟 60～70 个劳动教育基地，将劳动教育与专业实践相结合，为研究生共开设了 13 个实践训练项目群、151 个训练项目，推动构建层次化、专业化实践教学体系；大力支持各专业特色劳动实践，发挥各专业劳动实践教育、培训功能，采取多种形式促进实践教学。山东大学与多个社会企事业单位达成实践基地合作关系，进一步建立健全“校院基地”联动的社会实践基地体系机制，并结合“三助一辅”，在“一校三地”开设不少于 200 个生产实践、校园服务、事务处理等劳动教育项目，覆盖 1.5～2 万名学生。

（四）打造“五育并举”一体格局，培养全面发展创新人才

2018 年，习近平总书记在全国教育大会上强调，要把劳动教育纳入全面发展要求，把实现德智体美劳五育并举作为今后教育工作的核心目标和任务，提倡弘扬劳动精神。新时代的劳动教育，越来越体现出其内涵的丰富性，由最初的限制在体力劳动之中扩大到脑力劳动领域，再到后来的注重劳动情感培养的综合实践活动课程。劳动教育的内涵由单一走向综合，由单纯的技能课变成思想道德实践课，由德智体美劳“五育”被割裂培养，到“五育”融合发展，立德树人教育体系全面建设引领教育实践与劳动创造。这是劳动教育的进步，也是时代多元化融合发展的成果。

山东大学“五育并举”，全面彰显劳动教育的重大价值。学校组织“劳动的青春最出彩”主题教育系列活动 50 余场，通过劳模进校园、身边的劳动达人故事分享等形式，以共情形成共鸣，通过思想开导达成劳动自觉。党委学生工作部依托资助育人项目，建平台、开课程、办活动，持续推进劳动教育与资助育人融合创新。研究生院、党委研究生工作部组织开展“把论文写在祖国大地上——山东大学研究生教育五育协同工程”，开展以学科交叉创新和产教融合为特征的研究生实践活动，构建山东大学研究生教育五育协同工程，持续推进研究生劳动教育覆盖落地，助力学生全面成长成才。

2012 年后，习近平总书记多次强调在全社会开展劳动教育的重要性，将“劳”纳入教育方针再次提上日程。劳动教育与其他“四育”关系的不断演变，证明了国家在不同时期对劳动教育的理解与态度，这取决于不同时期国家建设任务对劳动教育的要求，也体现着国家对于教育全面发展的理解与落实。“五育”的关系由割裂走向融合发展，是素质教育在国内的实践性推

行的重要环节，也蕴含着劳动教育具有引领性优势，突破传统思维，不再仅停留在形式层面，加强各“育”之间的相互渗透与融合发展。

教育与生产劳动相结合是我们历来坚持的教育方针。党的十九大以来，习近平总书记多次发表有关劳动教育的重要论述，强调把劳动素养和劳动观念、劳动精神、劳动能力和劳动态度与品质培养放在重要位置，赋予了劳动教育新内涵，丰富了新时代劳动教育体系。2020 年 3 月 20 日，中共中央、国务院发布《关于全面加强新时代大中小学劳动教育的意见》。2020 年 7 月，教育部印发《大中小学劳动教育指导纲要（试行）》。随着政策的不断完善，劳动教育逐渐纳入党的教育方针，它的时代价值也应重新得到审视与估量。

劳动不仅创造了人类，创造了历史，也是人类的本质特征和存在方式，其推动历史滚滚向前。在完成“两个一百年”奋斗目标和实现中华民族伟大复兴的中国梦征程中，崇尚劳动、加强劳动是新时代的必然要求。不可否认，虽然新时代劳动教育是建立在新的理念和内涵之下的新领域，但它或多或少都具有此前劳动教育的影子，但这也正是当下劳动教育的基础，新时代劳动教育的外延也更加宽泛。高校首先需要在习近平新时代中国特色社会主义思想的指导下明晰新时代劳动教育的本质，依据新时代劳动教育任务要求，基于新时代劳动教育的社会性和实践性特点，完善科学、高效的劳动教育模式，让劳动教育成为一种价值召唤。劳动教育不仅是全面教育体系中不可缺少的重要一环，更是落实立德树人根本任务、最终实现人的全面和谐健康发展的迫切需要，这也正是对劳动教育本质的最好体现，即通过“以劳促全”提升心志，使学生拥有充实的人生。①

新时代高校如何开展好劳动教育？这是党中央在新时期给高校出的一份考卷。各高校理应在习近平新时代中国特色社会主义思想的指导下，给出一份凸显自身特色又符合教育规律的答卷。山东大学在人才培养工作中，以课程建设为核心，将劳动教育规范化、规模化、体系化，在劳动教育方面，做了诸多探索和实践，一直致力于将劳动教育纳入人才培养全过程，丰

---

① 参见时俊卿：《让新时代劳动教育起好步》，《青春期健康》2019 年第 19 期。

富、拓展劳动教育实施途径，使学生的德智体美劳全面发展。在日后的学校劳动教育中，山东大学也将继续注重围绕新时代劳动教育的目标和内容要求，完善学校劳动教育的条件保障，从提高劳动教育的效果出发，把握学生群体和劳动教育任务的特点，抓关键、重落实，选择适宜的劳动教育方式，合理规划和实施劳动教育，争取早日将更加专业、全面、创新的“山大方案”开放共享。

# 第二章　课堂教学中的劳动教育

2020年3月，中共中央、国务院出台了《关于全面加强新时代大中小学劳动教育的意见》，强调"把劳动教育纳入人才培养全过程"，发挥课程育人的特殊优势，强化课堂教育主阵地在劳动教育中的重要作用，这为在课堂中贯穿劳动教育内容提供了重要的实施依据和方向引领。

## 第一节　课堂教学中的劳动教育

课堂教学是加强劳动教育的核心所在，课堂教学作为教育教学的主要阵地，在劳动教育的全过程中发挥着十分重要的作用。突出课堂教学在劳动教育中的重要作用的关键就是在课堂中培养学生的劳动意识、建立学生的劳动情感、磨炼学生的劳动意志、教授学生相关的劳动技能、增强学生的劳动实践能力。

### 一、课堂教学是劳动教育的主渠道

课堂教学是学生在校接受教育的主要阵地，是"教"与"学"最重要的连接渠道，也是落实"五育并举"和"三全育人"最重要的平台。课堂学习是一种集体学习，在教师的指导下，学生完成相同的学习任务，共同提高学习成绩；课堂学习的时间较长，在学生的求学生涯中，占用时间最多的莫过于上课，学生最宝贵的在校时间大部分都在课堂中度过，足量的教学时间也为学生汲取足够的知识提供了重要保障;课堂学习的计划性较强,一般来说课堂学习都具有完整的教育计划和教学大纲,它为学生提供最系统的学习安排,是一种十分科学的学习方式;课堂学习具有较高的效率,课堂学习以书本为主,学生可以在有限的阶段汲取到更加广泛而深入的知识,把前人的经验逐步转化为自己的经验,从而得到知识的升华;课堂学习有教师的直接参与,教师经过充分备课,合理安排时间,精心设计教法,能够准确、巧妙地把知识传授给学生,加之教师生动的语言描述、富于逻辑的讲解,能使复杂的知识简单化,抽象的知识形象化,从而使学生的思维与老师的“讲授旋律”产生共鸣,达到高效率学习的目的。

### (一)在课堂教学中提升学生的劳动意识

劳动意识是劳动主体和客体之间相互作用的主观反映,它不同于一般的意识。正确的意识不管在任何时间都能够意识到客观存在。这里所说的“客观存在”既包括自然的和社会的存在,又包括思维的存在,可以说,整个物质世界都是它的反映对象。通常理解下的劳动意识强调劳动主体对于劳动本身的理解与态度,其中也包含着在劳动过程中所产生的意识。尽管人们所具备的这种意识会与自己所处的时代或是社会环境息息相关,但从其本质上来看,并不影响这种思维的抽象性。

劳动意识的培养是开展学生劳动教育的基础。当前,一部分青年受到部分不正之风的影响,过分沉迷于物质生活享受,忽略现实生活中劳动的价值。很多青年不愿劳动、逃避劳动,每逢劳动不情不愿,这都是劳动意识匮乏的主要表现。这些学生一方面缺乏家庭劳动教育,部分家庭过于宠溺子女,对子女的成长没有正确的引导;另一方面缺乏学校劳动教育,部分学校只重视学生成绩的提升,而忽略了全面发展的成长要求。加强劳动意识的培养就是要求青年学生形成正确的劳动价值观,弘扬劳动者吃苦耐劳的美好品质,营造劳动光荣的积极氛围,从而激发学生积极向上的劳动意识。

课堂教学中存在丰富的劳动教育资源与案例。古往今来,人类的所有进步几乎都是通过劳动所创造的。古猿到人的演化中,劳动起到了决定性的作用;民族独立、人民解放都是在劳动、斗争和探索中进行的;广大共产党员不图名利、艰苦奋斗的光辉形象是在辛勤劳动中树立的;科技进步、国家富强是在一代又一代人的接续奋斗下实现的……这些鲜活生动的案例都是教师在课堂教学中对学生开展劳动教育的重要资源和载体，学生通过学习，能够逐渐明确劳动的深刻内涵，深入体悟劳动的重要性和必要性，不断理解劳动对于个人、集体和国家的重要意义和价值，从而引导学生树立马克思主义科学劳动观，形成科学的劳动认知。

（二）在课堂教学中培养学生的劳动情感

情感是人对客观事物是否满足自己的需要而产生的态度体验。一般认为，情感主要包含道德感和价值感两个重要方面，情感是态度的一部分，它与态度中的内向感受、意向具有协调一致性。培养劳动情感是指培养学生热爱劳动、尊重劳动、崇尚劳动的情感和行为的正确取向。

培养学生的劳动情感是劳动教育的重要目标。教师在教学过程中可以充分依托中华优秀传统文化、英烈事迹、文物古迹等学生已经充分产生正确情感取向的教学教育资源，着重讲述劳动在其形成和发展中的重要性，从而帮助学生进行情感转化，将对一个事物的情感引导至对劳动的情感，最终以学生喜闻乐见的形式不断培养学生的劳动情感。劳动情感的培养还离不开劳动教育与实践的结合，在课堂中烘托热爱劳动氛围的同时，还应该辅之以相应的劳动实践设计，让学生的劳动情感真正内化于心、外化于行，让学生在课堂学习和劳动实践的相辅相成中真正了解劳动、体验劳动，从而增强劳动情感，体验劳动带来的快乐。

（三）在课堂教学中磨炼学生的劳动意志

意志是人自觉地确定目的，并根据目的调节支配自身的行动，克服困难，去实现预定目标的心理倾向。意志是决策心理活动过程中重要的心理因素，是人的意识能动性的集中表现，在人主动地变革现实的行动中表现出来，对行为有发动、坚持、制止、改变等方面的控制调节作用。劳动意志即根据劳动目标调节支配自身的行动，克服苦难，实现劳动目标的心理倾向。

磨炼学生的劳动意志是劳动教育的关键环节。通常认为，劳动实践应该是磨炼劳动意志的途径和渠道，但是课堂教学也是磨炼劳动意志的重要补充和抓手。学生的劳动意志教育主要包括两个方面的内容：一是培养学生勇于克服困难，不轻言放弃，越挫越勇的意志品质；二是在遇到与劳动相关的“价值两难”问题上，培养学生能明辨是非，透过现象看本质，最终做出正确的价值判断和价值选择的意志品质。依托经典案例的方式在课堂中对学生进行劳动教育是潜移默化、润物无声式的，这不仅有利于学生深度思考与建构知识体系，还有利于学生坚定劳动意志，树立正确的劳动观念；“有指向”“有针对性”“有意义”的问题有利于将学生的思维引向纵深处，帮助其树立正确的世界观、人生观和价值观。[①]

（四）在课堂教学中教授劳动理论技能

劳动教育理论技能学习是劳动教育的重要环节。劳动技能本质上是人的劳动能力，这种劳动能力包括人的体力能力、智力能力和心理能力。体力能力是其他能力要素形成与发挥的基础，智力能力是劳动技能的核心，心理能力即人的心理特征，对其他技能的形成与发挥起到推动或阻碍的作用。劳动技能要能够对财富的创造起贡献作用，即成为财富形成的源泉之一。这提供了劳动技能的衡量标准，劳动技能对财富创造的贡献越大，其价值也就越高，反之亦然。但劳动技能的价值大小并不完全取决于劳动者所具有的劳动技能，还与劳动技能使用的环境紧密相关。

劳动技能的高低直接影响了学生的综合劳动素养。由于专业学习时间紧张等因素，很多学生缺乏基本的劳动技能和理论，所以劳动理论技能的学习在课堂劳动教育中显得尤为重要，只有掌握了基本的劳动技能，才能更好地引导学生开展劳动实践。学习劳动技能首先要为学生设置科学的劳动教育课程，通过开展农耕类、卫生类、公益类等类别的劳动技能课程培训，使学生不断地掌握更多的劳动技能。在课程设置的过程中要将课程的专业性、创新性、趣味性相结合，以需求为导向，设置一批学生喜闻乐见的劳动技能学习课程，激发学生劳动实践的热情，鼓励学生开展劳动创新活动，从而提升学生的综合劳动素质。

① 参见张成尧：《例谈课堂教学中劳动教育的开展策略——以高中思想政治课为例》，《教师教育论坛》2020年第12期。

（五）在课堂教学中培养学生的劳动实践能力

实践是人们能动地探索和改造现实世界一切客观物质的社会性活动，具有客观性、能动性和社会历史性。实践不能脱离思维和认识独立存在，实践需要思维产生的实践意识作为智慧，思维需要实践获得的知识作为基础，没有思维和认识就没有实践。实践、思维和认识是统一的整体，是前后相继、密不可分的主体日常行为。习近平总书记指出："理论一旦脱离了实践，就会成为僵化的教条，失去活力和生命力。实践如果没有正确理论的指导，也容易'盲人骑瞎马，夜半临深池'。"[①]劳动教育必须坚持劳动理论学习和劳动实践操作相结合的教育模式。

（六）在课堂教学中强化学生的劳动安全意识

教育部于 2020 年 9 月印发《大中小学国家安全教育指导纲要》，提出要"系统推进国家安全教育进课程、进教材、进校园，全面增强大中小学生的国家安全意识"，"充分利用多种资源，专门课程与学科融入相结合，知识学习与实践活动相结合，学校教育与社会教育相结合，生动鲜活、易于接受，增强育人实效"。

学校统筹国防教育、心理健康教育、形势政策课程、新生实验室安全准入培训与考核等方式，将总体国家安全观学习融入课堂教学开展普及型教育，并在学生参加劳动实践前开展专题安全宣讲，重点强调人身安全、安全生产等领域可能存在的风险点，引导学生强化安全意识、坚持底线思维，树立"人人都是安全员"理念，了解掌握规避、防范、化解的举措和应急、自救、互救的方法，切实增强劳动实践安全的思想自觉和行动自觉。强化学校、家庭、学生实践单位工作协同，明确各方安全责任，在学生劳动实践全过程加强安全提醒、警示教育、督导管理，引导学生强化"时时放心不下"的责任心，主动开展安全风险排查和互相安全提醒，消除潜在的苗头性隐患，共同维护劳动实践全流程各环节的安全。

---

① 《习近平主持中央政治局第二十次集体学习并讲话》，政府网，www.gov.cn/xinwen/2020-05/29/content_5516059.htm。

## 二、山东大学劳动教育课程规划

### (一)山东大学劳动教育课堂教学课程体系总体规划

2021年,山东大学发布《中共山东大学委员会关于全面加强新时代学生劳动教育的行动方案》,强调:“夯实劳动教育课程建设、提升劳动教育支撑保障能力。”“融通人才培养计划,加强过程性评价,强化劳动教育实施,培养劳动精神,丰富劳动知识,锻造劳动能力,帮助学生树立马克思主义劳动观,让劳动成为山大学子的生活方式,牢固树立‘劳动最光荣、劳动最崇高、劳动最伟大、劳动最美丽’的观念。”这为山东大学深入开展劳动教育课堂教学课程体系建设提供了方向引领和根本遵循。

山东大学劳动教育课程规划以习近平新时代中国特色社会主义思想为指导,全面贯彻党的教育方针,落实全国教育大会精神,坚持培育和践行社会主义核心价值观,以劳树德、以劳增智、以劳强体、以劳育美、以劳创新,注重教育实效,实现知行合一。与此同时,山东大学劳动教育课程规划着重突出山大特色,形成劳育体系。依托山东大学办学实际,面向一校三地,结合各培养单位学科与专业特点,发挥“三全育人”功能,调动各部门劳动教育优势,加强校内统筹协同,充分挖掘可利用资源,拓宽劳动教育途径,贯通家庭、学校、社会各方面,形成具有山大特色的劳动教育体系,坚持深化改革,推进开放创新,在开展劳动教育工作中理顺体制机制,深化产教融合,推进人才培养改革,提高人才培养质量,培养人才科学精神,提高人才创造性劳动能力。加快布局未来战略必争领域的人才培养,大力吸引外部资源与外部力量积极融入山东大学人才培养过程。

1.强化劳动教育课程建设

用好思想政治理论课堂主渠道、主阵地,将劳动精神、劳动理念融入思政课程,同时积极探索在专业课程中融合劳动教育元素,围绕劳动法律、劳动关系、劳动社会保障、劳动卫生安全等内容,开设劳动教育课程,建立劳动教育课程群。课程设置要符合学生教育规律与成长特点,适应社会发展和产业变革,主动适应新技术、新业态、新模式、新产业的需求,针对劳动新形态,注重新兴技术支撑和社会服务新变化。以培养“最优秀的本科生”与“最具创造力的研究生”为目标，以“强素质、广覆盖、提质量”为要求，彰显家国情怀、崇实品格、担当精神、创新能力，着力提升学生综合素质，促进学生全面发展。

2.推动劳动教育充分融入人才培养方案

本科学段深入融通人才培养方案，结合拓展培养计划强化劳动教育实施；研究生学段依托“三助一辅”、专业实践、社会实践等培养环节，对劳动教育内容做出明确要求。各培养单位按照劳动教育要求，建构动脑思考与动手操作有机结合的人才培养体系，全面提高学生专业劳动能力与素养。

3.编写劳动教育教材

组织专业编写队伍，编写和出版适应山大人才培养特色的劳动教育教材。发挥山大学科门类齐全的特色与优势，编写系列劳动教育教材，不断完善教材内容，并将其应用到教学一线实践当中，检验教材的思想性、教育性、创新性、实践性，促进教材不断迭代，最终形成系统性的劳动教育教材体系。

4.推进劳动教育课程信息化平台建设

结合“互联网＋”发展新形势，探索构建网络化、数字化、智能化、线上线下相结合的课程教学模式，创新劳动教育教学方法，加强基于移动互联网的学习平台建设。重点围绕劳动理论技能、劳动安全、劳动法律课程，探索建设融媒体劳动教育公开课，打造一批劳动教育精品在线课程，实现优质课程资源共享，增加课程惠及人数，推动劳动教育类教材电子化，打造多层次、多品类、多平台的线上劳动教育课程体系。

5.建立健全劳动教育支撑保障机制

学校各部门、各培养单位应为劳动教育提供经费支持，积极吸纳社会力量提供劳动教育服务；加强对师生的劳动安全教育，强化劳动风险意识，认真排查、清除学生劳动实践中的各种隐患，制定劳动实践活动风险防控预案，明确各方责任，做好应急与事故处理。逐步健全劳动教育支出保障机制和教育管理保障体系。

6.建立健全劳动考核评价机制

各培养单位结合劳动教育开展要求，制定学生劳动评价标准，建立激励机制,全面客观记录课内外劳动过程和结果,其中本科学段不少于32学时,研究生学段根据培养目标和学位基本要求对课时和考核方式做出规定。加强对实际劳动技能掌握和劳动价值认知情况的考核,把劳动素养培育过程、结果评价作为衡量学生全面发展情况的重要内容与评优评先的必要参考。开展“劳育名师”“劳动之星”“劳动模范班级、团支部”“文明示范宿舍”等先进典型评选活动,充分发挥榜样的引领示范作用。

7.强化专业课程实践带动劳动教育实践

各培养单位应紧密结合专业特点,推动学生通过实习实训、走访调研、生产实习等各类专业课程实践,增加社会实践劳动机会,引导学生关注专业发展的前沿实践问题,提高学生运用专业知识解决实际问题的能力和水平。

(二)山东大学劳动教育课堂教学课程体系具体规划

1.劳动教育课堂教学课程类型

山东大学劳动教育课程主要包含劳动技能类、工匠文化类、劳动美育类三大类型。劳动技能是指岗位在生产过程中对劳动者素质方面的要求,主要反映岗位对劳动者技能要求的程度,该类课程以劳动技术、生产操作、设备使用、生产品质把控、劳动事故预防与处理、劳动卫生、劳动法律法规为主要内容,理论课程与实践课程相结合,从专业角度提升学生的劳动综合素养;工匠文化类课程以弘扬工匠精神为主要内容,工匠精神体现了对劳动工作的独具匠心、精雕细琢、精益求精、尽善尽美的坚持和追求,蕴含着严谨、执着、敬业、创新等可贵品质,已经渗透到各行各业的各个环节,具有很强的普适性、针对性和拓展性,该类课程意在加深学生对于工匠精神的体悟,营造“劳动光荣、技能宝贵、创造伟大”和“尊重职业、尊重劳动”的良好氛围;劳动美育类课程以劳动美学为主要内容,主要研究人类生产劳动过程中的审美规律,通过以劳育和美育相结合的方式,推动劳动教育和美育工作不断走向深入。劳动美学的研究对象既包括劳动环境、劳动工具对人的审美要求的适应,也包括各种劳动过程本身的审美规律和原理。劳动环境良好优美能激起人们愉快高昂的情绪,提高工作效率,消除不必要的紧张、疲劳、厌倦、烦躁不安的情绪。研究劳动过程中的审美可能性、条件、方式和价值,着力开发主体积极情感在劳动中的作用，以工作本身来吸引人的喜爱、激发劳动创造力。该类课程研究劳动形式对劳动者情感身心的整体性影响，使劳动活动更具快适性、愉悦性和科学性，提高劳动效率和工作质量，促进企业生产和劳动主体的协调发展。劳动美学研究的内容包括：个体劳动行为的情感化，劳动管理的艺术化，劳动环境的审美化，等等。

劳动教育课程采用理论与实践相结合的方式开展，积极探索具有中国特色的劳动教育模式，创新体制机制，注重教育实效，实现知行合一，促进学生形成正确的世界观、人生观、价值观。知是行之始，行是知之成，在开展劳动理论课程学习的过程中，还要积极布局劳动实践课程，以创新创业、实习实训、专业服务、社会实践等活动为依托，要求实践课程时长不低于课程总时长的50%。

2.劳动教育课程学时学分计算及期末考评方式

劳动教育的考评相较于专业课程来说具有一定的特殊性，要充分考量学生的综合劳动素质，也要考量学生劳动理论技能的掌握、劳动价值观的树立等方面的内容，还要考察学生进行劳动实践能力的高低。因此，要建立与劳动教育特色相适应的学分计算和考评方式。

本科学段的学生应在毕业前完成32学时的劳动学习任务，学习任务完成后获得2个劳动教育专属学分。其中，学生应在本科阶段选修一门8学时、1学分的劳动教育课程，每学年完成不少于6学时的劳动教育实践活动，学生完成的社会实践、志愿服务等活动可以按照核定比例转化为劳动教育实践学时。研究生阶段的学生要根据研究生培养方案，注重专业领域的劳动教育与实践，毕业前由研究生导师考核劳动教育情况，并出具劳动教育意见。学生在校期间应完成山东大学劳动教育“7＋N”清单。

**山东大学劳动教育“7＋N”清单**

1.每周周四确定为宿舍卫生劳动日，利用周四7、8两节课的时间，以宿舍为单位集中开展宿舍卫生清理(见图2-1)。

图 2-1　宿舍卫生清理组图

2.每学期确定一天为公共卫生劳动日，以班级、团支部为单位，利用一节课的时间，进行一次集中公共劳动服务（见图 2-2）。

图 2-2　公共劳动服务组图

3.每学年利用周末时间参加一次生产劳动，组织学生赴劳育基地开展生产劳动，深入一线，结合专业开展专业劳动(见图 2-3)。

图 2-3　学生在劳育基地组图

4.每学年利用寒暑假时间开展社会实践，结合专业开展一周的岗位体验、实践调研、理论宣讲、母校回访等实践活动(见图 2-4)。

图 2-4　社会实践活动组图

5.每学期完成一次进社区志愿服务活动，围绕专业所学，依托社区志愿服务基地，开展服务性劳动(见图 2-5)。

图 2-5　社区志愿服务活动组图

6.每学年参加一次创新性学术竞赛，围绕“互联网＋”、“挑战杯”、研究生创新大赛等赛事，参加一项比赛，形成一件创新作品，锻炼提升学生创造性劳动水平(见图 2-6)。

图 2-6　参加创新性学生竞赛组图

7.开设 30 门劳育课程，内容包含劳动技能类、工匠文化类、劳动美育类等，每个学院结合专业课，设置劳育类专业课程，实现劳育课程的全覆盖(见图 2-7)。

图 2-7 劳育课程组图

N:设立勤工助学、“三助一辅”等劳育岗位N个,发挥资助类岗位劳动育人功能,提升学生劳动实践水平(见图 2-8)。

图 2-8 劳育岗位组图

劳动教育的考评工作应全面客观记录学生课内外劳动的过程和结果。学生期末劳动教育考评采取考试与考察相结合的方式进行，日常劳动实践考察占比60%，劳动选修课期末考试成绩占比40%，成绩设置优秀、合格和不合格三个档次，并按照相应的学分比例计入学生个人成绩。

3.劳动教育课堂师资队伍的构建与完善

劳动教育的开展离不开高质量劳动教育课堂师资队伍的构建与完善。山东大学以建立健全劳动教育师资队伍与研究机构为依托，争取建设一支校内校外相结合、专职兼职相结合、科研与教学相结合的劳动教育师资队伍，将劳育师资队伍建设纳入学校师资发展规划，积极引导劳动教育师资队伍开展劳动教育专业研究工作，为优质的教育教学以及科学的课程开发实践提供专业的智力支持。

一是以校内专职教师为主体，聘请专业导师、班主任、辅导员等组建劳育师资队伍，通过成立劳动教育教学指导委员会，依托教育教学改革研究项目、思政教育研究项目等开展专门研究。通过项目立项等方式引导更多教师主动参与劳动教育研究工作，广泛搭建劳动教育教师成长交流平台，不断提升教师相关业务能力。确立“人人都是劳动教育教师”的理念，引导教职医务员工在与学生课内课外相处的过程中不断融入劳动教育工作理念，以“三全育人”为重要依托，将“五育并举”工作落到实处。

二是聘请相关行业专业人士担任劳动实践指导教师，广泛吸纳道德模范、青年工作能手、工程师、企业家、优秀创客、大国工匠等劳动实践领域的杰出成就者参与学生劳动实践指导，担任劳动实践指导教师，充分发挥其在劳动实践领域的优势与特长，以其先进的劳动实践理念和具有影响力的个人事迹，不断增强劳动教育实践的吸引力。

三是建立教师队伍的考核和激励机制。建立符合劳动教育特点的职务职称评聘标准及考核指标体系，学校每年要根据劳动教育特点充分考核教师在劳动教育中的工作量，将劳动教育教师承担的劳动实践指导、劳动教育课程等工作计入工作量，在教学成果奖等评选表彰中，保证劳动教育教师比例，并设立“劳动教育名师”等奖项，充分激发劳动教育教师队伍活力。

## 第二节　山东大学课堂劳动教育特色

2020年《关于全面加强新时代大中小学劳动教育的意见》出台后，山东大学进一步提高对劳动教育重要意义的认识，以培养德智体美劳全面发展的社会主义建设者和接班人为目标，坚持“五育并举”、相互融合，全面深化劳动教育工作。紧密结合实际，遵循育人规律，立足学生成长需求，发挥学校育人优势，积极联合社会资源，构建劳动教育体系。强调育人实效，坚持“一滴汗水一份收获”的实践原则，找准制约劳动教育的重点难点，抓实抓牢劳动教育。

山东大学结合实际情况，融合时代要求，因地制宜构建新时代劳动教育山大模式。学校党委定期开展专题研究，统筹推进课程设计、考核评估、文化宣传、条件保障等工作。山东大学劳动教育围绕“立德树人”根本任务，构建了实践、教学、评价、保障四大体系，具有很强的时代性、实践性、综合性、创新性等特征。学校设立了“劳动月”，创建了“劳育课程群”制订了“学生劳育培养计划”，搭建了“劳动教育校企协同创新育人平台”，开展了一系列卓有成效的具体工作。

为更好地实现劳动教育本土化，有效利用山东大学各平台及资源，在课堂中体现山大特色，山东大学进行了很多探索。例如，在课堂教学中将传统文化与劳动教育相结合，将实践与理论充分结合，加入趣味性强的课程内容，翻转劳育课堂，等等。

### 一、劳动教育课堂的关键——理论与实践结合

山东大学劳育教育课程把理论与实践充分结合，既开设相关理论课程，也开设相关实践课程，实现二者互促共进、同频共振，真正培养具备良好劳育素养的新时代青年。

#### （一）劳动教育理论课程

高校开展劳动教育对培养德智体美劳全面发展的社会主义建设者和接班人具有重要的意义。落实劳动教育的途径之一，就是使高校劳动教育课

程化。劳动教育课程化是一个有机系统，涵盖课程的指导思想、教学原则、教学目的、教学方法、教材建设、课时分配、师资队伍建设等。山东大学劳育课程以学生学习和掌握劳动科学知识为目的，对其学习进度和教学计划做出总体安排。

山东大学的劳动教育理论课程，旨在加强山东大学学生的劳动科学教学，使其初步了解和掌握劳动科学的知识结构。大学生一般处在世界观、人生观、价值观的逐步形成期，加强马克思主义劳动观的教育对大学生“三观”的确立能起到重要的作用。观念的形成并不是一蹴而就的，除了对实践活动的亲身参与和切身体会，还必须通过课程环节，使学生从思想层面领悟劳动创造价值的道理，获得劳动的乐趣。

高校的劳动教育课是一门独立学科，与高校思政课有区别，劳动教育课的作用也是不可替代的。劳动教育课通过教授劳动科学知识对学生进行系统教育，思政课则要求学生掌握政治理论、伦理道德、思想修养等多方面的知识，不断提高学生的思想政治素养和道德水平。思想政治理论课包含有关劳动方面的知识，但是无法形成对劳动教育的系统认知。高校劳动课程要求学生不仅仅注重劳动习惯的养成，而且要通过课程的学习，懂得劳动的价值，深化对劳动的认识。习近平总书记提到：“要在学生中弘扬劳动精神，教育引导学生崇尚劳动、尊重劳动，懂得劳动最光荣、劳动最崇高、劳动最美丽的道理，长大后能够辛勤劳动、诚实劳动、创造性劳动。”①

劳动教育课是全体学生的必修课，注重对全体学生进行劳动教育的普及。通过劳动教育课程，可以弥补学生对劳动科学知识掌握的不足，有利于学生的职业规划和人生发展。经过系统的劳动科学教育，学生可以透彻地了解劳动的本质属性、劳动的创造价值、劳动的普遍意义和劳动对实现人的全面发展的重要作用。

山东大学劳动教育课程以马克思主义劳动思想为指导，坚持以马克思主义劳动思想中国化的最新成果——习近平关于劳动的重要论述为指导。在教学原则上，坚持教育引导原则、从实际出发原则，选用大学生愿意接受

---

① 习近平：《坚持中国特色社会主义教育发展道路　培养德智体美劳全面发展的社会主义建设者和接班人》，《中国教育报》2018 年 9 月 11 日。

的形式，注重教材的吸引力、感染力和影响力。课程以大学生作为教学对象，以普及劳动科学理论、基本知识为主要内容，目的在于让学生通过对理论的学习，深刻认识人类劳动实践的创造本质，理解劳动实践对于人的自由全面发展的重大推动作用，从而树立正确的劳动意识，形成科学的劳动观。学生真正在思想层面认识和领会“劳动最光荣、劳动最崇高、劳动最伟大、劳动最美丽”的重大意义，树立尊重劳动、尊重创造的意识。劳动教育课程合计 32 课时，另外还设计了丰富的劳动实践课程，也设立了相应的实践学分。学校成立专门的劳动教育教研室，师资包括有专业背景的教师以及经过培训的兼职教师。

山东大学课程中的劳动教育课程主要有两种形式，即劳动教育专门课程与劳动教育融合课程。劳动教育专门课程，旨在深入开展劳动教育的理论探讨，丰富劳动知识，提高劳动理论素养，增强劳动价值认同。劳动教育融合课程，将劳动教育与专业课程、选修课程深度融通，在专业课程、选修课程中适时适当适度融入专业劳动知识与技能、劳动纪律、劳动法、职业道德等内容，引导大学生自觉劳动、辛勤劳动，学会诚实劳动、科学劳动和创造性劳动。

（二）劳动教育实践课程

劳动教育实践课程，是大学中不可忽视的重要课程形式，可以促进学生在劳动间隔和劳动后进行总结反思，在劳动中发现新问题和学会创造性地解决问题。山东大学劳动教育实践课程，借助产教融合、校企合作以及各类学校资源，创建、联建或共享劳动实践基地，通过专业实习、公益活动、志愿服务、勤工助学、第二课堂等形式，经常性地组织大学生参与无酬或有酬的普通劳动，让大学生在生产劳动体验中获得技能技巧，培养劳动责任感、集体主义精神，增强纪律意识，帮助大学生做好投入劳动生活的全面准备。

山东大学的劳动教育以“劳动创造美好生活”为基本理念，围绕劳动教育的创新与实践展开，为把山大学子培养成“最优秀的本科生”和“最具创造力的研究生”奠定了坚实基础。以劳动美育类课程、工匠文化类课程、劳动技能类课程、工坊教学类课程以及校企合作课程为基础，建设有 30 门劳动教育通识必修课的课程群。在课程群建设过程中，以“美食美课”等优秀课程为样板，打造一批具有山大特色、可复制性强的劳动课程，为全国高校劳动课程群建设提供新思路。

学生参与劳动教育实践主要有以下方式：注重围绕创新创业，发挥创新创业在“五育”中的重要作用，结合学科和专业开展劳动实践，使劳动教育孕育其中；以志愿服务为抓手，强化志愿服务劳动的育人特色，着力培养学生的公共服务意识；紧密结合就业指导，带领学生感知国家发展、认识自身实际，树立正确的择业观；加强对学生到基层就业创业的教育引导，鼓励学生用劳动书写青春，奋斗在祖国最需要的地方；深化勤工助学工作，完善体制机制，推动形成校内劳动实践的良好氛围，增强学生劳动的积极性、主动性、责任感和自豪感。学生在完成真实劳动后需要撰写总结、考察报告，进行课堂展示，获得实践学分，使劳动转化为劳动教育。

在劳动教育教师的教学与引导下，学生前往山东大学各劳育实践基地、工程训练中心开展劳动教育实践课程。

1.山东大学文学生活馆

文学生活馆是山东大学通识教育品牌课堂，依托山大文史见长的学科优势，秉持“文学生活化、生活文学化”的学术理念，践行“浸润式人文教育”，创新“体验式博雅课堂”，打造了以“领读经典”为核心的通识教育课程群，将“以文化人、以德润心”的文化育人目标落实到每一门“新文科”创新课程中，让大学生在优质教学平台上学习人文经典，在多元生活情境中涵泳人文素养，在创新实践语境中创造知与应用识，在跨学科背景下实现能力融通。

文学生活馆溯源于2012年温儒敏教授主持的国家社科基金重大项目“当前社会‘文学生活’调查研究”，为了给项目搭建调研平台，课题组成员谢锡文创新科研思路，通过举办文学经典讲座，将“文学生活”的调研对象吸引到山东大学，一面开展问卷调查和深度访谈，一面依托山东大学丰厚的文史资源，满足不同阶层“文学人口”的“文学生活”需求。这种变“走出去”为“请进来”、脚踏实地、知行合一的研究思路，被赞为“接地气”的学术研究。2016年，“当前社会‘文学生活’调查研究”顺利结项，与之伴生的一个研究成果——文学生活馆现已在山东大学落地生根，从知新楼的一间报告厅成长为集经典讲座、学术沙龙、直播课堂、体验式课堂和咖啡书吧于一体的校园文化育人空间。

文学生活馆善用自然和人文情境，推出了“我们的节日”和“经典十课”。利用自然情境，让时时皆育人之时。文学生活馆以校园中的自然时序为情境开展系列课程，创新通识教育与传统文化相融合的课堂新样态，形成了“我们的节日”系列课程。文学生活馆相关图片可见图 2-9。

图 2-9　文学生活馆组图

文学生活馆已经形成了一个“体验式”的育人新空间。文学生活馆视觉识别系统设计者侯滢把多年的广告策划经验融入文学生活馆实体空间的视觉打造，让文学生活的抽象概念融入了可触可感的温润体验。在这个有温度的空间里，文学生活馆通过“研、学、用”一体化的教学设计，将餐厅、校史馆、博物馆与文学生活馆空间叠加，探索“理论＋实践”“动脑＋动手”“书房＋厨房”“教室＋影棚”的体验式教学方式。

文学生活馆通过搭建通识教育创新平台打通第一课堂、第二课堂，通过“体验式博雅课堂”践行“浸润式人文教育”，创造性地实现了以文育人有抓手(领读经典)，以文化人有方法(文学生活)，大学校园“有文气”，大学文化

"有底气",让大学生在中华文化和人类文明经典濡染中,从了解文化、亲近经典开始,实现由文化自觉向文化自信的提升和跨越。

2.山东大学工程训练中心劳育实践课程

山东大学工程训练中心立足新时代新要求,根据当代大学生新特点,结合山东大学人才培养特色和学校工程实践教学和创新创业教育特点将劳动教育纳入人才培养全过程,将劳动教育与专业教学有效融合,开展校园劳动、学工学农等形式多样的劳动实践活动,开设劳动与社会保障、劳动法、劳动经济学等劳动思想观念课,结合相应的劳动技能课,特别是专业课程相关的实践、工程实训、创新创业实习课,不断培养学生劳动树德、劳动增智、劳动强体、劳动育美的劳动观。

工程训练中心落实立德树人根本任务,实现知行合一,努力培养德智体美劳全面发展的社会主义建设者和接班人。内化和践行是劳动教育的核心,在不断的实践探索中,工程训练中心充分发挥现有课程体系的优势,不断完善和加强工程实践和创新创业在学校学生劳动教育中的重要作用,探索实现山东大学模式的特色劳动教育,并主动承担服务社会劳动教育的社会责任。

工程训练中心充分发挥在学校劳动教育中的基地优势、课程优势、师资优势、训练模块优势,带领全体教学骨干充分论证行动实施方案,系统设计和部署适合山东大学模式的劳动教育实施体系,促进当代大学生全面发展,引导青年学生树立劳动最光荣、劳动最崇高、劳动最伟大、劳动最美丽的思想观念,坚守辛勤劳动、诚实劳动、创造性劳动、为民族伟大复兴劳动的价值取向,展现积极向上的劳动精神面貌。工程训练中心相关图片可见图 2-10。

图 2-10　工程训练中心组图

2022 年来，山东大学依托工程训练中心建设，进一步组织生产劳动与技能培训。重点设置“学工”劳动实践岗位 100～200 个，每月定期开展“电工”“钳工”“木工”“焊工”及其他常规机械加工工艺的劳动教育与技能培训；利用工程训练中心现有种植园开展“学农”劳动教育，每月开展 1 次农作物、花卉、果树栽培活动，每次参与或培训人数 30～50 人次；每周开展 1 次种植园日常维护活动，每次参与或培训人数 10～30 人次。

## 二、劳动教育课堂的拓展——劳动教育与弘扬中华优秀传统文化相得益彰

山东大学是中国近代高等教育的起源性大学，历史上人文学术曾经有

过两次辉煌，形成了“文史见长”的特色，山东大学学术形象由此塑造，在国内外产生了广泛而持久的影响。弘扬优秀齐鲁文化、传承中华文化精华，是山东大学不懈的价值追求。2018 年，山东大学提出并实施文化引领战略，积极推进中华优秀传统文化创造性转化、创新性发展。将劳动教育与弘扬中华优秀传统文化相结合，是山东大学劳动教育的一大重要特色。

（一）劳动教育与中华优秀传统文化的传承

中华传统文化源远流长、博大精深，齐鲁大地孕育了诸多优秀中华传统文化。将传承中华传统文化与开展劳动教育结合，既能通过与传统文化相关知识的结合进一步提升学生参与劳育教育课堂的兴趣，又能够以开展劳动教育的方式继承与发展中华优秀传统文化。

山东大学中华传统文化研究与体验基地（以下简称基地）坐落在山东大学中心校区知新楼 24 层和 25 层，建设面积 2600 平方米，2011 年举行基地揭牌仪式。基地由孔子学院总部、国家汉办与山东大学共同建设，是目前中国高校唯一一所集文化体验与教学、人才培养与培训、理论探索与研究于一体的综合性教学科研机构。

基地依托国家平台和大学优势，以弘扬中华优秀传统文化为建设宗旨，以“努力实现传统文化的创造性转换、创新性发展”为核心目标，探索和实践如何将优秀传统文化更加有效更加合理地转换为具有当代价值和实践意义的育人资源：一是探索如何把书本中的文化知识进行转换；二是探索如何把宣传教育中的理想信念进行转换；三是探索如何把研究中的学术成果进行转换；四是探索如何把历史中的传统观念进行转换。

体验馆内设有 16 个体验教学区和 100 多个体验教学点，内容包括孔子与中华传统思想、书法绘画、建筑艺术、民俗文化等，涵盖中国人的生活日用、行为方式和思维模式等不同层面。体验馆的整体设计注重在现代语境下展示、讲解和体验中华文化，注重挖掘和诠释优秀传统文化在当今生活中的表征与变迁、内涵与意义，有利于体验者在特定的情境和教师的引导中完成学习、体验和感悟等阶段的活动。

基地注重利用大学教育资源，建立了一整套体验式文化课程体系，面向中外学生和社会民众开展体验教学与传播实践。基地的教育实践与研究成果受到学生、民众和社会的充分肯定和广泛关注，得到国家部委、相关机构，以及诸多海内外大学校长、驻华使节、专家学者和社会知名人士的鼓励和支持。

基地获得首届山东省文化创新奖、教育部礼敬传统文化示范项目（全国共 10 个）等荣誉，《人民日报》《光明日报》《大众日报》等分别对基地的创新转化工作进行了专题报道。

（二）劳动教育与中华优秀传统文化融合的特色课程

山东大学正在积极探索将劳动教育与中华优秀传统文化相结合的特色课程，课程由理论课与实践课两部分组成，学生在理论课上共同学习传统文化中的劳动教育理论，于实践课共同前往中华传统文化研究与体验基地学习烹饪中华传统美食，进行中华传统文化劳育实践。

基地开设了一系列的刻瓷、拓印、结编、器乐课程供在校学生学习、体验，同时由部分在校学生担任志愿者给中小学生上文化体验课。例如“播种文化，美育春苗”文化志愿服务项目，旨在助力乡村文化振兴，实现传统文化乡村行。2021 年 1 月，志愿者为邹城市郭里镇独山小学送去关爱，带孩子们参观泥塑陈列馆，了解中国功夫、古典舞，动手体验手工扎染，一起感受传统文化的魅力。通过这些课程，志愿者们深深感受到中国人对自身文化的喜爱亲近是铭刻骨血的，孩子们对传统文化的感知力是毋庸置疑的。劳动教育与中华优秀传统文化的交汇碰撞是神奇而美妙的。

## 第三节　日常教学工作中的劳动教育

《关于全面加强新时代大中小学劳动教育的意见》中明确了劳动教育一体化、贯通式推进的总体思路，“把劳动教育纳入人才培养全过程，贯通大中小学各学段，贯穿家庭、学校、社会各方面，与德育、智育、体育、美育相融合，紧密结合经济社会发展变化和学生生活实际，积极探索具有中国特色的劳动教育模式，创新体制机制，注重教育实效，实现知行合一，促进学生形成正确的世界观、人生观、价值观”。加强高校劳动教育，要从观念上充分认识到新时代高校加强劳动教育要贯穿于人才培养的全过程，精准找到着力点，还要紧密结合新时代发展需要、紧密结合高等教育发展规律，突出大学专业教育的劳动导向,实现劳动教育与专业教育有机结合,创新劳动教育的内容和形式,不断探寻劳动教育与日常教学过程有机融合的有效路径。

## 一、思政课教学中的劳动教育

劳动教育承载着立德树人、培育时代新人的使命,将劳动教育贯穿思政课程的全过程和各方面,是全面加强劳动教育的有效方式。同时,将劳动教育与思政课程进行有机结合,在结合实际情况的基础上,不断探索在思政课堂中加入劳动教育内容的路径,实现劳动教育培养人、教育人的初衷。

### (一)劳动教育与思政课程的有机结合

劳动教育与思政课程进行有机结合是扎根中国大地办大学,坚持和发展马克思唯物史观的客观需要,是构建德智体美劳全面培养的教育体系、形成更高水平的人才培养体系的必然要求,是富国强民、建设高素质劳动大军的重要举措,同时也是新时代加强大学生思想政治教育的题中应有之义。

1.思政课程奠定劳动教育的理论基础

“劳动以外的教育和没有劳动的教育是不存在、也不可能存在的。”[①]纯粹的知识教育、职业培训教育都各有其侧重点,且无法代替劳动教育的作用。新时代要求我们全面落实立德树人的根本任务,这就使得劳动教育不能作为一个独立环节进行,必须将其与指引大学生思想发展方向的思政课程相结合。通过思政课程中教学环节的灵活设置,密切学生之间的关系,根据学生的身心发展的特点,不断调整教学方式方法,同时密切关注国家大政方针等的发布,对学生进行意识形态领域的正确培育,实现思想层面的正确价值引领。

思政课程是高校进行思想政治教育、培养时代新人的重要环节。面对个性化明显的大学生群体,思政课程承担的不再是简单的书本上的价值观知识的传播责任,而是不断提升学生思想观念的任务,是学习新时代新思想的重要阵地。党的十八大以来,习近平总书记多次强调“坚持以人民为中心的发展思想,不断促进人的全面发展、全体人民共同富裕”。进入新时代,“人民日益增长的美好生活需要和不平衡不充分的发展之间的矛盾”成为我

---

① [苏]苏霍姆林斯基:《教育的艺术》,肖勇译,湖南教育出版社1983年版,第127页。

国社会的主要矛盾，中国共产党立足当前基本国情，为实现"两个一百年"奋斗目标、实现中华民族伟大复兴的中国梦提出了一系列新思想。新思想中包含着新时代党和国家对新时代新青年的新要求，同时在党的二十大报告中也提出了一系列与劳动密切相关的重要论断。作为思政课程的教育者和新时代的大学生，都应该用自身实际行动响应国家大政方针，在日常点滴小事中为国家发展贡献力量。

面对新时代新要求，我们应清楚看到以往单纯的劳动教育往往侧重通过课外实践使学生体验劳动的艰辛不易，却忽视了劳动教育在培养新时代大学生正确劳动价值观、劳动伦理责任意识等方面的重要性。而思政课程教授的也并不是单纯的"珍惜劳动""劳动成果来之不易"等思想与概念，而是从马克思主义理论层面进行讲授，从理论层面阐述劳动是人类创造物质财富和精神财富的活动和获取物质生产资料的手段。我们需要在理论层面思考马克思关于劳动这一概念的阐述，追根溯源，厘清劳动概念背后是马克思本人对当时社会现状的反思和对异化劳动带来的社会困境的理性分析批判，同时也寄托了他对实现人类自由解放的诉求和理想。通过思政课程的理论学习，来思虑社会生活本质，观照人类生活现状，对于构建新时代美好生活具有重要价值。"教育的任务就是让劳动渗入我们所教育的人的精神生活中去，渗入集体生活中去，使得对劳动的热爱在少年早期和青年早期就成为他的重要兴趣之一"[①]，思政课程之于劳动教育便是精神旗帜和思想之城，指引思想前进方向。思想如果出现了差错，再高深的理论知识、再多样的教育方式、再多的培养都将无济于事。

任何教育都应注意思想引领。革命年代，王明取得革命领导权后，在党内推行"左"倾教条主义路线，对革命事业造成巨大危害，使得革命事业陷入危机。思政课程的重要性在于把握思想方向、实现思想正确引领，将理论知识融入学生的日常课程学习之中，在潜移默化中实现知识的接受和思想的引领，将劳动教育从基础理论层面到实践层面进行整体阐释，推动实现劳动教育与思政课程的融合。

---

① [苏]B.A.苏霍姆林斯基:《帕夫雷什中学》，赵玮等译，教育科学出版社 2009 年版，第 362 页。

2.劳动教育增强思政课程的多样性

劳动教育的形式具有多样性，包括日常生活劳动、生产性劳动、公益性劳动、创造性劳动等，各种劳动形式都与学生的日常生活密切相关。对于接受性和学习性较强的大学生群体来说，应丰富其劳动形式，并且创新劳动教育方式方法，积极鼓励引导其进行创新性、创造性劳动。在将劳动教育与思政课程相结合的同时，改变传统思政课程注重理论知识传播、忽视实践的状况，鼓励学生带着理论知识走出课堂，进行实践。

劳动教育包含多方面的内容，在服务经济社会发展，开展人才培养方面具有重要意义。在服务社会、培养人才方面，最重要的要求是坚持党的领导，将中国特色社会主义核心价值观融入人才培养的全过程，引导学生崇尚劳动、尊重劳动，在劳动教育中深刻理解个人命运与国家发展的关系，用自己的切身行动为国家发展、社会进步出力。在进行人才培养方面，劳动教育进一步创新思政课程的模式，根据大学生的专业特点，有针对性地进行劳动知识的传授，同时根据专业方向，进行不同形式的职业发展观念的培养，引导学生树立正确的职业择业观。

斯坦福大学设计学院于 2015 年提出“开环大学”(Open-loop University)这一对传统教育体制充满“挑衅”意味的大胆设想，在一定意义上打破了学生学习的时间和空间限制，期待学生在校外的实践活动中进行有意义的实践劳动，将学生的学业与社会实践相结合，将学校学习到的知识运用到实际劳动中，使学生在劳动过程中不断思考，对理论知识进行回馈和反思。此模式在创新课程学习方式，诠释不断创新、不断思考、终身学习的理念方面，对当代中国社会创新思政课程方式具有一定借鉴意义。

实践是检验真理的唯一标准。劳动教育不同于其他思政理论课程，劳动在实践中培育人，在实际劳动中锻炼人。“劳动的发展必然促使社会成员更紧密地互相结合起来，因为劳动的发展使互相支持和共同协作的场合增多了，并且使每个人都清楚地意识到这种协作的好处。一句话，这些正在生成中的人，已经达到彼此间不得不说些什么的地步了。”[①]劳动教育若单纯局

① 《马克思恩格斯选集》第 4 卷，人民出版社 1995 年版，第 376 页。

限于课堂中理论的讲解和学习，缺少实践环节，那便与纸上谈兵无异。劳动教育应当走出课堂，将脑力劳动与体力劳动相结合，促进学生的全面发展，创新劳动教育形式也就意味着创新思政课程的课堂形式。传统思政课程中，多数会出现照本宣科、囿于理论的现象，从而导致学生失去对思政课程的兴趣，教师教学得不到反馈，教育与学习效果只能是差强人意。要实现将劳动教育与思政课程有机结合，各高校可以基于本校的学科特点、教学场景和地域特色，对劳动教育的具体内容进行脑力劳动与体力劳动的合理分配，不断丰富课程设置，在保证学生安全的情况下，将其融入到具体的必修课、选修课的教学过程中，丰富学生的课程体验，增强师生互动，在实践中回馈课堂理论知识，从而实现理论与实践的双重学习。劳动的最终指向依旧是育人，中国特色社会主义进入新时代，应努力构建更加完善的德智体美劳全面培养的教育体系，形成更高水准的人才培养体系。

3.实现劳动教育与思政课程的良性互动

劳动教育的实施帮助学生建构起对世界的理解和判断。劳动创造了人和社会，让劳动教育走出课堂并不意味着离开课堂就完全脱离理论知识，实践中的劳动教育与课堂中的理论性劳动教育是相辅相成、相互促进的关系。一方面，劳动教育在强化思政教育的实践性、提升思政教育的针对性、增强思政教育的吸引力方面具有重要意义；另一方面，思政课程为劳动教育提供理论基础，并在思想引领、发展规划方面为劳动教育的开展提供支撑。只有学习与实践相结合才能实现人的全面发展，毛泽东指出："现在中国的学制，是求学的时代不能谋生活，谋生活的时代不能求学。求学的时代不能谋生活，学问就变成形式的、机械式的了；谋生活的时代不求学，学问就是不永续的、不进步的了。"①劳动和学习二者缺一不可，当前中国特色社会主义进入新时代，更加需要全面发展的人才，"劳动教育的本质涵义是指通过参加劳动实践活动所进行的一种有目的、有计划、有组织的培养受教育者多种素质的教育活动，是融德育、智育、体育、美育为一体的全面提高学生素质的综合

① 中共中央文献研究室、中共湖南省委《毛泽东早期文稿》编辑组编：《毛泽东早期文稿》，湖南人民出版社 2008 年版，第 605 页。

性教育”[①]。由此可见,劳动教育作为一种综合性教育,仅仅将其简单理解为体力劳动是相对片面的,更不能将其独立于学生的日常学习生活之外。

“没有年轻一代的教育和生产劳动的结合,未来社会的理想是不能想象的;无论是脱离生产劳动的教学和教育,或是没有同时进行教学和教育的生产劳动,都不能达到现代技术水平和科学知识现状所要求的高度。”[②]真实劳动本身就是一种教育方式,但是很多时候其教育作用的发挥相对有限,如果一个人一天到晚或者终其一生都在进行真实的劳累型劳动,那么他的劳动虽然对社会的前进发展贡献了自己的力量,但是对于其自身来说,他的劳动之意义便局限于辛苦劳作本身,其教育意义便也小之又小了。在劳动教育课程的实际实施过程中,要使劳动的教育的作用真正有效地发挥,便需要一个必不可少的时间因素,这被海德格尔称之为“寻视操劳变式为对世内现成事物的理论揭示的时间性意义”[③]。劳动的中断不是为了简单地获得肉体的欢愉,而是为了脑力劳动的开始,脑力劳动的开始是对实际劳动过程的回顾反思,海德格尔在《存在与时间》中指出:“在此在当下使用与操劳之际,操劳的‘概观’寻视以解释所视的方式,把上手的事物更为切近的带往此在。这种特殊的、寻视着加以解释而把所操劳之事带近前来的活动,我们称之为‘考虑’(Ueberlegung)。考虑所特有的格式是:如果—那么。例如,如果应得制作、采用、防护这或那,那么就需要这一或那一手段、途径、环境或者机会。寻视考虑照亮了此在所操劳的周围世界中的当下的实际局势。”[④]

知稼穑之艰难,察民生之疾苦。中华民族的历史伟业离不开每一个劳动人民的辛勤努力,离不开每一个体力劳动者的点滴汗水,离不开每一个脑力劳动者的每一份贡献。“人民群众是历史的创造者”,思政课程的任务不仅仅是进行抽象书本理论的传播,更承担着正确劳动价值观念传递的使命。任何教育方式没有正确的思想指引都是无法成功完成的,我们应当用正确

---

① 陈勇军:《马克思主义“教育与生产劳动相结合”生产劳动的涵义》,《南京体育学院学报》1995 年第 3 期。

② 华东师范大学教育系编:《列宁论教育》,人民教育出版社 1990 年版,第 26 页。

③ [德]马丁·海德格尔:《存在与时间》,陈嘉映、王庆节译,商务印书馆 2017 年版,第 484 页。

④ [德]马丁·海德格尔:《存在与时间》,陈嘉映、王庆节译,商务印书馆 2017 年版,第 487 页。

思想确立行动指向、指引行动方向，并且在具体行动中实践思想认识，进一步深化思想认识。实践与思想理论相辅相成，缺一不可，实当深化劳动教育与思政课程的有机结合，二者兼顾，进而实现劳动教育与思政课程的良性互动。

(二)思政课堂加入劳动教育内容的路径

习近平总书记在2020年全国劳动模范和先进工作者表彰大会上强调："要开展以劳动创造幸福为主题的宣传教育，把劳动教育纳入人才培养全过程，贯通大中小学各学段和家庭、学校、社会各方面，教育引导青少年树立以辛勤劳动为荣、以好逸恶劳为耻的劳动观，培养一代又一代热爱劳动、勤于劳动、善于劳动的高素质劳动者。"[①]将劳动教育融入思政课堂，是将劳动教育贯穿于日常教学工作中的必要部分，但二者的融合并不是简单的相互结合，而是要在遵循规律性的基础上，充分结合实际情况，发挥教师与学生的积极性、主动性、创造性，使得劳动教育的目的得以实现。

1.运用讲授法切实有效进行思想引领

讲授法作为我国传统教育中使用最为普遍的教学方法，具有直接、省时、高效的优点，在思政课堂中，通过讲授法进行劳动知识和技能的传播，能够使学生直接明了地接受劳动教育内容。坚持思想性原则，就是要坚持正确政治导向、明确人才培养目标、合理并正确讲授劳动教育知识内容，教师作为教书育人的主体，需要明确意识形态的方向引导，传达正确的价值观念。当前社会科学技术飞速发展，大学生可以通过多种渠道接触多种信息，其中不乏各种消极的、不适应当前我国社会发展步伐的误导信息，教师在教学过程中应及时了解、掌握学生的思想动态，及时、合理地对其进行引导。

对马克思主义劳动理论进行深入阐释。思政课程承担着弘扬马克思主义基本理论的任务。马克思关于劳动概念的阐述具有多样性，劳动既是创造物质财富的手段和途径，也是实现自身全面发展的活动。同时，他也指出："动物只是按照它所属的那个种的尺度和需要来构造，而人却懂得按照

---

① 习近平:《在全国劳动模范和先进工作者表彰大会上的讲话》，人民出版社2020年版，第5～6页。

任何一个种的尺度来进行生产，并且懂得处处都把固有的尺度运用于对象；因此，人也按照美的规律来构造。”[①]在这一阐释中，马克思站在人类社会历史发展的高度，表达了对实现整个人类自由与发展的向往，同时指出人是在追求实现自身更好发展的基础上不断进行劳动的。

在当前现实生活中，在坚持正确思想方向的基础上，教师应根据实际教学情况，将抽象理论知识与具体形象的生活实际相结合，讲授劳动教育内容，包括书本上的基础知识和书本以外的拓展性、实际操作性内容。通过基础性的课堂讲述，使得学生在掌握理论的基础上，对学习内容和实践中的方法进行全面性了解，夯实学生的理论知识基础，为实际操作提供指引。

2.采用探究法不断创新劳动教育的方式

探究法则是学生在教师的引领下，以学生为主体，强调学生独立思考和探索的重要性，让学生发现问题、解决问题。中国特色社会主义进入新时代，劳动教育的内容也在与时俱进，不断丰富发展。思政课程教师在日常教学工作中，应在准确把握时代发展方向和坚持劳动本质不变的条件下，创新教学方式方法，增强劳动教育在思政课程中的趣味性。教师可以通过不同年代的视频展示、案例分析等方法，与学生展开探讨，直观形象地让学生了解劳动内容的时代变迁，充分调动学生的积极性和创新性思维，启发学生对于劳动内容与方式的新认识。探究法教学方式在激发学生积极性的同时，能够提高学生的实际操作能力，而不是仅仅将所学内容存于脑海中。此外，学生在实际探索操作中有助于形成与他人良好的合作关系，提升学生的合作意识，增强团队荣誉感。在这一劳动过程中，团队成员之间相互协作、互相认可对方的价值，有助于增强学生对自身的认同感，提升归属感，有助于改变当前学生沉溺于网络信息世界、疏于与同学合作交流的现状。

值得注意的是，探究法的运用要符合当下教学实际情况，提出的探究任务要难度适中，太过容易的问题会让学生失去探索的兴趣，太过困难的问题又会使得学生望而却步，难易适度能够充分调动学生的求知欲望，进而达到良好的教学效果，劳动教育的内容在实践中进一步为学生所掌握。同时应

---

① 《马克思恩格斯选集》第1卷，人民出版社1995年版，第47页。

构建真实的情景，教师可以根据与学生自身相关的案例，将学生代入其中场景，让学生对问题感同身受，可以进一步激发学生的好奇心和解决问题的信心，同时允许学生进行多方面的资料搜集。在这一过程中，学生的探究解决问题、查询资料、语言组织等能力得到锻炼，劳动教育的育人作用得到充分发挥，思政课程的多样性得到扩展。

山东大学马克思主义学院的思政课教师们一改传统的思政课程授课形式，对于新型大国关系等时事热点问题，让学生分组讨论、积极发表自己的看法，活跃了课堂气氛，使学生能在轻松愉快的氛围中领悟到思政课的魅力。

3.“从做中学”方法的运用

这一方法源自美国教育家杜威，他认为：“在教室中……在仅是教科书和教师才有发言权的时候，那发展智慧和性格的学习便不会发生；不管学生的经验背景在某一时期是如何贫乏和微薄的，只有当他有机会从其经验中做出一点贡献的时候，他才是真正受到教育。”[①]陶行知先生也提出“教学做合一”的教育思想，为我国教育教学方法的改进提供了重要理论支撑。

长久以来，思政课程给人以理论知识为主的印象，学生对于思政课程的兴趣不高，劳动教育则是在学生的普遍印象中是以实践为主的教育方式。思政课程中甚至存在过分重视理论知识和学术课程的现象，这就导致了实践教育的缺失。在探索思政课程中劳动教育的新路径时，也应注重教师群体的行为规范。很多思政课程在实际教学过程中偏重学术，忽视实践教学的作用，可以通过与学生互换角色，让学生站上讲台、教师听讲的方式，促进师生之间的交流互动，也可以通过让学生到相关单位实习，将课堂理论知识运用于实际生活中，在具体实践中再次丰富自身知识素养。劳动教育与思政课程看似采用完全不同的教学方式，但是其最终目的都是培养新时代“有理想、有本领、有担当”的高素质人才，将劳动教育与思政课程相结合，实现实践与理论的结合，“从做中学”，在学习中不断实践，不断积累经验。但单纯地寄托于思政课程的理论引导，效果也并不明显，在思政课程中贯穿一定

① [美]杜威：《人的问题》，付统先、丘椿译，上海人民出版社1965年版，第26～27页。

程度的劳动教育内容，让学生行动起来，放下手机，动手动脑探索问题，用理论与实践深化学生对于“劳动创造美好生活”的认识。

4.利用现代信息技术，拓展教学方式方法

信息技术飞速发展，科技的影响已经融入到每个人的日常生活中。在日常教学与学习生活中，可以将线下课堂教学与线上教学相结合，利用微信、QQ、钉钉等软件进行线上交流，学生通过线上平台，及时接收教师所发布的教学内容，同时又能够进行及时的反馈。另外，网络连接的便捷性改变了传统教学模式中学生只能通过教师进行知识接收和学习的方式，使得教师与学生可以了解到当前社会的热点问题，教师可以将网络中出现的一些正能量的信息和模范人物事迹通过网络进行分享，将榜样的影响力进一步扩大。同时，借助线上平台，学生可以与教师进行交流，这在一定程度上将思政课程与劳动教育的影响渗入学生的日常生活，对学生产生潜移默化的影响。

教育教学过程中，将信息技术与传统教学方式相结合，例如在理论知识的讲解过程中，穿插视频短片的讲解，或者根据讲解内容放映相关影片作为辅助教学手段，改变传统“灌输式”教学方法，相对于单纯的声音与文字传输，将文字、声音、图片、视频等元素共同融入教学过程，能够更有效地调动学生的学习兴趣，获得更好的教学成果。

（三）山东大学思政课堂新特色

1.山东大学思政课堂特色及成效

2022年，中国共产党第二十次代表大会上提出“培养德智体美劳全面发展的社会主义建设者和接班人”，这是我国首次把劳动教育写入了党的报告中，是新时代国家教育方针的新发展、新动向。在新时代条件下，高校劳动教育应将知识型人才培养的学术工作与立德树人的根本任务相结合，同时结合学生专业特点，将劳动教育融入思政课堂，通过全方位、多层次的思想引领，引导学生成为专业知识与技能牢牢掌握、思想紧跟时代步伐的时代新人。近年来，山东大学多措并举，致力于打造思想政治理论课的“金课堂”，不断推进思想政治理论课教学改革，显著提升了山东大学思想政治理论课的教学实效。

山东大学紧跟时代步伐和国家大政方针，立足自身地域方位和学校自身发展现况，根据学生成长发展特点，着力打造优秀、特色、具有示范性的思政课程，课程育人成效显著，学生终生获益。山东大学现已形成以第一课堂为主干、第二课堂为延伸的思政课课程体系，两门课程获评国家级一流课程，三门课程获评省级思政金课，一项教改项目获评省级教学成果一等奖，出版《他山之石——大学生喜爱的思政课》，2020 年大学生对思政课满意度超过 90%。山东大学马克思主义学院作为思政课程的主力军和先锋队，致力于将思政课讲好，将抽象理论知识用生活化的语言传播好，“要用好课堂教学这个主渠道，思想政治理论课要坚持在改进中加强，提升思想政治教育亲和力和针对性，满足学生成长发展需求和期待”，这是习近平总书记对全体高校思政课教师提出的要求，包含了总书记的殷殷期待。为提高思政课质量和水平，激发学生对思想政治理论课的兴趣与热情，近年来，山东大学马克思主义学院紧扣学生成长与发展特点，锐意创新，不断探索，提出“小课堂、大思政”的工作理念，充分发挥思政课主渠道作用，使得更多学生喜欢上了思政课。

新时代，做好高校思想政治理论课教育教学改革创新工作，积极推动习近平新时代中国特色社会主义思想进课堂、进教材、进头脑，对于巩固马克思主义在意识形态领域的指导地位，巩固全党全国人民团结奋斗的共同思想基础，具有十分重要而深远的意义。山东大学持续推进思政课程改革，体现时代性、把握规律性、勇于创新、讲求时效，积极探索爱国主义教育新途径、新机制，丰富完善思想政治理论课程教学体系，开创高校全方位育人新局面。2019 年，山东大学提出实施思政课“两对照双提升”工程，即查找自身不足，开列问题清单，明确提升路径，提升思政课教师队伍素质和能力，提升课程思想性、理论性和亲和力、针对性。以学生为本，就要对不同专业的学生因材施教，山东大学马克思主义学院院长张士海在给经济学院上课时，开展有关当前我国经济发展问题的讨论；在给文学院上课时，他让学生对文化建设畅所欲言……不同专业的学生，都能在思政课上得到一展所长的舞台，理论联系实际，在思政课的学习过程中，结合自身专业特点，不仅将思政课学好了，同时也将自身的专业课程用另外一种方式进行了反馈。山东大学还引入“互联网＋思想政治理论课”模式，利用网络对学生进行思想政治教育，开设了一系列网络课程。其中，“思政名师大讲堂”助力思政课青年教师和研究生后备人才健康成长，已成为学校的品牌。

因事而化、因时而进、因势而新。办好思政课，必须推动改革创新。近年来，山东大学一直致力于思政课的教学改革，特别是自 2015 年山东大学马克思主义学院入选全国首批重点马克思主义学院以来，教学改革更加大刀阔斧、有的放矢。2019 年 5 月，来自全校 27 个学院的 70 支团队围绕“马克思主义基本原理概论”“毛泽东思想和中国特色社会主义理论体系概论”“中国近现代史纲要”“思想道德修养与法律基础”“形势政策与社会实践”5门课程中的有关章节或专题，精选主题、精巧构思、精心讲述，拉开了第一届山东大学“大学生讲思政课”公开课比赛的帷幕。学生代表在比赛现场或娓娓道来，或激情澎湃，多角度阐述对思政课的理解。目前，山东大学“大学生讲思政课”公开赛已成功举办四届，成为品牌系列活动，学校党委副书记王君松就比赛多次进行指导，同学参赛热情高涨，有多名同学由学校推荐，在国赛中获奖。这种学生讲课、老师听讲的“翻转课堂”让思政课老师们获益良多，为教师们讲好思政课提供了多方面的可供借鉴的教学方式。

2.山东大学将劳育内容融合进思政课堂

山东大学切实践行将劳动教育融入思政课程的要求，通过“全员、全过程、全方位”的方式实现对学生群体的价值观塑造，中国特色社会主义理想信念厚植广大学生心中。面对新的教育方针的提出，山东大学不仅紧跟时代发展步伐，不断创新思政课程形式，用心讲好思政课，用行动践行“劳动教育是培养时代新人的必要一步”，同时用实际行动做出示范，在将劳动教育与思政课程相结合方面发挥了示范性作用，引导学生树立正确的劳动价值观，为培养时代新人做出努力。

当前，山东大学广泛开展劳动教育，持续完善人才培养的目标和任务，立足自身特点和优势，充分调动各方资源，调动学生参与的积极性、主动性，切实将劳动教育纳入人才培养目标，将劳动教育多方面、全过程充分融入思政课，打造理论与实践完美融合的思政课堂。例如，山东大学郑敬斌老师在思政课堂上鼓励大家多参观革命遗迹，也将此作为实践教学的重要环节之一，他带领管理学院的学生参观了解放阁，带领化学与化工学院的学生参观了山东大学博物馆，等等。学生们认为，这样生动的课程给予大家的，不仅仅是巧夺天工的艺术品和古人的高超技艺所带来的震撼，还有来自老一辈科学家的精神熏陶。新型思政课程通过丰富多彩的实践形式，真正实现了课本知识与实际生活的完美融合，将劳动教育内容带进思政课程，激发了学生的学习热情和爱国之情。

山东大学青年志愿者联合会充分利用植树节重要节点开展劳动教育，在济南6校区同步开展“看图识树”“植物诗词会”“指尖公益，集木成林”“行走的绿色”等系列活动10余场，覆盖受众达2000人次，进一步引导学生在植树节参与劳动、播下希望，牢固树立劳动最光荣、劳动最崇高、劳动最伟大、劳动最美丽的观念。

党的二十大报告指出：“在全社会弘扬劳动精神、奋斗精神、奉献精神、创造精神、勤俭节约精神，培育时代新风新貌。”为切实贯彻落实党的二十大精神，响应学校有关劳动育人的号召，帮助学生在劳动中树立正确的劳动观，切实增强学生的社会责任感，在植树节来临之际，山东大学的各个学院用实际行动践行劳动教育理念，并将其与思政课堂相融合。例如，山东大学电气工程学院在植树节时在学校试验田开展了“小电与大树的故事”的公益林种植系列活动，学院老师与学生共同行动，一起种下公益树苗，学生在此过程中挥锹铲土，翻地挖坑，种下紫薇树苗，并浇水灌溉。例如，山东大学机械工程学院面向全体本科生开展“劳动教育第二课”，组织学生在学校园地进行犁地松土工作，学生们不畏艰难，积极应对劳动过程中的各种困难，在培土、植树、浇水中不断体验劳动乐趣，深悟劳动价值。

除此之外，山东大学积极推进“三全育人”工作落实落细，学校各个单位也都将劳动教育内容纳入育人内容中。例如，山东大学后勤保障部、校团委等部门发起“我为学校做好事”主题教育实践、“学雷锋纪念日”、到快递服务中心体验快递服务等活动，学生们积极参与到志愿劳动当中，帮助清扫校园内道路、小树林等，并捡拾白色垃圾；学校党委副书记王君松也多次亲自指导参与校园志愿服务工作，切实推动劳动育人落到实处。同学们在亲身体验劳动的过程中，切身体会到劳动成果的来之不易，不仅身体力行弘扬了雷锋精神，更是在劳动育人的过程中传承了志愿新风。

## 二、专业课教学中的劳动教育

劳动教育作为新时代高校落实“立德树人”根本任务的重要内容，就不可以仅仅通过设置劳动教育特色课程，或者仅仅通过宣传教育等方式来实现，而是还要充分发挥专业课程的作用，要利用专业教学过程有效推动劳动教育。高校可以通过专业课程教育，挖掘劳动教育的元素，在进行专业教育的同时，培育引导学生树立正确的劳动观，培养学生正确的劳动习惯。

### （一）劳动教育与专业教育的关系

劳动教育是各学科专业教育的基石。专业教育的过程本身就是劳动的过程，是劳动智慧的结晶。对于专业学习的过程来说，任何知识的学习过程和经验的积累过程，不仅需要进行理论学习研究，更需要理论联系实际，在实际中体悟理论知识的内涵，而这都是付出体力或脑力劳动的过程。另外，对于专业教育的课程设计、教学活动策划、教材的编订等来说，也都是专业人士长期思考和实践的劳动成果。

专业教育是推进劳动教育的重要载体。将劳动教育有效融入专业教育的过程，实际上是“认识—实践—再认识”的理论与实践交替上升的辩证发展过程，许多专业教育的实习实践环节就是劳动教育最优的渠道。2018 年 4 月 30 日，习近平总书记回信勉励中国劳动关系学院劳模本科班学员：“社会主义是干出来的，新时代也是干出来的。”“用你们的干劲、闯劲、钻劲鼓舞更多的人，激励广大劳动群众争做新时代的奋斗者。”“全社会都应该尊敬劳动模范、弘扬劳模精神，让诚实劳动、勤勉工作蔚然成风。”由此可见，各个专业、各个岗位都是通过专业教育掌握劳动者的各项专业技能，若没有专业教育这一有效途径，劳动教育将不会得到更好的深入开展，这与全面推进劳动教育的初心是不相符的。

劳动教育与专业教育是相辅相成的。专业教育是高校人才培养的核心载体，也是培养大学生劳动精神、劳动能力的主要途径，专业教育与劳动教育两者有机结合是新时代高校立德树人的必然要求，只有将劳动教育有效融合进专业教育，才能够实现专业教育效益最大化。在专业教育中凸显劳动导向，是提高大学生综合素质、提升人才培养质量、开创人才培养新格局的必由之路。因此，我们需要不断积累和提升，进一步提高认识，将劳动教育作为进一步推进专业教育的有效途径，有效融入到各学科专业教育中去。

（二）劳动教育融入专业教育的路径

劳动教育有效融入专业教学中，首先要在学科体系、教学体系、教材选定、教学管理上统筹协同设计，强化专业劳动观念、提升专业实践能力，结合新时代、新形势、新要求，将劳动教育纳入人才培养体系中综合考虑，积极打造“专业＋劳动实践”的平台，才能打破劳动教育和专业教育长期相互隔绝的局面，将劳动教育与现有人才培养体系有机融合，建立合理有效的激励和评价机制，使劳动教育能够进入大纲、进入课表、进入课堂全过程，真正成为德智体美教育的有力支撑。将劳动教育融入专业教育的设计过程中，既要有观念上的宏观把握，又要注意不能一刀切，由于工科、理科、文科、医科各具特性，要注意因地制宜、因学科制宜、因专业制宜。在学校层面既要有统一性，在各院系层面又要广泛深入论证，确定具体实施方案。

其次，要在专业教育中深入挖掘，精准提炼出各学科、各专业教育中的劳动教育元素，找准劳动教育和专业教育的融合点，在专业教育过程中强化劳动精神培育，需要进一步唤醒学生的劳动意识和劳动能力，使之与课堂教学、实习实训、专业服务、社会实践等活动浑然一体，使学生能够在专业学习中感悟劳动智慧，强化崇尚劳动、尊重劳动的意识。例如，在专业课程的实验环节，学生在教师指导下所进行的材料准备、操作实施、废料处理、场地清理等程序，其实就是劳动教育过程，教师只要稍加引导，就会取得事半功倍的效果。

最后，在具体教学实施的环节中，实习实训等实践活动具有重要意义，它不仅有助于提升专业理论知识的效果，还能够培养学生树立正确的劳动价值观，激发学生创新探索精神，涵养精益求精的优秀工匠品质，促使学生掌握必要的劳动技能，增强对工作岗位与未来社会的适应能力。推进劳动教育，学校要加大对实习实践的支持力度，将专业实践质量作为重要突破口。在理论专业知识教学中也可以渗透劳动教育，这样一方面可以使学生明白劳动在本专业领域内的价值和作用，另一方面可以使劳动教育与专业教育结合起来，将劳动教育真正转化为行为教育，更能推动学生的全面发展。

（三）劳动教育与专业教学相结合的“山大模式”

2021 年，习近平总书记在参加首都义务植树活动时强调：“要德智体美劳全面发展，不能忽视‘劳’的作用，要从小培养劳动意识、环保意识、节约意识，勿以善小而不为，从一点一滴做起，努力成长为党和人民需要的有用之才。”以“劳动创造美好生活”为理念，山东大学围绕劳动教育的创新与实践，与专业教学相结合，探索出了具有山大特色的“山大模式”，为把山大学子培养成“最优秀的本科生”和“最具创造力的研究生”奠定了坚实基础。

内化和践行是劳动教育的核心，学校高度重视，在学校党委副书记王君松的带领和指导下，各学科充分发挥现有课程体系的优势，强化实践探索，不断完善和加强专业教学实践和创新创业在劳动教育中的责任与担当。例如，山东大学工程训练中心立足新时代新要求，根据当代大学生新特点，结合山东大学人才培养特色和我校工程实践教学和创新创业教育特点，将劳动教育纳入人才培养全过程，将劳动教育与专业教学有效融合，开展校园劳动、学工学农等形式多样的劳动实践活动，开设劳动与社会保障、劳动法、劳动经济学等劳动思想观念课，结合相应的劳动技能课，特别是专业课程相关的实践、工程实训、创新创业实习课，不断培养学生劳动树德、劳动增智、劳动强体、劳动育美的劳动观。再如，山东大学的考古学、文物与博物馆学专业根据学科特色，尚劳创新，注重科学生产劳动教育，十分重视课堂教学与实践教学的紧密结合。田野实习不仅给学生们提供了实践课堂所学的机会，也充分锻炼了学生田野劳作能力、实践动手能力，通过在课堂、田野、实验室接受全方位的专业训练，更好地筑牢学生的知识根基，强化动手能力，厚植劳动精神，积极投身考古事业。再如，管理学院、哲学与社会发展学院等人文社科类学院，组织学生深入企业生产一线，参与到生产劳动中。山东大学各专业组织学生积极开展专业实习实践活动，有效提高了学生的专业素养和学习能力，进一步提高了学生在生产实践中发现问题和创造性解决问题的能力，在动手实践的过程中创造有价值的物化劳动成果，有力地促进学生树立正确的价值观，培养新时代青年应有的劳动本领和奋斗精神。

# 第三章　第二课堂中的劳动教育

习近平总书记在全国高校思想政治工作会议上提出："社会实践、社会活动以及校内各类学生社团活动是学生的第二课堂，对拓展学生眼界和能力、充实学生社会体验和丰富学生生活十分有益。"[①]同开展教学活动的"第一课堂"[②]相比，第二课堂在开展劳动教育方面有着得天独厚的优势。同第一课堂相比，第二课堂具有"开放性"这一本质特征[③]，载体、资源更加丰富，开展形式更为多样、开展空间更为广阔，能够有效地对第一课堂进行补充与延伸。

## 第一节　"五育并举"下的劳动教育

从高校全面落实立德树人根本任务的角度来看，新时代高校加强劳动教育，必须正确处理好劳动教育与其他"四育"之间的关系。劳动教育是与"德育""智育""体育""美育"相并列的"五育"之一，是全面教育体系中不可或缺的一部分，高校进行劳动教育，必须遵照"五育并举"这一前提，既要发挥劳动教育不可替代的育人价值，又要将劳动教育与其他"四育"

① 《习近平在全国高校思想政治工作会议上的讲话》，《人民日报》2016 年 12 月 9 日。

② 第一课堂通常指开展教学活动的课堂，第二课堂是相对于第一课堂而言的，指在第一课堂外的时间进行的与第一课堂相关的教学活动。

③ 参见李同果：《高校第二课堂活动课程体系探讨》，《教育评论》2009 年第 2 期。

有机结合。第二课堂是高校开展育人工作的重要阵地，利用第二课堂的优势开展“五育”教育，加强劳动教育，有助于全面推进素质教育，提升人才质量。

## 一、山东大学第二课堂特色劳育项目简述

劳动教育的目标，在于培养学生深厚的劳动感情、正确的劳动观点、良好的劳动习惯，并使学生掌握一定程度的从事劳动的知识和技能，从实践中学习和运用社会积累的生产生活与知识技术。劳动教育是一门特定的、综合的课程，因此，在开展劳动教育时，我们要特别注意“五育并举”，即“劳育”应与“德育”“智育”“体育”“美育”有机结合。

山东大学依托第二课堂培养计划，对劳动教育进行整体设计，目前已形成了形式多样、资源丰富的第二课堂特色劳育项目，并通过“校团委—学院团委—团支部”的联动机制，组织发布活动，学生通过参与第二课堂特色劳育项目，能够有所体验收获，践行知行合一思想，长期来看，有助于学生形成正确的世界观、人生观、价值观。

### （一）加强劳动价值观教育

#### 1.劳模走进校园

劳动价值观是一个人对劳动的根本看法，是世界观、人生观、价值观的重要组成部分，一个学生的劳动价值观将直接决定他如何看待劳动，决定他将来参与社会劳动走上工作岗位的表现，因此，劳动价值观教育是高校劳动教育最基础、最重要的部分。劳动模范则是杰出的劳动者代表，他们分布在各行各业，通过个人奋斗积累了宝贵的人生经验，是值得青年人学习的楷模。习近平总书记在知识分子、劳动模范、青年代表座谈会上的讲话中指出：“劳动模范身上体现的‘爱岗敬业、争创一流，艰苦奋斗、勇于创新，淡泊名利、甘于奉献’的劳模精神，是伟大时代精神的生动体现。”[①]邀请劳动模范走入校园，有助于学校开展劳动思想教育，通过劳模讲述个人的成长、心路

① 习近平：《在知识分子、劳动模范、青年代表座谈会上的讲话》，新华网，http://www.xinhuanet.com/politics/2016-04/30/c_1118776008.htm。

历程，有助于用真实的体验和情感感染学生，帮助学生树立崇高的劳动理想，培养学生正确的劳动价值观，将热爱劳动、发光发热的种子根植于心。

山东大学有着良好的劳动传统，长久以来，山大人踏实勤奋，吃苦耐劳，带着注重劳动的品德、无私奉献的精神在各行各业发光发热。山东大学充分挖掘校友和社会资源，积极联通外部世界，邀请劳动模范走进校园，沟通教育世界与劳动世界，让学生与劳动世界进行零距离接触。

**案例 1**

2011 年 4 月 16 日，山东大学齐鲁大讲坛第 15 场高端讲座邀请到了全国劳动模范、全国“五一劳动奖章”获得者许振超。许振超出生于 1950 年，初中毕业的他 1974 年进青岛港工作，现为青岛港前湾集装箱码头有限责任公司固机部经理，曾先后荣获青岛市劳动模范、青岛市优秀共产党员、山东省有突出贡献工人技师、山东省自学成才先进个人、全国优秀共产党员等称号，被誉为新时期产业工人的杰出代表。他练就了“一钩准”“一钩净”“无声响操作”等绝活，并打造了“王啸飞燕”“显新穿针”“刘洋神绳”等一大批具有社会影响的工作品牌，先后六次打破集装箱装卸世界纪录。

每年毕业季，当数以百万计的大学毕业生满怀憧憬地踏上求职之路时，都会不同程度地找工作“四处碰壁”，面临理想与现实间的巨大落差。大学生就业难已成为严峻的社会问题。然而，与大学生就业难形成鲜明对比的是，不少地区存在“用人荒”。“就业难”与“用人荒”并存，除了结构性失衡以及当前教育培养的人才与社会实际需求脱节等客观因素外，与当代大学生找工作“眼高手低”也不无关系。许振超结合自身经历，就年轻人应该如何找工作、干工作、干好工作发表了主题演讲，他用自己传奇的劳动工作经历，为刚踏入社会的“新人”如何树立正确的心态、做好人生的第一个选择给出了答案。我们唯有尊重劳动、崇尚劳动，并在日常工作和生活中践行辛勤劳动、诚实劳动、创造性劳动的观念，才能在看似平淡的岗位上成就自己，成为一名合格的社会主义建设者和接班人。

**案例 2**

2016 年 9 月 24 日，山东大学青岛校区举行开学典礼。此次开学典礼，现场邀请到了一位嘉宾，他就是山东省优秀建设者、烟台市“五一劳动奖章”获得者、山大优秀校友工作者宋华西。宋华西于 1986 年 9 月考入山东大学哲学系，此后数十载，山大的每一个重要时刻，他都不曾缺席。宋华西没有显赫的家世，是寡母辛苦带大的农村穷小子，如今每年帮助几十名贫困大学生；他创业时只有 1000 元钱，如今成了回报社会的企业家，并践行了当年与妻子在大明湖畔许下的铮铮誓言——待挣了钱要建个敬老院，让母亲能够颐养天年。如今，宋华西已成为烟台泰达集团的董事长，泰达集团多次被授予“最具有社会责任企业”称号。此后，为实现心中梦想，宋华西又筹建了烟台御花园老年公寓。为了办好这家养老院，宋华西走访了全国数十家老年公寓，并在 2009 年重回山大攻读政治学与公共管理学院的研究生，他的硕士学位论文就是《新型老年公寓的发展路径及政策优化探析》，致力于探索融居家养老和机构养老为一体的全新养老模式，打造专业的养老服务队伍和以养老社区为主体的兼具养生、娱乐、休闲、学习、医疗、康复、保健、管家服务等多功能于一体的专业化养老平台。2015 年 10 月，御花园老年公寓一期正式启用。如今，烟台御花园老年公寓已成为中国养老产业联盟单位、中国老龄基金会授予的全国首批爱心护理工程建设基地、烟台市老龄产业协会的首任会长单位、敬老模范企业以及烟台老龄产业发展的排头兵和模范先锋。

劳动模范们用自己的真实经历深刻诠释了劳动的力量。“不驰于空想，不骛于虚声”，唯有劳动，可以让我们实现梦想，坚持梦想和回报社会不仅惠及自己，更会惠及他人、惠及社会。通过邀请宋华西回母校分享个人劳动成长经历等活动，能够让学生明白，实现自身价值和为建设国家贡献力量从根本上来讲是统一的，劳动就是奋斗，在奋斗中创造价值、收获幸福，才能迎来属于自己的新时代，才能在实现中国梦伟大征程中实现自己的人生价值。

2.开设主题劳育团课，打造劳动育人阵地

为积极响应《中共中央、国务院关于全面加强新时代大中小学劳动教育的意见》，贯彻落实习近平总书记有关劳动教育的重要指示，山东大学校团委开展了“劳动的青春最出彩”系列主题活动，各学院也纷纷围绕落实“立德树人”根本任务开展系列主题团日活动，打造劳动育人新阵地。

**案例**

山东大学控制科学与工程学院开展了 6 场“以青年力量迎接胜利曙光”为主题的劳动教育团课，通过观看视频、资料讲述、连麦交流等多种形式，聚焦疫情期间各行各业的青年体现出的劳动精神，尤其是“90 后”“00 后”青年展现的劳动风貌，引导广大团员青年热爱劳动，为实现中华民族伟大复兴奉献青春力量。

山东大学体育学院邀请优秀校友在“五四”主题团日活动中讲述自己的工作经历与劳动心得。校友薛钊现任山东出入境边防检查总站济南出入境边防检查站执勤四队队长，扎根边检一线 12 年，始终爱岗敬业，无私奉献，锐意进取，先后荣立个人三等功两次，被评为全国公安机关新中国成立 70 周年大庆安保维稳工作成绩突出个人、全省优秀人民警察，所率执勤队两次荣立集体三等功；校友刘永生现任太原市卫生健康委员会四级主任科员、中共尖草坪区阳曲镇党委副书记，曾担任第二届全国青年运动会火炬手，荣获清华大学优秀研究生党支部书记、太原市时代新人等荣誉称号。他们分享了自己不断拼搏、奋发向上的事迹，使学生们深受鼓舞，激励和引领着广大青年传承和发扬五四精神，积极劳动，奋发向上，承担起强国复兴的伟大使命。

3.举办“劳动月”系列讲座活动

为全面培养学生的劳动意识，加强劳动教育，弘扬劳动文化，增强全校师生对劳动的感情认同和价值认同，努力在全校形成“尊重劳动、崇尚劳动”的文化氛围，山东大学持续打造“劳动月”系列讲座。该系列讲座由校团委统一牵头组织，各学院结合专业实际，于五六月具体实施，通过近年来的探索实践，各学院不断丰富讲座内容，挖掘讲座的专业、思政、文化教育功能，目前已形成一大批具有学院特色的文化品牌，如经济学院的“聚贤校友讲坛”和哲学与社会发展学院的“嘤鸣论坛”。

**案例 1**

经济学院“聚贤校友讲坛”以“聚天下贤能善德之士，育百年治国兴邦之才”为宗旨，邀请活跃在社会各个领域的优秀校友代表做客，以多种形式与在校学生分享自己的奋斗故事和人生经历。

2017 年 5 月 3 日下午，经济学院“聚贤校友讲坛”第五期邀请到了经济学院 1978 级校友、北京地头力管理机构创始人王育琨，并聘请王育琨为兼职教授和创业导师。王育琨首先针对目前社会上存在的“诚信缺失”“环境破坏”“巨额海外购货”等问题，讲述了华为创始人任正非白手起家的奋斗经历，又以中国华信创始人叶简明、远景能源创始人张雷的成功案例，激励同学们用劳动磨炼自己，用拼搏奋斗实现人生理想，最终成就自己、走向成功。王育琨分享了《中庸》中的一段话：“唯天下至诚，为能尽其性；能尽其性，则能尽人之性；能尽人之性，则能尽物之性；能尽物之性，则可赞天下之化育。”以此告诉学生要回到源头、不忘初心，不埋怨、不抱怨，做好眼前之事。正是在这种理念的引领下，王育琨创办了北京地头力管理机构，用奋斗诠释了劳动精神，他向大家分享了他的理念：“地头力＝愿景（喜爱）×专注（热情）×做好（绝活）。”

讲座结束后，王育琨在《聚贤语录》中留言：“不为自己活、不为钱活、不给自己设边界；要有荣誉感，不撒谎、不欺骗、不偷窃、不抱怨。”王育琨以自己的实际行动，为学生们做了表率，生动诠释了爱岗敬业、艰苦奋斗、淡泊名利、诚实劳动的劳动精神。

**案例 2**

哲学与社会发展学院的“嘤鸣论坛”，“嘤鸣”二字取自《诗经・小雅・伐木》中的“嘤其鸣矣，求其友声”，比喻朋友同气相求。“嘤鸣论坛”是哲学与社会发展学院着力推进人才培养工程的有益探索，是推动学院劳动教育的有力举措。论坛致力于邀请活跃在社会各个领域的杰出校友代表，以报告会、访谈、书信交流等多种形式与在校大学生分享奋斗经历和成功经验，力图将论坛打造成联系学院感情的纽带和助力在校学生成长的社会大讲堂。

2020年6月1日，第六期“嘤鸣论坛”邀请到了苏宁济南大区人力资源中心组织部经理刘海强、龙湖集团人力资源经理高巍、海尔集团高级招聘经理张彤作为嘉宾，分享他们的职场经验，并从一名职业人的角度为学生提出建议，以增强学生的劳动技能，提升劳动素养。对于“求职者应具备哪些素质”这一问题，三位校友分享了自己的经验。张彤认为，要思考好三个问题——“你是谁”“你想做什么”“你是否具备做这件事情的能力”。刘海强介绍了人力资源面试官的工作目标，即通过求职者的简历、言谈举止去判断他的价值观、潜力和素质。高巍补充道，逻辑感、细节、反思和总结能力也是面试时重点关注的。校友们还结合自身丰富的招聘经历分享了求职技巧和自己的职场经验，让在场的同学们深受启发。

（二）协同文化劳动育人，联学共建“美食美课”

劳动是产生美的基础，美是劳动的更高追求，并通过劳动得以展现出来。[①] 中国人民在长期劳动的历史中，创造出了光辉灿烂的中华文化。如果说，世界上一切物质财富都是人类努力劳动的结果，那么一切文化财富便是在人类在劳动过程中的精神凝聚。通过劳动教育，学生不仅可以在实际劳动中掌握劳动技能，增强劳动能力，还能在劳动中感知和创造美。因此，在劳动教育中融入美育，不仅有助于提升学生的体验，从而提高他们的活动参与度和价值获得感，还能够让学生在实际劳动的同时体会人类劳动历史中孕育出的文化，劳动教育协同文化育人，在美育中加强劳动实践，能够有效促进学生综合素养的全面提升。

山东大学文学生活馆与饮食管理服务中心联合定期举办暑期学校课程“美食美课”，共有来自不同院系的多名同学参与本系列理论与实践课程。“美食美课”将“文学生活馆”与“舌尖上的山大”两个品牌进行叠加，中西饮食文化课和中西餐制作课程交叉进行，学生们在学习文学与传统饮食文化深厚精髓的同时，还能亲自下厨体验烹饪制作。

另外，学校邀请了全国知名专家教授，共举办了《美食与文学》《美食与科学》《美食与文化》《美食与营养》《美食与风俗》等系列文学讲座，定期在中

① 参见张美凡等:《美术类高职高专院校以劳育美途径探析》,《科教文汇》2021年第4期。

心校区齐园餐厅进行中西餐主食、副食，以及西点的经典美食厨艺实践课。在厨艺实践课部分，饮食中心邀请到了国家高级烹饪技师、中国孔府菜第一女传人、国家名厨王兴兰为同学们教授“儒风食礼——儒家孔府菜的制作方法”，学生们在老师的指导下，得以亲身体验有近千年历史的孔府家常菜饮食文化和烹饪技艺。

“美食美课”将文化育人和劳动育人有机结合，是山东大学劳动教育的一次有力创新，让学生在对饮食文化的传承体验中，学习厨房技艺，掌握生活技能，体验劳动之美。

（三）劳动教育融入创新创业，促进学生全面发展

当下，全球新一轮科技革命与产业变革加速演进，我们既面临赶超跨越的难得历史机遇，也面临差距拉大、结构调整等严峻挑战。在此背景下，党中央、国务院从国家战略高度提出了创新驱动发展和“大众创业、万众创新”的决策部署。山东大学积极响应号召，努力做好大学生创新创业工作，将劳动教育与创新创业有机结合，努力实现“以劳创新”。

**案例**

山东大学依托工程训练中心，开设“玩转无人机”暑期课程，并特别重视理论与实践的结合。在这门为期 11 天的课程中，学生们不仅能了解无人机的运行原理、各种应用、各方面性能，还将亲自制作无人机并试飞。此项课程还是兴隆山校区“智慧校园”计划中的一环，“智慧校园”计划以无人机技术为基础，建成后将会广泛运用于兴隆山校区的安全保障、植物保护和环境监测等。届时，无人机将会成为兴隆山校区的“巡逻员”，为山大师生保驾护航，极大方便校园的日常管理工作。

除了无人机项目课程外，工程训练中心还成立了山东大学工程训练中心人工智能与机器人校级创新平台，每年暑期开设“人工智能与机器人基础训练”暑期课程。该课程分为集体授课和小组强化训练，小组根据不同方向则可分为慧鱼机器人、水中机器人、旅游机器人、挑战赛机器人等。学生们首先按照标准教材进行拼装练习，而后进行小组头脑风暴，对机器人再次进行创新设计。该项课程在专业知识中融入了创新和劳动教育，使同学们“从

做中学”，极大地锻炼了学生的动手实践创新能力。

(四)居家抗疫家校同行，开展家务劳动教育

2020年伊始，新型冠状病毒肺炎疫情爆发，举国上下勠力同心，共同抗疫。山东大学积极响应号召，迅速部署，全校师生上下一盘棋，共同投入抗疫工作。在严峻的疫情形势下，全国高校停课不停学，纷纷推迟开学时间。在学生居家学习抗疫的这段时间，家庭俨然成为了教育的“第二课堂”，此时正是开展劳动教育的良好契机。

家务劳动具有重要的育人价值，著名教育学家陶行知先生曾在他创办的晓庄学院提出“不会种菜，不算学生；不会烧饭，不得毕业”的口号。《中共中央、国务院关于加强中小学劳动教育的意见》中指出，学校应安排适量的劳动家庭作业，布置洗碗、扫地、整理等力所能及的家务。然而，由于现在很多孩子为独生子女，父母对于孩子比较宠爱，再加上高中面临着繁重的课业压力，许多孩子几乎不参与家务劳动。当孩子迈入大学，开始住宿独立生活，缺乏独立性、生活技能等问题便显现出来。

**案例**

疫情期间，利用学生居家契机，山东大学哲学与社会发展学院团委联合化学与化工学院、经济学院和国际教育学院，共同发起“花式宅家——创意艺能大赛”，提升学生的生活技能，让学生体验居家劳动乐趣。在这种正确“宅家”、积极“宅家”、向上“宅家”的氛围引导下，学生参加日常生活劳动，增强了生存本领，学习实践了打扫卫生、做饭等家务技能。临床医学院积极响应劳动教育号召，于学生疫情居家期间开展了“居家抗疫，以劳促全”的劳育活动，开展“21天居家劳动计划”，鼓励学生在家中积极劳动，每天进行打卡，养成主动分担家务的好习惯，提升家庭责任感。电气工程学院则开展了“爱国力行·抗疫笃志”系列劳动育人活动，学生积极参与所在社区的疫情防控工作，用酒精消毒液为单元楼道、电梯门洞消毒；利用春季大好时节，学生感受春日田间气象，协助家中农事，进入菜园收菜、下地务农……农活的艰辛能够让学生更加珍惜眼前时光和幸福生活，强健体魄，充分体会到充实与幸福。

通过上述比赛、体验、打卡等活动，能够让学生意识到，每位家庭成员都要学会为温馨舒适的家庭付出劳动，做家务不仅是个人生存的基本技能，同时也是收获成长、维系家庭幸福的重要途径。

## 二、第二课堂特色劳育项目

健全第二课堂活动课程体系，最重要的目的是全面推行素质教育。素质教育，以注重形成人的健全个性为根本特征，其本质是“因材施教”，在尊重学生个性的基础上进行能力培养。因此，第二课堂的课程体系设计应秉承个性化、导向化、灵活组合、可评价等特点。为加强第二课堂活动课程建设，培养适应新时代发展的基础扎实、素质全面、踏实肯干的人才，山东大学特别制订了“山东大学学生素质拓展培养计划”。

### （一）山东大学学生素质拓展培养计划简介

为深入贯彻落实习近平新时代中国特色社会主义思想，进一步深化教育综合改革，全面实施素质教育，进一步提升人才培养质量，根据《关于加强和改进新形势下高校思想政治工作的意见》《关于在高校实施共青团“第二课堂成绩单”制度的意见》等文件的精神，山东大学特别制订了学生素质拓展培养计划。

山东大学素质拓展培养计划服务于青年学生成长成才，致力于形成大学生自觉参与素质教育的积极导向，使素质教育从课堂教学延伸到课堂外的教育教学，覆盖全体学生在校学习生活的全过程。为努力建设中国特色世界一流大学，落实“立德树人”根本任务，做好新时代学术导向下的人才培养工作，山东大学素质拓展培养计划坚持“突出学术导向，促进全面发展”的原则，在充分发挥课堂教学对人才培养的主要作用之外，强化具有育人作用的创新性活动，为学生拓宽知识领域，促进学生德、智、体、美、劳全面发展。

为引导学生在课余时间多做有意义的事情，努力让“有意义的事做得有意思，让有意思的事做得有意义”，山东大学素质拓展培养计划坚持自主性、开放性、全员性、多样性和客观性原则，真正实现“因材施教”，尊重学生的个性，努力使素质教育更加扎实、有效和落到实处。其中，自主性原则意味着学生在拓展培养计划中居于主体地位，在拓展培养的内容选择和开展方式上，尽可能赋予学生更多自主权，使其个性特征得到尊重和张扬；开放性原则使得拓展培养不受专业、年级和学院资源的局限，鼓励学生之间进行大范围的相互交流与多层次的相互借鉴；全员性原则指素质拓展培养计划初步覆盖全体本科生，逐步覆盖全体研究生，为每位学生建立拓展培养信息库，按学生需求提供拓展培养认证单；多样性原则意为鼓励学生进行科学合理、风格迥异的设计和参加丰富多彩的活动，充分张扬个性，体现创新；客观性原则指拓展培养认证单的内容是学生参与拓展培养的客观记录而非主观评价，用柔性指标引导先进，鼓励相互借鉴。

山东大学学生素质拓展培养计划为学生提供“菜单式”服务，将主题教育、文化艺术、体育健康、科技创新、社会实践、志愿服务、社会工作、社团经历、就业创业、学术讲座等板块进行有机整合，其中社会实践板块占 2 学分，其余板块各占 1 学分。板块分为必修和选修，学生可在拓展培养计划要求的基础上，结合个人兴趣自行组合学习内容，达到规定的 8 学分要求即可进行毕业审核和荣誉认定，未修满学分则需在学校规定的延长期限内重修或补修，学生素质拓展培养计划包含的所有学分均不设置上限。

为做到素质拓展培养全过程的线上化、数据化、自动化，客观全面地跟踪记录学生参与素质拓展培养的过程，为学生素质拓展培养计划的深入开展提供信息化支撑与数据基础，学校为此组织研发了“山东大学学生拓展培养综合管理系统”，能够远程动态地实现素质拓展培养计划的发布报名、成果认证表彰等功能，做到拓展培养全过程的线上化、数据化、自动化。学生可以通过拓展培养综合管理系统，根据实际需求形成拓展培养认证单，作为“第二毕业证书”，从而展现学生的整体素质能力，同时可以简化记录及认证流程，最终形成拓展培养认证单。

### （二）第二课堂特色劳育项目纳入拓展培养计划

2020 年 3 月 20 日，中共中央、国务院印发了《关于全面加强新时代大中小学劳动教育的意见》（以下简称《意见》），《意见》明确要求高等学校要注重围绕创新创业，结合学科和专业积极开展实训实习、专业服务、社会实践、勤工助学等，重视新知识、新技术、新工艺、新方法应用，创造性地解决实际问题，使学生增强诚实劳动意识，积累职业经验，提升就业创业能力，树立正确择业观，注重培育公共服务意识，面对重大疫情、灾害危机要有主动作为的奉献精神。[①]《意见》不仅明确了劳动教育的内容，还要求在制度上将劳动素养纳入学生综合素质评价体系，把劳动素养评价结果作为衡量学生全面发展情况的重要内容与评优评先的重要参考和毕业依据。[②]

《意见》对新时代劳动教育作出了顶层设计和全面部署。学校作为联系社会和家庭的纽带，在劳动教育中发挥着主导作用，更应深入贯彻落实，因地制宜开展劳动教育。当代劳动教育担负着培育时代新人的历史使命，为探索具有中国特色的劳动教育模式，引导学生树立辛勤劳动、诚实劳动、创造性劳动的理念，山东大学以新时代劳动观为指导，将劳动教育纳入人才培养全过程，并深入贯彻落实《意见》中的各项要求，把第二课堂特色劳育项目纳入拓展培养计划，从而在体制机制上对劳动教育的开展予以保障并加以落实。

劳动教育并不是简单地安排课时，也不是直接开设劳动课程，而是要将劳动教育贯穿到日常的教育教学中，与德育、智育、体育、美育相结合。《意见》中明确指出，劳动教育是国民教育体系的重要内容，是学生成长的必要途径，具有树德、增智、强体、育美的综合育人价值。[③] 因此，我们应该看到，劳动教育是一切教育的基础，在“五育”中具有重要地位，劳动教育不能与其他“四育”割裂，而是“以劳树德，以劳增智，以劳强体，以劳育美，以劳创新”。因此，在把劳动教育纳入学生素质拓展培养计划中时，我校并没有单独设立劳动教育板块，而是开设第二课堂特色劳育项目，将劳动教育融入其他拓展培养计划板块，依旧将必修与选修内容相结合，为学生提供“菜单式”服务。

1.培根铸魂，让主题教育为劳动教育领航

根据《山东大学学生素质拓展培养计划成绩管理办法》，“主题教育”项目依托主题团日、主题班会、团校培训等活动开展，学生应定期参加，在思想

① 参见《中共中央、国务院关于全面加强新时代大中小学劳动教育的意见》，政府网，http://www.gov.cn/zhengce/2020-03/26/content_5495977.htm。

② 参见《中共中央、国务院关于全面加强新时代大中小学劳动教育的意见》，政府网，http://www.gov.cn/zhengce/2020-03/26/content_5495977.htm。

③ 参见《中共中央、国务院关于全面加强新时代大中小学劳动教育的意见》，政府网，http://www.gov.cn/zhengce/2020-03/26/content_5495977.htm。

上做到积极向上,拥护党和国家的方针政策,自觉践行社会主义核心价值观。新时代劳动教育须以价值塑造为核心,围绕劳动教育开展系列主题教育活动,把劳动教育作为主题教育的必修内容。例如,举办“劳动的青春最出彩”主题团日活动,邀请劳模走入校园分享交流等,有助于培养学生养成正确的劳动价值观,将主题教育打造成劳动育人新阵地。主题教育为拓展培养中的必修板块,在8个学分中占1学分,每16学时可置换0.5学分(根据实际情况可进行微调),学生必须于规定的修业年限内获得至少1个学分,方可获得毕业资格,32学时的主题教育内容中,劳动教育部分应至少占4学时。

2.劳思结合,设置特色课程实现以劳增智

劳动是人类生存发展的基础,具有根本性的作用与价值,如果没有劳动,就不会有人类的今天。因此,加强劳动教育,需要强化实践体验,让学生亲历劳动,感悟和体会人类发展历程,提升育人实效。我们需要注意的一点是,伴随着经济社会的发展,劳动形态与过去相比发生了巨大变化,这就要求劳动教育必须适应科技发展和产业变革,在开展劳动教育时尤其要注意创新形式,开展创造性劳动,通过劳动过程中创造性的实践活动和成果,感受劳动乐趣,激发学生的奋斗精神。将创新、思考、劳动进行有机结合的特色劳动课程,能够带给学生不一样的劳动体验,如工程训练中心开展的“玩转无人机”“人工智能与机器人基础训练”等暑期课程,利用校园空地开展的智慧灌溉与劳作体验活动,等等,不仅可以强化学生的理论知识,提高学生动手、动脑、思考等能力,还能在劳动实践中增强学生的自信心,感悟劳动价值。特色劳动课程根据课程主题,可纳入科技创新、就业创业等板块。科技创新、就业创业作为拓展培养中的选修板块,参与相关课程每16学时可置换0.5学分,参加比赛获国家级特等奖、国家级一等奖(金奖)、国家级二等奖(银奖)可置换3学分,国家级三等奖(铜奖)、国家级优秀奖、省级特等奖、一等奖(金奖)可置换2.5学分,省级二等奖(银奖)、省级三等奖(铜奖)、省级优秀奖、校级特等奖、校级一等奖(金奖)可置换2学分,校级二等奖(银奖)可置换1学分,参加国家级大学生创业训练立项可置换2学分,校级大学生创业训练立项可置换1学分,同一参赛项目按最高分计,不重复置换学分,可置换的学分不设上限。

3.动静齐驱，劳动教育审美教育紧密结合

人类的审美感受产生于劳动，劳动实践创造了美，提供了美感的来源。因此，如果说劳动教育是整个教育体系中一切教育的基础，审美教育则是一切教育的最高境界。[①] 通过劳动教育，我们可以揭示美的规律，让学生在劳动实践中发现美、体悟美、创造美，从而培养学生健全丰富的人格和高尚的情操，鼓舞学生为实现共产主义理想和创造一切美好的事物而奋斗。第二课堂特色劳动教育项目中有很多活动都与"美"相关，如文化艺术板块中的相关活动，"宿舍文化节"中学生需要亲自劳动，打扫装饰自己的宿舍，"摄影比赛"既需要学生亲自动手，又考察着学生对"美"的理解。文化艺术为拓展培养中的选修板块，其中的赛事、活动根据结果置换学分，校级一等奖置换 2 学分，校级二等奖置换1.5学分，校级三等奖置换 1 学分，院级一等奖置换 1 学分，院级二、三等奖置换 0.5 学分，可置换的学分不设上限。

4.学思践悟，志服实践赋能劳育成效

社会实践是人类认知社会、改造世界的活动，对于学生来讲则是在课堂教学和实践教学之外，深入社会、了解社会、适应社会和服务社会的各项实践活动。以山东大学为例，学生的社会实践活动分为家庭角色体验类活动（如在家从事家务劳动回报家庭）、社会角色体验类实践活动（如社会兼职，在某一具体的岗位上进行劳动体验）、专业素质拓展类实践活动（如结合专业方向进行社会调查、科普宣传、专题调研等）。劳动实践是社会实践的重要内容，无论是哪种类型的社会实践，都必须最终落脚到行动上，劳动贯穿实践过程的始终。志愿服务作为劳动实践的一种形式，同样蕴含着丰富的劳动教育内涵和价值。中共中央、国务院印发的《关于全面加强新时代大中小学劳动教育的意见》明确提出，社会要发挥在劳动教育中的支持作用，各类群团组织、公益福利组织等要支持学生深入城乡社区、福利院和公共场所等参加志愿服务，开展公益劳动，参与社区治理。[②] 正是通过志愿服务活动，

---

① 参见吕晓娟、李晓漪：《新时代劳动教育：全面育人的助推器》，《中国教育报》2020 年 7 月 17 日。

② 参见《中共中央、国务院关于全面加强新时代大中小学劳动教育的意见》，政府网，http://www.gov.cn/zhengce/2020-03/26/content_5495977.htm。

学生能够在实际的劳动和实践中涵养对人民的感情和对社会的责任，培养尊重劳动、珍惜劳动、热爱劳动的精神。从这种意义上来说，志愿服务与劳动教育相辅相成，互促互进，相得益彰。社会实践板块和志愿服务服务板块均为拓展培养中的必修板块，社会实践必须修得至少2学分，志愿服务必须修得1学分。社会实践要求学生在前三个学年中利用平时节假日、寒暑假等课余时间开展，通过团支部和学院团委审核认定后方可获得学分，志愿服务围绕社区建设、会议赛事、支农支教、勤工俭学等方面开展，每16小时置换0.5学分。

（三）劳育项目纳入拓展培养计划的积极意义

设置第二课堂特色劳育项目，将劳动教育纳入拓展培养计划实施方案，对于劳动教育在高校的落地开展具有非常重要的作用，长久来看，对于推进劳动教育的体系化发展也能够起到保障作用。

1.有助于探索多样化的劳动教育实践路径

由于认识和实践上的偏差，我国的劳动教育呈“之”字形发展，“文化大革命”时期的劳动教育重生产劳动，轻理论实践；恢复高考后重视理论学习，偏书本知识，存在将劳动教育泛化为社会实践的倾向。过去将劳动教育单一化、泛化、窄化、简单化的错误倾向无法培养学生树立正确的劳动观，新时期我们必须结合当下的劳动特点，重新认识劳动教育，挖掘劳动教育的独特育人价值。当今社会，随着技术的革新和社会日新月异的发展，人类的劳动形态和劳动内容也在发生变化，新时代对劳动者提出了更高的素质要求，过去单一形态的劳动教育已经无法适应时代的发展，当代劳动教育必须将资源进行有机整合，探索多样化的实践路径。山东大学将第二课堂特色劳动教育项目纳入拓展培养计划，为学生提供“菜单式”服务，与原先较为固定的劳育项目相比，实现了内容与形式上的创新，有助于摆脱对传统路径依赖。通过拓展培养计划，劳动教育能够渗透到人才培养工作的方方面面，与其他“四育”实现有机结合，真正做到“五育并举”，促进学生全面发展。

2.有助于构建劳动教育质量保障长效机制

中国教育科学研究院原党委书记、研究员，中国教育学会中小学劳动技术教育专业委员会理事长徐长发认为，成果评价可视化原则是学校精准实施劳动教育必须要把握好的原则之一。[①] 将第二课堂特色劳育项目融入拓展培养方案，不仅能够依托拓展培养综合管理系统客观、准确地记录劳动教育的过程，而且能够对学生的劳动教育成果进行评价和认定，从制度上规定全体学生均要接受劳动教育，让劳动教育扎实落地，确保劳动教育的质量与成效，从而有助于推动构建劳动教育质量保障长效机制。劳动教育需要评价，在具体实施的过程中我们还要注意将过程评价与结果评价相结合，不能轻过程而重结果，也不能只强调过程而忽视结果。拓展培养方案中，有的板块依据时长进行认证和学分置换，更强调学习过程；有的板块则可根据奖项、成果进行认证置换，体现了对劳动教育成果的重视。

3.有助于劳动教育与专业教育相融合

培养专业人才是大学教育的根本任务，大学阶段的学生只有通过专业教育掌握扎实的知识和技能，才能为将来参与社会劳动打下坚实基础，成为参与建设社会主义现代化强国的一名光荣的劳动者。因此，大学的劳动教育除了要与德育、智育、体育、美育相结合，还要同专业教育深度结合，以劳动教育促进专业教育，培养学生的理论和实践能力。山东大学素质拓展培养计划由各学院负责详细制订和实施，每个学院可以结合各自的学院、专业特点，自由自主地设置培养计划，同时依托本学院专业特点开展第二课堂特色劳育项目。将第二课堂特色劳育项目纳入拓展培养计划，使学生既可以参与面向全校的劳育项目，同时又能结合专业所学参与由各培养单位所开展的项目，将普遍与特殊相结合，从而在保证方向的前提下实现劳动教育与专业教育的有机融合。

4.有助于劳动教育成果评价可视化

中共中央、国务院印发的《关于加强和改进新形势下高校思想政治工作的意见》指出，要坚持全员全过程全方位育人，把思想价值引领贯穿教育教学全过程和各环节，建立教书育人、科研育人、实践育人、管理育人、服务育人、文化育人、组织育人长效机制。[②] 劳动教育作为思想政治教育的重要组

---

① 参见唐琪：《新时代如何全面加强劳动教育》，《中国教育报》2020 年 4 月 23 日。

② 参见《中共中央、国务院印发〈关于加强和改进新形势下高校思想政治工作的意见〉》，政府网，http://www.gov.cn/xinwen/2017-02/27/content_5182502.htm。

成部分，贯彻落实劳动教育并不单单是某一个部门的事，必须组织协调高校各机关部门，聚合学校内外各类资源，在时间、空间、育人主体上做到协同统一。然而，在具体推进过程中，一个项目通常需要对接多个部门，且各部门掌握的数据相当分散，数据收集过程复杂，更新不够及时。将劳动教育纳入拓展培养计划，并依托拓展培养综合管理系统进行管理，可以翔实、准确对学生在校期间各类数据进行汇总，形成学生第二课堂成绩单，劳动教育作为其中一个模块，能够形成可视化的劳动教育成果报告。学校通过学生参与劳动教育的相关数据，能够全面了解劳动教育开展情况，从而做到有的放矢，针对接下来的工作重点进行调整和优化。

5.有助于劳动教育开展因时制宜

对于不同阶段的学生，劳动教育的侧重点有所不同，中共中央、国务院《关于全面加强新时代大中小学劳动教育的意见》中对于小学低年级、小学中高年级、初中、中等职业学校、高等学校开展劳动教育的围绕点和侧重点给出了详细指导，劳动教育的内容在不同阶段有着明显差别。就高等学校而言，针对低、中、高年级不同阶段的学生开展劳动教育，在具体教育内容上也存在差别，尤其是一些来自偏远地区的学生，由于教育资源不均衡，在小学、中学阶段可能未接受过系统的劳动教育，只能进入大学“补课”。因此，面向大学生的劳动教育不能一概而论，学生年级不同、状况不同、教育的目标也不尽相同。对于大一新生来说，他们刚刚开始独立生活，远离父母，缺乏生活常识和劳动锻炼，此阶段的劳动教育可以与学生军训有机结合，帮助学生适应集体生活，培养他们独立劳动的技能，在新生刚入学时可依托入学教育系列活动，通过邀请劳模进校园、开展劳动教育主题团日活动等加强学生的思想引领；中年级的学生已经度过适应期，在此阶段可充分利用“第二课堂”开展各类劳动实践，在实际劳动中培养学生正确的劳动价值观；高年级学生的劳动教育则需要与职业生涯规划指导紧密结合，培养学生正确的择业观和踏实肯干的劳模精神，在此阶段可邀请一些在各行各业的杰出工作者分享他们的奋斗经历，给出相关建议，以此帮助学生更好地进入社会。

山东大学学生素质拓展培养计划各板块内的各项内容，均要求每个学院根据实际情况，设定面向的年级和开展时间，如社会实践主要在低、中年级开展，创新创业主要面向中年级同学。依托拓展培养计划，能够形成清晰的时间线，每个阶段需要开展的劳动教育内容一目了然，有助于劳动教育因时制宜地开展。

## 第二节　志愿服务与社会实践中的劳动教育

20 世纪 80 年代初，团中央首次号召全国大学生在暑期开展“三下乡”社会实践活动，随后逐步在各高校铺开，实践成员以志愿者的形式深入农村，传播先进文化和科技，体验基层民众生活，调研基层社会现状。广大学生学以致用，将课堂所学知识充分应用于实践，以期提高社会实践能力和思想认识，同时更多地为基层群众服务。“三下乡”项目发展至今，已经成为大学生参与最广泛的第二课堂实践活动，其实践内容丰富、活动形式多样，已经成为锻炼大学生劳动实践能力的一种重要的常规性活动，也是考核学生综合素质的重要指标。

习近平总书记多次叮嘱大学生要爱祖国、爱学习、爱劳动，始终强调劳动对每个人的重要作用。劳动实践是验证高校学生能力的试金石，也是学生们走出校门融入社会的大舞台，能够让承担未来国家建设重任的大学生形成刻苦求知、勤于实践的优良习惯，这一全面成才的发展路径也是高校劳动教育的不懈追求。

习近平总书记在全国高校思想政治工作会议上明确提出：“高校要重视和加强第二课堂建设，要重视实践育人，坚持教育同生产劳动和社会实践相结合，广泛开展各类社会实践，让学生在亲身参与中认识国情、了解社会，受教育、长才干。”[①]高校第二课堂是延伸和活跃青年大学生劳动教育的重要平台，如何根据学生所需、所爱、所求，精心设计第二课堂劳动教育活动，切实发挥实践功能，培养学生的综合素质，提升育人实效，是加强和改进第二课堂建设的重要内容和重要环节，是摆在新时代高校劳动改革创新面前的一个重要命题。

---

① 中共教育部党组：《深入学习贯彻习近平总书记关于青年学生成长成才重要思想　大力培养中国特色社会主义建设者和接班人》，《光明日报》2017 年 9 月 8 日。

## 一、志愿服务与社会实践概述

### (一)志愿服务

1.定义

高校第二课堂中的志愿服务,也就是我们常说的大学生志愿服务,一般是指学生不以获得报酬为目的,自愿奉献时间和智力、体力、技能等,帮助他人、服务社会的公益行为。

2.类别

根据服务对象与主要服务内容、目标的不同,大学生志愿服务可主要分为以下几个类别。

(1)扶贫开发。主要志愿服务对象为经济贫困地区及其民众,主要服务内容包括对贫困地区进行文化支援,对贫困地区的科技发展工作进行指导服务,对贫困地区的医疗卫生条件进行扶持改善工作等。

(2)社区建设。主要志愿服务对象为社区及社区居民,主要服务内容为社区义诊、义务维修等各类为社区居民的生活提供便利的相关服务;社区绿化、设施完善等以改善和美化社区生活环境为目的的各种志愿服务活动;社区文化服务等围绕精神文明建设,为丰富社区文化、建立和谐的社区关系而进行的各种志愿服务活动等。

(3)环境保护。主要志愿服务目标为美化和保护环境。主要服务内容包括环保宣传、城市美化、资源循环利用等志愿服务活动。

(4)大型赛会。主要服务对象为各类全国性、全省性或地区性的大型赛会活动及其赛会参与人员,主要内容包括大型赛会的现场引导、信息咨询、语言翻译、礼仪接待、团队联络、应急救助、技术指导、秩序维护等各种志愿服务工作。

(5)应急救助。主要服务对象为各类自然灾害、重大事故、公共卫生和社会安全事件中的受灾、受害群众。主要服务内容包括对受灾、受害群众开展救灾防灾、心理疏导、医疗卫生、排危重建等方面的志愿服务。

(6)海外服务。主要服务对象为海外民众。主要服务内容是为在海外有相关志愿服务需求的民众无偿提供各类支援与服务。

3.特征

新时代的大学生志愿服务具有志愿性、无偿性、公益性、组织性四大特征。

(1)志愿性。志愿服务具有志愿性，是公民个人为实现“缩小或消除社会贫富差距，促进共享社会发展成果”等目标而自愿进行的服务他人、奉献社会的行为。同时，志愿服务的志愿性并不排斥其义务性。

(2)无偿性。在志愿服务活动中，志愿者付出时间、劳动、智力等成本，然而虽有成本，志愿服务却并无报酬。志愿服务活动是志愿者在不求回报的前提下进行的服务活动。

(3)公益性。志愿服务最核心的特点就是拒绝私益，是参与志愿服务的志愿者为社会整体进步而进行的无私的公益活动。

(4)组织性。有组织的志愿服务能够极大提升志愿服务贡献力，志愿服务的组织性有利于推动志愿服务制度化、专业化发展，如规范志愿者招募、培训、记录、考核等，将更有助于志愿服务事业持续健康发展。

(二)社会实践

1.定义

高校第二课堂中的社会实践是对大学生按照高等学校人才培养目标的要求，有计划、有目的、有组织地深入社会、积极参与社会政治、经济和文化活动，以了解社会，增长社会知识技能，培养正确的世界观、人生观和价值观的一系列教育活动的总称。①

根据社会实践的定义，社会实践活动应当包含以下两个方面的内容：一是注重实践性，在社会实践过程中不断学习人民群众的宝贵经验和伟大智慧，从而进一步地提升和锻炼自己；二是注重服务性，在社会实践中，社会实践主体应当充分运用专业知识和能力，更好地投入到服务人民群众的工作中。将个人和社会紧密结合，促成社会实践主体个人价值和社会价值的统一。

2.类别

常见的社会实践有以下几类。

---

① 参见刘煜主编：《大学生社会实践导论》，浙江大学出版社 2017 年版，第 236 页。

(1)理论宣讲。各高校结合当前时事,有计划地组织引导各实践主体贴近生活、学习的实际,以理论宣讲的形式进行,从而使人民群众更加深入细致地理解相关政策、精神。

(2)劳动实践。社会实践主体在专业知识的指导下,自发在社会中以付出劳动的形式了解、认识并服务于社会的活动。其目的在于培养社会实践主体的综合能力和社会责任感。

(3)调研观察。社会实践主体针对某一主题,有计划、有目的地收集相关信息并进行研究分析,从而发掘出事物的内在逻辑。其目的在于培养社会实践主体的综合分析能力,促进社会实践主体更好地了解、参与社会生活。

(4)创新创业。社会实践主体利用寒暑假等课余时间,在各高校的支持和引导下开展的各类创新、创业相关的社会性活动。其目的在于激发社会实践主体的创造活力,更好地了解、认识社会运作和社会分工等。

3.特征

新时代社会实践具有社会性、多样性、实效性等特征。

(1)社会性。社会实践主体在社会实践过程中接触社会,通过参与各类活动深入了解社会,并在实践中运用专业知识、能力服务社会。在这一过程中,个人和社会紧密联系,社会实践主体实现了个人价值和社会价值的统一。

(2)多样性。新时代社会实践的多样性体现在以下两个方面:一是实践主体的多样性,当前社会实践覆盖了各学段、各学科的社会实践主体,这也要求社会实践更加注重专门性、针对性;二是实践形式的多样性,当前社会生产力、科学技术的快速发展,促使社会实践以更加多样的面貌呈现。例如,互联网的发展,使得当前社会实践活动摆脱了时间和空间的限制,各类线上实践活动如雨后春笋般涌现。

(3)实效性。新时代社会实践的实效性,是指在社会实践的过程中,一方面,社会实践主体的各项能力得到了锻炼,对社会的认识进一步加深;另一方面,社会实践主体通过实践的手段,对社会进行了改造、建设,为社会的进步和发展作出了贡献。

## 二、劳动教育视角下志愿服务与社会实践的功能定位

### （一）劳动教育视角下志愿服务的功能定位

党的十八大以来，习近平总书记多次给大学生志愿者群体回信，鼓励大学生要弘扬奉献、友爱、互助、进步的志愿精神，坚持与祖国同行、为人民奉献，以青春梦想、用实际行动为实现中国梦作出新的更大贡献。[①] 这充分说明，志愿服务既能够在培育青年美德领域发挥积极作用，又能够为大学生思想政治教育和劳动实践提供优质平台。在推动第二课堂劳动教育的教育主旨上，志愿服务具有塑造集体主义价值观念、提升综合实践能力、服务国家社会发展等积极作用。

1.塑造集体主义价值观念

志愿服务是提高学生思想政治素养、帮助大学生培育正确价值观的重要途径。志愿服务作为学生在校第二课堂的重要组成部分，在参与过程中通常以服务社会为目的，无私奉献、不求回报，具有较强的“利他性”，其相较于第一课堂，在塑造大学生集体主义价值观念上有着不可替代的作用。“奉献、友爱、互助、进步”的志愿精神与以公平正义、合作互助和无私奉献为核心的集体主义道德原则有着内在自洽性，实现志愿服务全员参与为当代大学生提供了解和接触社会的渠道，当大学生参与志愿服务实践时，深入接触和了解社情国情，洞察到诸如人口老龄化、环境污染、贫富差距等社会问题，便会自觉地把社会价值与个人价值有机结合，在尝试解决问题的过程中不断强化志愿者自身的社会责任意识、公民意识和公共参与精神，在潜移默化中调整和规范自己的思想观念和价值判断，发现自身在社会发展过程中的积极作用，从而将个人的追求与祖国的前途命运紧密融合，更好地理解和践行社会主义核心价值观。

2.提升综合实践能力

参与志愿服务活动既是大学生将所学专业知识应用于实践的一种方

① 参见《习近平给华中农业大学“本禹志愿服务队”回信　勉励青年志愿者以青春梦想用实际行动为实现中国梦作出新的更大贡献》，《人民日报》2013年12月6日。

式，也是获得课本之外知识和技能的最佳途径之一。志愿服务活动是新时代高校加强劳动教育的重要手段和载体，志愿服务的过程是大学生劳动能力、劳动精神、劳动素质全面锻炼与提升的过程，志愿服务全员参与使得大学生群体广泛参与为老服务、扶贫济困、文化宣传、环境保护等内容多样的志愿服务活动，在深刻的实践中增强自身劳动能力，在志愿服务中应用自身专业知识，在解决社会问题过程中提升专业素养，实现大学生专业能力和实践能力的相互转化，进一步增强自身竞争力。同时，全员参与机制使得来自五湖四海的志愿者齐聚一堂，探讨彼此关于自身、未来、社会、国家等的认识，在互助与合作的过程中学习社会生存方式和为人处事的办法，不断锻炼自身的沟通、表达、组织、协调、交际和领导等能力，提升个人综合素质，实现全面发展。

3.满足社会发展需要

2020年伊始，新冠肺炎疫情爆发，全国各地医疗工作人员不畏艰险、勇敢逆行，奔赴湖北抗击疫情，在此过程中，大学生群体也竭尽全力参与到抗击新冠肺炎疫情的志愿服务活动中。无论是深入抗疫一线，亲身投入“战疫”，还是参与后方保障，“为奉献者奉献”，他们都在尽己所能地抗击疫情、服务社会，敢当逆行者，勇做排头兵。这一现实案例充分表明，大学生通过参加志愿服务活动，一方面可以满足国家与社会的发展需要，推动社会治理和社会转型发展，缓解由于社会群体分化导致的矛盾；另一方面，大学生参与志愿服务活动有助于社会主义精神文明建设，能够在社会上形成良好的社会风气和舆论氛围，从而在一定程度上弘扬了“团结友爱、助人为乐、见义勇为、无私奉献”的精神，由个体行为带动社会行动，推动整个社会形成良好的社会风气。[①] 新时代背景下，大学生志愿者是构建和谐社会的主力军，能够在参加志愿服务活动的过程中增强社会责任感，在帮助他人、服务社会的过程中践行社会主义核心价值观。

志愿服务使广大青年积极投身劳动实践，在实践过程中逐步发挥育人功能，这一运行机理，也对高校的志愿服务工作提出了更高层次的要求。站

---

① 参见张拥军:《新时代高校志愿服务育人功能及实现路径探析》,《思想教育研究》2019年第6期。

在新的历史起点，高校必须推动形成第二课堂志愿服务全员参与机制，进一步深化志愿服务实践育人功能。该机制一方面要提高志愿服务参与度，实现志愿服务过程全员覆盖，实现高校志愿服务的“全员参与”，使广大学生能够积极主动地投身志愿服务实践活动；另一方面，要充分实现志愿服务“助人自助”的功能，提升实践育人效果，使广大青年学生投身服务国家社会发展的志愿服务实践，在服务他人的同时锻炼和提升自己的综合实践能力，真正有所收获，实现“德、智、体、美、劳”的全面发展。

(二)劳动教育视角下社会实践的功能定位

将劳动教育与社会实践相结合，将理论教育与学生具体行动充分融合，能够推动社会实践活动成为劳动教育重要载体，在实践中培养德、智、体、美、劳全面发展的社会主义建设者和接班人，让学生身体力行地感受劳动之美，体验收获之乐。[①] 在锻炼学生行动力、增强学生意志品质的同时，将劳动教育润物细无声般展开，使得社会实践活动的开展在第二课堂劳动教育工作中发挥作用。其主要通过以下五个方面发挥其作用。

1.引导广大学生崇尚劳动、尊重劳动

学生在实践中深刻理解劳动者的光荣身份和伟大精神，明白“劳动的人、挥汗的人才是最美的人”，有效警惕“四体不勤”的不良作风。此外，各高校充分有效地结合已对接的实践教育基地的资源优势，在多类型、多样化的实践基地中开展劳动与实践，能够激励实践者们在自然中接受劳动教育，在实干中磨炼坚强意志，在劳动中“受教育、长才干、作奉献”。在社会实践的过程中，学生可以走入农村、走入田野、走入工厂、走入生产一线，与劳动者进行双向的、有效的沟通互动，切身感受劳动的辛苦，挖掘劳动背后的意义，形成“崇尚劳动，尊重劳动”的劳动价值观。

2.增强学生社会责任感，提升学生创造力

学生在社会实践中感受劳动教育的内涵，在劳动教育中体味社会实践的真谛，两者相辅相成，相互促进。劳动教育应体现整合性、连贯性、时代

---

① 参见唐爱民、王浩：《劳动教育与学校德育的融通：意蕴与路径》，《广西师范大学学报》(哲学社会科学版)2021 年第 2 期。

性、自然性的要求，社会实践具有社会性、多样性、灵活性、过程性以及学以致用性等特点，注重实践过程、行动表现、心理体验。学生在有始有终完成一项活动时，进一步领会不同专业、不同学科的特点，将所学知识联系实际，有所思、有所悟、有所行，从而发挥出青年独特而丰富的创造力。同时，在活动中学生可以将劳动教育贯穿实践全过程，从身、心两方面感悟劳动的魅力。

3.密切与社会的联系，促进学生全面成才

劳动教育在塑造学生完备价值观、助力学生成长成才方面有着不可替代的作用。在市场资本的影响和社会环境的浸染下，只有树立正确的劳动理念和积极向上的劳动观，才能使青年免于拜金主义、消费主义以及攀比之风等不良风气的侵袭，摆脱物欲的桎梏，与新时代社会的发展相契合，适应时代变迁下对人才的要求。① 部分青年学生作为脑力劳动者，容易在生活学习中形成轻视劳动、抗拒劳动的不良习惯，各大高校及广大教育者要及时发现并纠正此类轻视劳动的现象，深化劳动教育，让青年学生明白：只有自主劳动、重视劳动，有一定的劳动能力，才能在真正步入社会时成为完整的人。社会实践给予全体参与者自我检验、自我省察的机会，积极参与社会实践活动，用切实的行动完成实践活动中的劳动要求，不仅能够收获自我锻炼、丰富人生体验，树立正确的世界观、价值观、人生观，做到德、智、体、美、劳全面发展，还能将个体之我融入社会之我，将小我融入大我，投身社会建设，成为能担起时代大任的可造栋梁之材。

4.拓宽劳动教育的实践路径，推进社会实践思政建设工程

社会实践鼓励学生主动进行实践活动和社会服务，促进理论与专业实践的切实结合，使劳动教育以新形式融入学生日常生活，提升同学的实践素质以及理论联系实际的能力，引导学生把“爱国情、强国志、报国行”自觉融入坚持和发展中国特色社会主义事业、建设社会主义现代化强国、实现中华民族伟大复兴的实践之中。可见，社会实践不仅是劳动教育的重要抓手，更是思想政治教育的重要载体，《关于深化新时代学校思想政治理论课改革创

① 参见宁本涛、孙会平：《以“五育融合”之眼看大学生劳动教育》，《劳动教育评论》2020 年第 3 期。

新的若干意见》也指出，要将思政教育同生产劳动和社会实践相结合。在新时代的大背景下，依托社会实践，能够更加精准地对青年学生开展思想政治教育，将校内小课堂同社会大课堂有效结合，有效助推劳动教育理论性与实践性的统一，实现立德树人的目标，推进当代大学生对习近平新时代中国特色社会主义思想"入脑、入心、入行"。

5.提升学生个人能力，寻求个体真我

学生在寒暑假开展社会实践活动，接触社会、走入人群，有助于锻炼思维、锤炼技能，实现自我提升。根据弗洛伊德的论述，"真我"是人格追求中的最高境界，学生在劳动教育、自我成长、融入社会的过程中可以实现对内在的剖析，最终找寻到真我。

## 三、志愿服务与社会实践品牌项目

纸上得来终觉浅，投身实践觅真知，依靠实际行动才能让劳动教育真正落实到实践中来，深入到学生心中去。进入新时代以来，在教育部、团中央指导下，各高校充分利用第二课堂这一育人载体，深入调研、精心筹划，打造了一大批服务精准、可持续性强、青年参与度高的志愿服务项目和社会实践项目，引导大学生积极参与劳动实践活动，在课堂教学之外提高自身素质。本书选取了其中一些典型案例进行介绍。

### （一）山东大学服务社区行动

山东大学服务社区行动的前身是 2005 年山东大学团委与济南市团委联合组织开展的"服务济南社区行动"。2016 年，山东大学整合济南、青岛、威海"一校三地"志愿者资源，在三地同时启动了"服务社区行动"志愿服务项目。目前在三地 280 余个社区建立了志愿服务基地，分为助残助老、关爱青少年、环境保护、文化体育、便民利民、文明倡导、医疗援助等模块。各社区的选取遵循服务对象精准、社会影响较大、契合学生实际三个原则。"服务社区行动"从立项之初至今已服务数十万人次，也是目前山东大学青年参与最广泛的志愿服务项目。

近年来，"服务社区行动"充分把握新时代志愿服务项目建设与发展的重点，打造了一批具有山大特色的志愿服务项目。

1."青春耀泉城"志愿服务项目

山东大学与济南团市委合作的"青春耀泉城"计划，旨在加强青年志愿者服务济南项目基地建设，现已确定英雄山、济南市动物园、山东省美术馆等上百个省市级优质志愿服务基地，至少每两周开展一次优质志愿服务活动。

2.明府城"红色印记"项目

明府城是中国共产党早期组织最先孕育的重要承载地，也是中华优秀传统文化的富集地。为更好地挖掘、传承和弘扬红色文化和中华优秀传统文化，鼓励山大学子服务地方发展，山东大学校团委与明府城发展服务中心合作共建山东大学学生拓展培养实践基地，在志愿服务、社团活动、文化创意、实践调研、非遗扶贫专项服务等领域开展合作。

3."文化泉城"项目

山东大学加强与文化场馆、文化旅游景区、历史文化街区等机构的合作，围绕景区场馆介绍、民间技艺传承、老街保护等主题开展咨询引导、场馆布置整理、活动承接、讲解导览、文化传播、街区秩序维护等服务。此外，还注重加强与济南市社会文艺体育团体的交流合作，协调文化、体育场馆等，合作开展专业演出。

"服务社区行动"在维持现有参与规模和服务效果的同时，也在积极探索项目优化途径，提升劳动育人效果。一是志愿服务基地精准对接，通过与济南团市委合作的"青春耀泉城"计划，联系优质志愿服务基地，按照"人职匹配"原则，由学校青年志愿者联合会为优质基地精准对接相关学院参与共建。二是志愿服务基地动态调整，建全志愿服务基地运营反馈机制，及时根据各基地运营过程中出现的问题给予相应支持，对于综合运行效果欠佳的基地进行调整。"服务社区行动"通过广泛的志愿服务基地建设和多元的志愿服务内容，使更多青年学生投身于服务国家社会发展的志愿服务实践，在服务他人的同时，锻炼和提升自己的综合实践能力，真正有所收获，实现"五育并举"的育人目标。

从强化大学生劳动教育的视角来看，服务社区有以下积极作用。

对于服务对象来说，广大志愿者深入社区，精准对接社区需求，围绕助残助老、关爱青少年、环境保护、文化体育、便民利民、文明倡导、医疗救助等各个领域开展志愿服务活动，助力社区全面发展。一方面，“服务社区行动”通过专业化服务，有效解决社区发展困境，满足社区发展需要，推动社区治理能力现代化，推动社会治理和社会转型发展；另一方面，志愿者参与志愿服务活动能够帮助改善社区条件，丰富居民生活，在社区内形成积极向上的良好风气，提升居民幸福感、获得感，推动和谐社区建设。

对于青年志愿者来说，参与社区服务时，能够深入接触和了解社情国情，洞察社区中人口老龄化、环境污染、贫富差距等社会问题，自觉地把社会价值与个人价值有机结合，在尝试解决问题的过程中不断强化自身的社会责任意识、公民意识，锻造公共参与、公共服务精神，发挥自身在社会发展过程中的积极作用，进一步理解“奉献、友爱、互助、进步”的志愿精神，将个人的追求与祖国的前途命运紧密融合，更好地理解和践行社会主义核心价值观。广大志愿者在恤病助医、文化宣传等专业服务中，可以充分运用自身所学解决实际问题，还可以在劳动实践中实现大学生专业能力和实践能力的相互转化，实现第一课堂、第二课堂有效衔接，也能在互助与合作过程中学习社会生存方式和为人处事办法，锻炼自身沟通、表达、组织、协调等能力，不断提升个人综合素质。

（二）中国青年志愿者扶贫接力计划研究生支教团

中国青年志愿者扶贫接力计划研究生支教团（以下简称“研支团”）是由共青团中央、教育部联合组织实施的青年志愿者扶贫接力计划全国示范项目。自 1999 年起，每年在全国部分重点高校中招募一定数量具备保送研究生资格的学生，采取自愿报名、公开招募、定期轮换的“志愿＋接力”方式，到中西部贫困地区中小学开展为期一年的支教志愿活动，同时开展力所能及的扶贫服务。20 余年来，研支团项目在推动中西部贫困地区基础教育事业发展和服务西部大开发战略方面取得积极成效，已经成长为极具示范性和代表性的志愿服务项目。

山东大学研支团自 1999 年起，累计招募成员 350 余人，目前共有新疆伊宁、山西石楼、山西灵丘、河南确山四个服务地。近年来，山东大学研支团着力推动品牌活动建设，展现山东大学学子把重要的事做大做好做稳的负责任心态，同时结合支教地实际情况，积极沟通当地团委、青协和学校，从教育的角度为脱贫攻坚奉献力量，荣获2020年“知行计划”全国铜奖、2019年“知行计划”全国金奖、2018年山东省青年志愿服务项目大赛银奖、2018年全国志愿服务项目大赛银奖、2017年阿克苏诺贝尔社会公益奖等各类奖项。

山东大学研支团自成立以来，坚持精准挖掘服务地需求，充分发挥高校教育资源优势，充分发挥劳动教育平台作用，坚持理论与实践相结合，积极打造志愿服务品牌项目。

1.“梦想导师”系列活动

为启发服务地学生从自身兴趣出发，形成对梦想的清晰认知，结合自身情况和兴趣树立远大理想目标，山东大学研支团河南队组织开展“梦想导师”系列活动，带领各个年龄段的孩子，挖掘探索自身潜能，培养自身兴趣点，理解梦想概念，从而逐渐形成对自身实际情况的认知。“梦想导师”系列活动分为“启动仪式”“梦想来信”“梦想会谈”“梦想飞扬”四部分，当地学生踊跃参与，获得社会赞誉和广泛好评。

2.“心巢计划”

为关爱易地扶贫搬迁社区青少年心理健康，为课余生活增添乐趣，山东大学研支团山西石楼分队在石楼小镇易地扶贫搬迁社区，为社区青少年开展了一节节别开生面的课外趣味课堂。通过传统文化兴趣课堂的方式，帮助易地扶贫搬迁社区青少年领略中国传统文化魅力，培养他们积极健康的兴趣爱好，寓教于乐，丰富他们对艺术的感知。

3.“从大山到山大”游学活动

为开拓学生视野，引导其树立远大目标，自2019年起，山东大学研支团组织开展“从大山到山大”游学活动，带领支教所在地的优秀学子走出大山，零距离接触山大。受疫情影响，线下游学形式受限，基于“从大山到山大”特色品牌，研支团深入挖掘活动开展新形式，实现了由单一游学到系列活动的转型，创新开展“从大山到山大系列讲座”“山东大学云参观”“你好，朋友”“我的一天”等云端游学活动，该活动实现了西部计划志愿者与研究生支教团成员的互动，实现了线上与线下的联动，实现了服务地与在校志愿者的联动，使“大山”与“山大”的联系与互动更加紧密。

从强化大学生劳动教育的视角来看，研究生支教团通过志愿者们在服务地广泛开展劳动教育实践探索，实现了“志愿者—学生”的双向培养。从志愿者角度讲，一方面，志愿者借助这一重要平台丰富和扩展了大学生参加劳动的范畴；另一方面，这一活动有利于更好地实现个体的全面发展。德、智、体、美、劳不仅是对教育体系的顶层设计，也是学生个人全面发展的框架支撑，在实践之中探索，可以让志愿者们在劳动中接受锤炼，进而养成良好的劳动习惯和正确的劳动观念。从服务地学生的角度讲，在老师的积极引导下，学生能够逐渐树立正确的劳动观点，懂得劳动的伟大意义；能够培养热爱劳动和劳动人民的情感；能够培养学生从小勤奋学习的意识；能够培养勇于担负起艰巨的建设任务的使命感。

（三）“保护母亲河行动”

“保护母亲河行动”是共青团中央于 1999 年联合全国绿化委员会、全国人大资源与环境保护委员会、全国政协人口资源环境委员会、环境保护部、水利部、农业部、国家林业局、中国青少年发展基金会等单位共同发起实施的群众性生态环保公益活动，以保护哺育中华民族的“母亲河”——黄河、长江及其他主要江河为主题，动员广大青少年参与到环境保护的志愿服务活动当中去。

“保护母亲河行动”主要分以下三大板块开展工作：一是利用多种手段和形式，开展丰富多彩的“保护母亲河志愿服务和宣传教育活动”。例如，通过建设绿色行动基地，集中组织青年开展植树造林、沙漠治理、水污染整治、清除白色垃圾等环保志愿服务活动。二是按照项目审批立项制、项目法人制、项目监理制、资金报账支付制、产权预先确认制等五项制度，建设“保护母亲河工程”。三是采取“5 元钱捐植 1 棵树”“200 元钱捐植 1 亩林”的方式，筹集“保护母亲河行动专项基金”，为工程建设提供保障。

“保护母亲河行动”是一项引导亿万青少年全方位参与生态环境保护和建设的大型生态活动建设与公益事业，并已经取得了良好的生态效益、经济效益和人才效益。截至 2018 年，“保护母亲河行动”共建设 6000 多个绿化工程，总面积达500多万亩，吸引了6亿多人次青少年参与。[①]

实践证明，“保护母亲河行动”的开展，标志着青少年生态建设活动迈入一个新的历史进程。在组织形式上，实现了由单一依靠共青团组织发动到以共青团组织实施为主，人大、政协积极参与，政府部门大力支持的转变；在实施的内容上，实现了以植树造林为主到全面参与生态环境建设的转变；在参与的主体上，实现了由单一组织发动青少年到以青少年为主、牵动广大社会公众的转变。

同时，保护母亲河活动在劳动教育层面也有以下三方面的意义。

1.劳动实践方面

青年志愿者在课余时间通过参与保护母亲河活动，亲身参与植树、种草等劳动活动，在获得劳动参与感的同时，也丰富了第二课堂的劳动实践内容，让青少年更好地认识到“什么是劳动”。

2.劳动思想方面

保护母亲河行动逐渐成为社会公众共同参与生态环境建设的有效渠道，对青少年展开爱国主义教育和生态环境教育提供了新的载体。在亲身参与环境保护观念逐渐成为社会共识的情况下，劳动光荣的理念得以更好地为广大青少年所接受，助力青少年形成正确的劳动价值观念。

3.劳动作用方面

志愿者的劳动与实践能力在一次次的活动中不断得到提升，逐渐树立生态责任意识与忧患意识，形成崇尚自然、热爱自然、善待自然的道德良知，这对更好地实现劳以强体、劳以养德具有重大的推进作用。

（四）“共青团关爱农民工子女志愿服务行动”

留守在家乡的子女是每个农民工父母心中放不下的牵挂，也是国家与社会重点关怀、帮助的对象。为此，共青团中央、中国青年志愿者协会共同发起实施“共青团关爱农民工子女志愿服务行动”，并于2010年5月4日在全国各地集中启动。

“共青团关爱农民工子女志愿服务行动”主要服务对象为随父母进入城

---

① 参见《保护母亲河行动走过十八载》，《中国共青团》2018年第1期。

市的农民工子女以及留守在农村的农民工子女，针对该类群体的现实状况，团中央及各基层团组织按照“青年志愿者小组（或团队）＋农民工子女＋接力”的项目实施模式，重点组织大中专院校、国有企业及机关事业单位等方面的团组织、青年志愿者团队与农民工子女在学业辅导、亲情陪伴、感受城市、自护教育、爱心捐赠等方面进行结对服务。鼓励青年志愿者辅导农民工子女功课、举办文体活动，帮助农民工子女提高学习成绩和综合素质；鼓励青年志愿者积极与农民工子女结成朋友关系，及时沟通交流，促进农民工子女保持良好心态、培养健全的人格；鼓励青年志愿者带领农民工子女就近就便参观爱国主义教育基地、博物馆、纪念馆等，帮助农民工子女充分感受和体验城市生活；鼓励青年志愿者为农民工子女讲授安全、自护和健康、卫生等知识，提高农民工子女的安全意识和自护能力，促促农民工子女养成健康的生活习惯。

“共青团关爱农民工子女志愿服务行动”使广大青年志愿者积极投身劳动实践，在实践过程中逐步发挥育人功能。随着该行动的不断深入，全国各地市团组织群策群力、集思广益，针对特定群体，结合各地实际，采取适宜举措，突出“结对”可操作、易量化、重长期的特点和优势，将“结对”作为推进“共青团关爱农民工子女志愿服务行动”的重要抓手和突破口，并建立接力机制，形成长期有效帮扶，先后涌现出以“七彩小屋项目”“七彩课堂项目”为代表的一批精品志愿服务项目，参与其中的青年志愿者达百余万人次，受益的农民工子女近千万人。

行动实施以来，在党中央的统一领导下，在团中央书记处的直接指导下，团中央及各基层团组织紧盯目标任务，主动担当作为，强化督导落实，先后建立了团内各级“纵向联动、横向联合”的领导协调机制、“项目化运营＋结对帮扶”的长效服务机制、以共青团关爱农民工子女专项志愿服务基金为牵头的保障支持机制，广大青年志愿者积极参与，以关爱农民工子女的实际行动投身到志愿服务中来，躬身力行“奉献、友爱、互助、进步”的志愿服务精神，在新格局下全面提升了青年志愿者品牌的影响力。

（五）大学生“三下乡”社会实践活动

“三下乡”是指活动成员以志愿者的形式深入农村，传播先进文化和科技，体验基层民众生活，调研基层社会现状。按照“目标精准化、传播立体化、实施项目化、工作系统化”和“按需设项、据项组团、双向受益”的原则，以扶贫、济困、扶老、助孤、恤病、助残、救灾、助医、助学等为发力点，内容丰富而且形式多样，是目前开展最广泛的社会实践活动形式。[①]

项目开展以来，各大高校学子积极响应号召，组成团队广泛进入农村，开展宣讲、调研、帮扶等各种活动帮助传播先进文化和科技。团队走进乡镇、重点扶贫地区，深入基层，深入群众，向居民普及扶贫脱贫政策的知识，向村民介绍我国全面建成小康社会的决定性成就，调研团队广泛开展各项调研，探寻农村新特色发展模式。通过调研，各个团队志愿者利用自身的专业优势联系实际，积极帮助改善调研中发现的问题，在对农村发展起到积极影响的同时，又促进学生走向农村社会，体味不一样的风土人情，于劳动中提升大学生的社会责任感。

“三下乡”社会实践活动的开展，有利于加强大学生的劳动实践锻炼，有利于大学生的成长成才，是目前第二课堂中不可或缺的一环，是开展大学生思想政治教育的重要途径。

（六）“服务山东·山大方案”山东大学硕博服务团

“服务山东·山大方案”山东大学硕博服务团自2018年启动，团队由山东大学在校硕士、博士组成，面向山东省各地市，聚焦新旧动能转换、公共卫生、高质量发展、经略海洋、乡村振兴、文化传承、精准扶智等山东省前沿发展问题，通过实地参观、体验、座谈等形式，线上线下融合贯通，广泛开展各类实践活动，培养青年“架天线”和“接地气”的能力。该项目整合交叉学科背景，集中跨领域优势资源，通过山东大学研究生青年群体与一线工作者的共同探索和努力，强化校地合作，为山东决胜全面小康建言献策提供行之有效的山大方案。

项目开展至今，坚持“动态优化”原则，积极探索开拓新的实践边界。目前，山东大学硕博服务团实践范围已覆盖七大板块。

---

① 参见裴华尉：《大学生“三下乡”社会实践育人功能的实现路径研究》，《亚太教育》2020年第18期。

1.动能转换——经济板块

硕博服务团积极走访相关单位，获取地方相关经济资料和数据，了解地方经济发展实际难题。硕博服务团的部分调研报告以“创新发展，助推落地”为理念，切实助力地方新旧动能转换，推动加快形成适应地方经济特色的新模式。

2.国计民生——社会板块

“为政之道，以顺民心为本，以厚民生为本，以安而不扰为本。”服务团积极围绕医务医疗、弱势群体、社区治理、城市规划、全民健身等社会焦点问题，联系相关单位或社区开展调研走访工作，提出相关解决或缓解方案，促进社会主义和谐社会建设。

3.核心价值——文化板块

核心价值观承载着一个民族、一个国家的精神追求，是最持久、最深层的力量。核心价值观需要通过社会政策和政府话语等进行多层次的、系统性的传递，核心价值观在各地区自有其生动体现和特殊之处。服务团明确地方特色，体验地方传统民俗文化，切实考察社会主义核心价值观在地区层面的传播方式、传播渠道、传播内容，并结合地区发展定位等多方面因素，助力地方文化发展，讲好地方故事。

4.绿色发展——环境板块

“生态兴则文明兴，生态衰则文明衰。”绿水青山就是金山银山，生态文明建设影响着改革发展的方方面面。服务团践行绿色发展理念，聚焦生态文明建设，积极结合地方实际情况，做好实地考察调研，力争促进地方绿色发展，共筑美丽中国梦。

5.未来基石——教育板块

教育是国家发展的基石，振兴教育直接关系国民素质的提升和国家振兴。服务团积极走访地方教育部门、大中小学、幼儿教育和社会教育企业，收集教育相关数据，了解地方对教育的需求缺口，助力地方教育事业稳步发展。

6.创新发展——企业板块

创新是一个企业生存和发展的灵魂所在。服务团积极从企业和政府角度对地方企业进行调研，了解地方服务政策，走访地方新老企业，以更多智力成果助推地方创新发展。

7.人尽其才——人才板块

群英云集，方可助力地方腾飞。服务团积极了解地方人才引进情况，了解地方人才政策，并积极探索解决地方人才引进工作中存在的困难，据此提出针对性建议，助力地方人才引进工作的更好开展。

从强化大学生劳动教育的视角看，山东大学硕博服务团有以下积极作用。

1.“纸上得来终觉浅，绝知此事要躬行。”山东大学硕博服务团作为强化劳动教育的重要平台，为参与其中的学生提供了良好的学习交流的机会，让学生能亲身经历劳动的全过程，充分运用所学知识解决实际问题，实现专业理论与劳动实践能力的相互转化，拓展自身认知和专业视野，促进学生的实践能力、职业素养和业务能力稳步提升。

2.山东大学硕博服务团让教育走出学校，将学生带入真实的学习环境，直面真实的劳动形态，充分发挥时代劳动精英对学生成长的引领作用，以切实行动实现劳动价值观在学生心中的升级与内化，有利于新时期劳动教育观念深入人心、与时俱进，发挥劳动教育在立德树人中的重要作用。

3.山东大学硕博服务团依托社会企业、城乡社区、政府部门等各类社会劳动资源，积极构建第一课堂和第二课堂有机衔接的劳动教育体系，实现各类劳动教育资源有效连通，打造“共建共享、协同育人”劳动教育新体系，为学生劳动教育发展提供有力支撑。

4.山东大学硕博服务团牢牢把握劳动育人目标导向，制定科学的评价标准，切实为劳动教育提供考核评价准则，坚持“五育并举”多元评价体系，将“劳以强体、劳以增智、劳以育美、劳以养德”等方面置于评价体系首位，打造多元化劳动教育评价新模式，令其成为提升在校大学生劳动精神的生动载体。

(七)青鸟计划

“青鸟计划”是由共青团山东省委、山东省人力资源社会保障厅联合实施的社会实践项目，立足联系齐鲁学子的纽带、服务招才引智的窗口、汇集智力资源的平台三大定位，以实习实践、高质量就业、“双创”空间和校地合作为四大支撑，吸引青年学子和人才来鲁干事创业，推动“引凤还巢”。

该项目汇集共青团、人力资源社会保障系统各类政策、项目、资源，建设就业和实习岗位数据库、重点高校学子和优秀青年人才数据库，打造人岗精准智能对接平台、青年人才与地方发展供需对接平台、联系凝聚青年平台，解决由于联系服务优秀青年不紧密、优秀青年对家乡发展变化不熟悉、大学生职业规划缺乏有效引导、就业岗位供需不对称等导致的山东本土人才流失问题。

项目实施以来，以山东大学、山东建筑大学、山东财经大学为代表的一批高校积极行动，精准落实各项举措，统筹出口端与入口端，推动“青鸟计划”走深走细。下面，以山东大学为例进行具体介绍。

1.加强组织协同，持续做好宣传

山东大学充分发挥团组织优势，协同就业创业指导中心，组织召开各学院“青鸟计划”工作推进会，发布《“青鸟计划”参与指南》等多篇专题推送，有序推介“青鸟计划”，做好预热宣传。

2.依托实践专项，优化岗位推介

结合“青鸟计划”专项社会实践，山东大学在济、青两地校区组建“青鸟计划”专项实践团队，强化校地合作，对接山东省各地市团委，高效率、广覆盖地获取地市相关“青鸟计划”岗位资源，坚持以学生需求为导向，做好岗位精准筛选与推介工作，推介优质岗位。

3.搭建沟通平台，加强信息反馈

强化校、院、团支部三级联动，山东大学组建“青鸟计划”学院联络员队伍，并面向一校三地召开“青鸟计划”专题培训会，聘任山东大学“青鸟计划”联络员，强化信息统计，做好监督与反馈工作。

就业是学生发展道路上的必经一环，“青鸟计划”实践项目借助“天眼查”等可靠工具，从各地市提供的岗位中筛选出覆盖各学科、各专业的优质岗位，在疫情防控形势下，满足学生的实习就业需求。坚持以学生需求为导向，不仅为学生提供了适合其需求的工作岗位，而且能让学生在实习、就业、创业中发现劳动的价值、自身的优势，提早认识到社会需求，更好地规划人生。

(八)“希望小屋”儿童关爱项目

随着贫困地区人民群众生活水平的提高和物质条件的改善,他们对精神文化的需求更加凸显,文化扶贫成为新时代扶贫工作的重要内容。2020年,共青团山东省委、山东省青年联合会共同发起“希望小屋”儿童关爱项目,项目针对经济困难家庭无独立居住和学习环境的8～14岁儿童(以建档立卡贫困家庭儿童为主)提供两方面服务:一是将原有住房隔断打造独立空间,统一规划、设计、装修,配备必要家具和学习生活用品,建成“希望小屋”,改善生活与学习环境;二是小屋建成后配套提供爱心志愿者结对跟踪陪伴,帮助解决成长和学习中的困难、问题,助力良好习惯养成和自立能力提高。

项目发起后,各级组织积极响应,以山东大学为代表的一批高校,科学迅速地启动工作程序,广泛发动爱心募捐,精准推进建设“希望小屋”,并组建“希望小屋”社会实践团队,利用寒暑期时间,采用线上与线下相结合的模式,开展学业辅导、爱心陪伴、兴趣培养、生活指导等各类服务,筑巢不忘暖巢,向孩子们持续提供关心关爱,为实现青少年儿童的全面发展助力,用实际行动为教育扶贫贡献青年力量。

劳动是人类生存发展的前提基础,它既是获取物质利益的手段,又是丰富精神生活的条件。而高校劳动教育作为“五育并举”的重要一环,以及全面发展教育体系的重要组成部分,旨在培养大学生树立正确的劳动观念,养成良好的劳动习惯,形成优良的劳动品质,崇尚高贵的劳动精神,有利于大学生更好地立德、增智、强体、育美。第二课堂已经成为新时代青年尤其是大学生参与劳动最广泛的实践场域,也是当下劳动教育的“主战场”,在人才培养体系中发挥着重要的作用。过去的一段时间,我们在第二课堂的劳动教育上进行了诸多有益的尝试和探索,在组织学生广泛参与劳动实践上拿出了诸多实招、硬招,取得了较好的育人成效。未来,在推动第二课堂劳动教育工程中,应继续坚持“立德树人”育人核心,遵循学生教育规律与成长特点,探索与人才培养高度融通,将第一课堂、第二课堂劳动教育贯通衔接,利用好志愿服务、社会实践、创新创业等主要抓手和载体,强化综合实施,充分挖掘校内外劳育资源,创新实践形式和劳动内容,打造新时代劳动教育第二课堂育人体系，提升劳动教育的实际育人效能，使学生在学思践悟中进一步转化第一课堂所学专业知识，培养劳动精神，丰富劳动知识，锻造劳动能力，端正学生马克思主义劳动观，牢固树立“劳动最光荣、劳动最崇高、劳动最伟大、劳动最美丽”的观念，实现“德、智、体、美、劳全面发展”的育人目标。

## 第三节　创新创业工作中的劳动教育

劳动教育与创新创业教育作为我国高等教育人才培养中不可或缺的重要组成部分，二者有着深刻的内在关联。2019 年 4 月，《教育部高等教育司关于印发〈教育部高等教育司 2019 年工作要点〉的通知》指出：“深入推进创新创业教育与思想政治教育、专业教育、体育、美育、劳动教育紧密结合，全力打造创新创业教育升级版，将创新创业教育贯穿人才培养全过程。”2020 年 7 月，教育部印发的《大中小学劳动教育指导纲要（试行）》指出普通高等学校劳动教育的要求：“强化马克思主义劳动观教育，注重围绕创新创业，结合学科专业开展生产劳动和服务性劳动，积累职业经验，培育创造性劳动能力和诚实守信的合法劳动意识。”新形势下，二者融通发展势在必行，这既是切实加强新时代高校劳动教育工作的现实需要，也是呼应学生职业发展、培养创新创业型人才的必然选择。新时代，高校以习近平新时代中国特色社会主义思想为指导，将劳动教育与创新创业教育融合纳入人才培养全过程，对更好地落实立德树人根本任务，实现人的全面发展，实现大学生高质量创业就业，培养社会主义建设者和接班人具有丰富的价值意蕴。

### 一、创新创业教育概述

#### （一）定义

由曹胜利和雷家骕主编的《中国创新创业教育发展报告》对创新创业教育的内涵定义做出了广义和狭义两方面的界定：广义上，创新创业教育是指关于创造一种新的伟大事业的教育实践活动；狭义上，创新创业教育是指关于创造一种新的职业工作岗位的教学实践活动，是真正帮助当代大学生走上自谋职业、灵活就业、自主创业之路的教育改革的实践活动。[①] 在2010年教育部《关于大力推进高等学校创新创业教育和大学生自主创业工作的意见》中,明确地将创新创业教育定义为"适应经济社会和国家发展战略需要而产生的一种教学理念与模式"。

(二)目标

从本质上来讲,创新教育与创业教育是"双生关系",二者天然联系在一起,相互融合,相辅相成,不可分割。"创新创业教育"在形式上的表现是在"创新"的后面加上了"创业"二字,实质上是内在规定了创新的应用属性,是指向创业的创新,重在应用上的创新,促进创新成果的市场化、商业化;在"创业"的前面加上了"创新"二字,其实质是全面统领了创业的方向,是以创新为基础的创业,是机会型创业,高增长的创业,提高了创业的层次和水平。

尽管创新创业教育教会了大学生如何创业,但这并不是其核心目标。如何把大学生培养成可以像企业家一样思考与行为的人,才是创新创业教育的关键之处。要达成这一目标,必须通过以下几点来实现。

1.创新精神的培养

创新精神是指要具有能够综合运用已有的知识、信息、技能和方法,提出新方法、新观点的思维能力和进行发明创造、改革、革新的意志、信心、勇气和智慧。培养学生的创新精神可以使得学生敢于打破条条框框,探索新的规律,在前人的经验基础上,根据自己的思考,创造出新思想、新事物。

2.挑战精神的培养

挑战精神是指在不囿于现状的同时,不断开拓新事物,树立远大目标的精神意志。人往往安于现状而不思进取,但若只安于现状而不思进取,人往往就已经在退步了。培养学生的挑战精神可以使得学生获得直面困难的勇气和不辞辛苦的忍耐力,在人生的不同阶段,不断拼搏、不断进步。

3.合作意识的培养

合作意识是指个体对共同行动及其行为规则的认知与情感,是合作行

① 参见曹胜利、雷家骕主编:《中国大学创新创业教育发展报告》,北方联合出版传媒(集团)股份有限公司、万卷出版公司2009年版,第6页。

为产生的一个基本前提和重要基础。在目前这个社会大生产的时代，通过培养学生的合作意识，可以使得学生在团队化合作中面临复杂的个人利益冲突和激烈的竞争态势下，做出使得集体利益最大化的决定，达到团队合作中无我而又天然实现自我和大我的最高境界。

4.敬业精神的培养

敬业精神是指人们基于对一件事情、一种职业的热爱而产生的一种全身心投入的精神，是社会对人们工作态度的一种道德要求。它的核心是无私奉献意识。低层次的即功利目的的敬业，由外在压力产生；高层次的即发自内心的敬业，把职业当作事业来对待。没有敬业精神的人往往对自己的工作缺乏热情，工作效率不高，可以说是“在其位不司其职”，是对社会生产效率的极大拖累，无法被称之为社会主义社会中全面发展的人，所以培养学生的敬业精神尤为重要。

5.社会责任感的培养

社会责任感就是在一个特定的社会里，每个人在心里和感觉上对其他人的伦理关怀和义务。在我们社会主义国家中，每一个人都是其所有社会关系的总和，没有人可以在没有交流的情况下一个人生活。所以，培养一个学生对他人负责、对社会负责的责任感是极其重要的，拥有社会责任感的人才不会仅仅是为自己的欲望而生活，而是为着全社会的共同利益生活，这样的人才可以称得上是全面发展的人。

(三)原则

1.广谱性原则

广谱性原则是指大学生创新创业教育必须坚持面向全体学生，融入人才培养全过程，在各高校实施全方面、全员式的创新创业教育。

2.协同性原则

协同原则是指各高校必须坚持创新创业教育与专业教育相联系，课内学习与课外活动相衔接，校内教学与校外实践相结合。

3.特色化原则

特色化原则是指各高校在开设创新创业教育课程时，应当结合本高校自身定位与学科特色设定相应课程，打造出属于各学校的品牌特色。

4.方向性原则

方向性原则是指各高校创新创业教育始终要在社会主义大学的办学方针下展开，不仅要培养学生的创新创业能力，更重要的是应当致力于把学生培养成为一个富有社会责任感的、全面发展的人。

## 二、创新创业教育与劳动教育的关系

随着《中共中央、国务院关于全面加强新时代大中小学劳动教育的意见》的出台，以及《教育部办公厅关于做好深化创新创业教育改革示范高校2019年度建设工作的通知》的发布，劳动教育课程被纳入高校必修课范畴，同时创新创业教育与劳动教育紧密结合也被纳入学校改革发展规划。由此观之，国家高度重视青年人才培养工作，不仅关注青年群体劳动素养的提升，而且更要求青年掌握将劳动素养转化为创新创业成果的能力。

### （一）同源性

劳动教育与创新创业教育同属于教育，教育的本质具有同源性。教育的本质是培养全面发展的人，而劳动作为人的特有活动，本质上是对人的解放和发展。劳动教育通过培养青年劳动者的劳动能力，使其树立正确的劳动价值观，培养其热爱劳动的品质，使得每一位青年将劳动视为一种光荣义务，乐于利用自己的双手为社会主义建设作出应有贡献，以劳动解放自我和发展自我。创新创业教育则是对青年劳动者创新精神、挑战精神、合作意识等综合素质的培养教育。并且，在这一不断更新思维、提高创新创业能力的教育活动中，青年劳动者的综合素质也不断提高。

### （二）相辅性

劳动教育与创新创业教育目标相辅相成，二者的精神内核是一致的。教育部有关负责人就《中共中央、国务院关于全面加强新时代大中小学劳动教育的意见》答记者问时谈道，新时代劳动教育主要育人目标是理解和形成马克思主义劳动观，培养勤俭、奋斗、创新、奉献的劳动精神。如今，中国特色社会主义已经进入了新时代，适应新时代需要的合格劳动者是那些具备敢于拼搏、勇于创新、精益求精、专注执着的精神，并且相信自己能够在自己所从事的领域作出更多贡献的劳动者。创业教育的目标是培养具有创业基本素质和开创型个性的人才，其看重的是诚信、合作、创新、敬业等品质，这些都是一名优秀的企业家所必需的。由此我们可以看出，企业家精神和劳模精神相辅相成，劳动教育与创业教育目标一致。

（三）融通性

劳动教育与创新创业教育内容互相融通。劳动教育最直接、最有效的方式就是社会实践，青年群体通过在企业中实践，提高解决问题的能力，实践对于劳动能力的提升是课堂教育所无法比拟的。创新创业教育的重点是鼓励青年开展具有创新性的活动。人类文明之所以能够发展到今天，正是因为人类能够不断地创新，不断地发展生产力，创业教育的精神就是鼓励青年群体不断尝试创新劳动方式，尝试前人未曾尝试的，为今人和后人的福利而努力，在此意义上，劳动教育与创新创业教育互相融通。

（四）共同性

劳动教育与创新创业教育在实践层面具有共同性。“纸上得来终觉浅，绝知此事要躬行。”在当今时代，劳动教育的场所实现了从课堂教育到实践教育的转变。社会实践是劳动教育的重要形式之一，应鼓励青年切实投入实践之中，切实提高自身的劳动能力。创新创业教育更是以实践为前提，真正的创新创业者都是摸爬滚打，一路摸索，经历了失败的洗礼才最终成功的。由此可见，无论是劳动教育还是创新创业教育，都是将实践放在首位，都要求青年人真正走进社会，躬亲实践，在具体的劳动实践之中持续提升自身的能力。

## 三、创新创业教育对加强劳动教育作用机理

新时代创新创业教育作为加强劳动教育的重要方式和手段，在推动第二课堂劳动教育工作方面发挥着重要作用，主要通过以下三个方面发挥其作用。

（一）明确创新创业教育目标，提高学生劳动认知能力

形成对劳动的科学认知，是加强大学生劳动教育的前提和基础。目前，

由于缺乏正确的引导，很多学生对劳动缺乏科学的认知。传统应试教育一味地强调分数，父母为了让孩子专心学习，导致很多孩子衣来伸手，饭来张口，在家中缺乏正确的劳动观，不懂得劳动的意义和价值，不珍惜劳动成果，不想劳动，甚至根本就不会劳动。明确创新创业教育目标，有助于提高高等教育质量，促进学生全面发展，推动毕业生创业就业，服务经济社会发展，可以有效提升学生的劳动认知能力，让学生理解和形成马克思主义劳动观，牢固树立劳动最光荣、劳动最崇高、劳动最伟大、劳动最美丽的观念。

### （二）丰富创新创业教育内容，提升学生劳动实践能力

劳动教育一度在学校中被弱化，在家庭中被软化，在社会中被淡化，导致一些大学生缺乏起码的劳动常识和基本的劳动锻炼。创新创业教育的覆盖面广，形式多样，趣味性和探索性强，符合青年人愿意接触新鲜事物的性格特点。正是基于此，其可以吸引一大批学生进行劳动实践。除此之外，创新创业教育是一项团队配合度很高的工作，可以在很大程度上增强学生对劳动的感知和理解。通过不断丰富创新创业教育内容来增强创新创业教育的实际效果，可以有效提升大学生的劳动实践能力。

### （三）拓展创新创业教育场域，培育学生劳动创造能力

党的十九大报告指出，青年一代有理想、有本领、有担当，国家就有前途，民族就有希望。创新创业教育有助于提升当代大学生的劳动能力，有助于提高生产力，有助于增强综合国力，是建设中国特色社会主义现代化强国、不断满足人民日益增长的物质文化需求的重要保障。目前，传统教育观念下的高校创新创业教育形式较为单一，缺乏足够的创新。应当大力拓展高校创新创业教育方式和方法，引导学生通过创新创业教育热爱劳动、创新劳动，从而培养专业能力过硬、自主创新能力较强的新型劳动者。

## 四、创新创业教育促进劳动教育典型案例介绍与分析

随着国家对创新创业工作重视程度不断提高，我国高校大学生的创新创业热情空前高涨，涌现出了一大批已经取得优秀成果的创新创业项目，对劳动教育的促进作用也十分明显。本书选取了其中一些典型案例进行介绍

与分析。

(一)“罗小馒”项目

该项目刚起步的两年间，在全国范围内就拥有了5家自营店和131家加盟店，直接带动大学生、下岗职工千余人就业，卖出了7800万个红糖馒头，销售额超亿元。该项目创始人为滇池学院的本科生罗三长，高二时就做过中餐厅，为了做好包子、馒头更是去台湾地区取经，深入研究红糖馒头的做法，并对其进行改良，不断研究消费者的心理，不断追求更好的品质。该项目虽没有高新技术的加持，但仍然取得了很大的成功，这说明创新不一定要高科技，只要是贴合实际、贴近用户，创新的项目就能获得发展。只要脚踏实地地干事创业，从小事做起，敢想敢做，深入钻研，就可以在市场上站稳脚跟，就可以拥抱成功。

(二)“中云智车”项目

该项目以系列化、线控化、模块化、通用化的车规级无人车底盘为基础旗舰产品，在此基础上，打造无人物流车、无人摆渡车、无人运货车、无人军用车等特定场景的商用无人车，致力于成为未来商用无人车定义者。该项目盈利模式主要为依靠产品和定制化服务盈利，目前项目已完成天使轮融资，估值近亿元。项目负责人为北京理工大学在读博士，出版专著2部，发表SCI/EI论文70余篇，持有发明专利30项，成功将所学知识转化为产业应用。

该项目聚焦行业痛点，针对目前民用领域无人车底盘研发薄弱、无法大规模应用的问题，提供了很好的解决方案。该行业较为空白，发挥空间巨大，市场规模至少为1.5万亿。该项目在军用领域也有较大发展空间，无人陆军装备将会是未来的发展方向，但目前尚未出现具有军用高性能无人车研发能力的民营企业。在军民融合政策的支持下，该项目在军用领域也将取得不错的发展。

(三)“漫中文”项目

该项目旨在满足全世界汉语学习者的需求，通过一个App，以看漫画的形式，利用碎片化的时间随时随地学习汉语。该项目用漫画制定汉语学习内容，通过对内容的打磨和整体教学方案的推敲，满足用户需求。该项目让汉语学习不再枯燥，并且通过科学的方式开展汉语言教学，以这样一种潜移默化的方式让全球的用户了解中国人的日常生活。项目聚焦目前市场痛点和空缺，把重心放在“交互教材”和原创课程的研发上，依托优质的课程内容，致力于打造一个集课程、社区、工作于一体的教育社交平台。该项目市场容量近千亿，前期研发成本较高，越到后期成本越低。该项目客户群体广泛，只要有汉语言学习需求的人都是其目标客户，除了提供固定的课程外，还可以针对客户个性化定制学习方案。在中华文化被广泛认可的今天，该项目更是作为一个文化传播平台发挥着积极的作用，为中国文化软实力输出贡献力量。

上述实践证明，通过明确创新创业教育目标，可以让学生在创新创业过程中对劳动有新的认识，懂得劳动的意义和价值，想劳动、会劳动，在创业过程中通过实践和团队配合，增强劳动实践能力。同时，通过实地调研、创新研究和总结归纳，学生将会在创新创业的道路上取得成功，成为专业能力过硬、自主创新能力较强的新型劳动者。

# 第四章　劳动教育格局日臻完善

劳动是推动社会发展的必由之路，也是落实“五育并举”、培养时代新人的重要内容。山东大学始终将劳动教育工作摆在育人的突出位置，劳动教育工作格局日臻完善。学校以班团工作、勤工助学、志愿服务、社会实践等工作为依托，持续推进劳动教育工作，引导学生厚植劳动情怀、涵养劳动品德、培养劳动能力。同时，大力推进校地合作与校企合作，不断优化人才培养模式，推进劳动教育，助力企业发展，服务地方建设。

## 第一节　劳动教育在各方面工作中持续推进

劳动教育是新时代党对教育的新要求，山东大学一贯注重发挥劳动的育人功能，搭建学校教育与社会生活的联系桥梁，“校、院、班”三级联动落实班团工作、践行劳动教育理念，研究生“三助一辅”及本科生勤工助学助力营造劳动教育氛围，在各方面工作中持续推进劳动教育，切实引导学生认识社会、参与社会，增强社会责任感。

### 一、以班团工作为载体力行劳动教育理念

《中共中央、国务院关于全面加强新时代大中小学劳动教育的意见》中表明实施劳动教育重点是在系统的文化知识学习之外，有目的、有计划地组织学生参加日常生活劳动、生产劳动和服务性劳动，让学生动手实践、出力

流汗,接受锻炼、磨炼意志,培养学生正确的劳动价值观和良好的劳动品质。高等学校要注重围绕创新创业,结合学科和专业积极开展实习实训、专业服务、社会实践、勤工助学等,增强学生劳动意识,提升学生劳动能力,具有到艰苦地区和行业工作的奋斗精神和面对重大疫情、灾害等危机主动作为的奉献精神。

(一)实现三级联动,推进劳动教育

为贯彻落实习近平总书记有关劳动教育的重要指示,围绕新时代党和国家对劳动教育的重要部署,聚焦“立德树人”根本任务,学校积极完善组织架构,注重三级联动,打造协同育人格局。

学校建立健全劳动教育组织机构的三级联动(见图4-1),主要体现在学校、学院和班级三个层面的具体工作中,这三个层面的工作力量在不同的方面融合互补,全面推进劳动教育,规范劳动教育项目管理,高度发挥组织机构的作用。学校出台《山东大学志愿服务项目管理办法》《山东大学学生志愿服务时长管理细则》等文件,进一步规范志愿服务管理与认定。

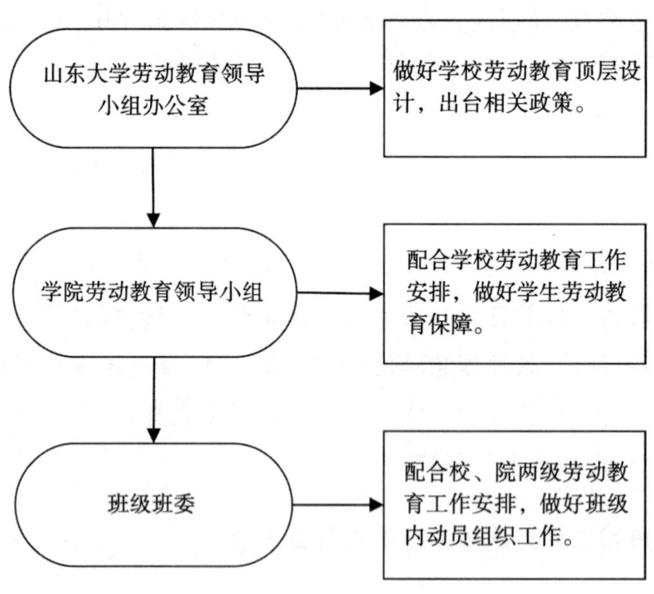


图4-1 劳动教育组织机构三级联动

在劳育课程建设方面，分类梳理出具有劳动属性的课程，将劳动学时有机融入人才培养计划，并在各类课程中增设劳动实践内容，鼓励学生积极参与劳动实习实践。将劳动精神、劳动理念融入思政课程，各培养单位积极探索在专业课程中融合劳动教育元素，围绕劳动法律、劳动关系、劳动社会保障、劳动卫生安全等内容，开设劳动教育课程，建立劳动教育课程群。依靠“三助一辅”、创新实践、竞赛专业实践等抓手，初步搭建起学生劳动实践体系，进一步加强产教、医教、科教融合，建立面向学生的联合培养基地，为广大学子提供更多实践资源。各培养单位按照劳动教育要求，建构动脑思考与动手操作有机结合的人才培养体系，全面提高学生专业劳动能力与素养。

学校坚持立德树人根本任务，将志愿服务作为落实德育与劳育的重要抓手，形成“人人都做志愿者”的工作模式。学校从学院择优推荐的课程中筛选出具有可实践性、可推广性以及具有教育意义的课程和实践活动，在全校范围推广的过程中发挥班级的作用，在具体实践的过程中积极地总结、反馈，学校和学院根据在班级实践过程中总结的经验和不足，再不断地修改、调整工作思路，指导学院和班级的劳育课程，使其更加完善。

以山东大学开展的志愿服务工作为例，学校围绕志愿服务广泛开展了主题宣传，凸显育人成效。在体制机制方面，也在努力保障人人参与志愿服务的实效性。深化志愿服务工作，首先要坚持思想引领，选树典型，加强志愿者队伍建设；学院根据自己学院的特色开展不同的志愿服务项目，并择优向学校申报，学校考察、测评后在全校范围内推广，服务全校学生，并邀请活动项目开展过程中表现优异的班级为同学们做出范式，以备推广。凝聚学校、学院、班级三级多支工作队伍的力量，营造服务社会、奉献社会、实现人生价值的良好氛围，打造品牌服务项目，完善项目体系，提高和拓宽志愿服务项目供给量和覆盖面。还应建立志愿服务工作责任矩阵，提升工作效率和育人实效，为学生提供多角度、全方位、深层次的发展性志愿服务项目。

1.稳妥推进，扎实开展

以每年 3 月“雷锋月”主题教育实践活动为劳动教育启动契机，以一定的开展周期持续开展，加强内容设计，强化院校联动，充分发挥各学院青年志愿服务组织的力量，推动全校各级团支部有序、分类、深入、集中开展劳动教育活动。

2.做好协同，全面覆盖

加强“一校三地”校院联动，充分激发一校三地团组织开展劳动教育活动的积极性，按照项目化、团队化的形式，依托各校区志愿服务组织优势，带动支部青年参加，力求全面铺开，积极发挥学校“三全育人”综合优势，共谋共促劳动育人。

3.盘活存量，形成实效

针对各级团支部工作实际，围绕劳动教育系列主题，切实发挥青年志愿服务组织和云平台作用，提升学生参与度及获得感。同时，各支部工作的开展应有效结合“青春担当，战疫有我”社会实践立项活动、“手拉手”关怀医护工作者子女专项志愿服务活动等专题活动，避免流于形式。

4.积极宣传，选树典型

各级团支部对活动中反映出来的具有示范性、实效性、创新性、推广性的优秀内容，应及时做好宣传资料的收集整理工作，积极通过企业微信、校院网站等做好宣传报道。学校后期则根据各级团支部活动情况开展示范典型选树活动。

以洪家楼校区外国语学院、中心校区数学学院、兴隆山校区机械工程学院、趵突泉校区药学院为代表的文、理、工、医各学科，结合学科特色，依托专业优势，打造“劳动教育＋”新模式，集中开展各类劳动教育活动，引导学生结合专业特点及优势，创造性地解决实际问题，增强劳动意识、提高劳动能力。

(1)外国语学院“劳动教育＋职业规划”模式

劳动教育与职业生涯教育及就业指导相结合，可以帮助大学生树立正确的就业观念。劳动教育与人才培养相结合，可以培养具有坚定政治立场、扎实外语基本功、厚实人文素养以及开阔国际视野的“修习内外、学鉴中西”的高素质外语人才，为以后的职业生涯规划奠定坚实的基础。“公译平台”、牵手蓝天支教调研团、全球能源互联网与大学创新发展论坛、上合组织成员国元首理事会会议等活动的志愿服务本着“服务山东，奉献国家，心系天下”的发展方向，立足专业，探索专业特色。译者无疆，显当代青年责任担当。依托立项，激发团支部志愿服务活力，在服务奉献中找到适合自己的职业。

(2)数学学院“劳动教育＋专业教育”模式

开展“知数答理”劳动教育活动。新冠疫情防控的常态化对传统以线下为主的劳动教育模式产生了巨大冲击，诸多志愿服务、社会实践等劳动教育活动大幅受限。为了更好开展后疫情时代劳动教育，数学学院“知数答理”院际数学技能提高计划打通“劳动教育＋专业教育”壁垒，成立包括助教群、学生帮扶群及作业小组群在内的互助学习群近百个，累计参与学生骨干、党员及志愿者达300余人，累计服务2000余人次。

院内建立学习小组、班级、院系三级帮扶机制，通过以学生志愿者、任课教师为主体的师生联动模式，开展数学学科的朋辈教育与导师教育；院与院之间致力于以点带面，提供适合不同学科、不同年级学生的数学学科辅导模式，以有效帮助文、理、工、医各学科学生解决在数学学科相关课业学习方面的困难，降低其在相关课程考试中的不及格率。劳动教育志愿者在传道授业的同时，也有教学相长、温故知新的自促，形成劳动教育良好闭环。

(3)机械工程学院“劳动教育＋创新创业”模式

“双创”育人发挥学科优势，拓宽“双创”渠道。通过指导“互联网＋”“挑战杯”“创青春”“智造未来”等赛事和搭建机电创新平台，为创新育人的人才培养计划提供实践保障，岗位体验型社会实践通过岗位体验，让学生更好地了解创新创业的方向和目标。在体系化、专业性、外向度上下功夫。

机械工程学院学子开展了一系列不同主题的劳动教育活动，比如“落叶有情，情洒兴隆”“冬日暖心猫窝”“校园紧固件调研及检修”“给小树上漆，为井盖涂鸦”等，机械工程学院学子在接受劳动教育的同时，也展现出了积极劳动、参与校园建设的责任意识和甘愿奉献的时代风貌。

(4)药学院“劳动教育＋校园文化”模式

药学院积极开展“闪药青春”劳动教育活动。其中“药飞”——关注居民用药安全，作为药学院志工部精品项目，其将社会调研、知识宣讲、过期药品回收三者结合，旨在通过宣传过期药品的危害、普及正确用药知识、回收过期药品来服务他人与社会。通过定期在校内和校外摆放展台，发放宣传单，组织宣讲活动，向公众宣传过期药品的危害，回收过期药品，并联系相关单位将过期药品合理处理。

（二）开展主题团课，强化劳动观念

通过劳动教育系列主题团课引导学生牢固树立劳动最光荣、劳动最崇高、劳动最伟大、劳动最美丽的观念；体会劳动创造美好生活，体认劳动不分贵贱，热爱劳动，尊重普通劳动者，培养勤俭、奋斗、创新、奉献的劳动精神，进而具备满足生存发展需要的基本劳动能力，养成良好的劳动习惯。

主题团课的内容也要依据新时代大学生的具体实际合理设置，注重培养大学生的创新思维，强化劳动实践和劳动品质的培养，并围绕创新创业，把握学科特点和专业实际，将主题团课与大学生的实习实训、科学实验、专业服务、社会实践等有机结合起来，还要进一步强化与劳动相关的法律法规政策教育，融入到主题团课中。高校应结合自身实际，制定详细具体的劳动教育清单，以充分保证劳动课程应有的数量和质量，切实解决新时代大学生劳动教育教什么、怎么教的问题。通过开展诸如以下多种形式的主题团课系列活动，营造学校劳动教育浓厚氛围。

1.开展“劳动的青春最出彩”主题团课

山东大学校团委协同一校三地团组织，引领全校青年团员，邀请在重大科技成果突破、急难险重任务执行、爱岗敬业奉献等方面作出杰出成绩、突出贡献、感人事迹的团队、个人进行“网络专访”，挖掘出彩的劳动瞬间，体悟感人的劳动故事，凝聚劳动的力量，制作成主题团课。

2.开展“向最美劳动者致敬”主题团日活动

山东大学校团委开展“学雷锋、战疫情、讲奉献、爱劳动”志愿服务主题团日活动。连线优秀志愿服务组织代表、先进志愿者个人，通过他们的先进事迹分享、经验交流，畅谈新时代山大人应如何发扬劳动精神，积极参与志愿服务，激励青年学子传承新时代雷锋精神，为战胜新冠肺炎疫情，贡献山大智慧、青年力量；“手拉手”志愿服务活动是山东大学在疫情防控期间组织举行的关爱援鄂一线医护人员子女活动，志愿者为山东大学本科生及硕、博研究生，服务对象是齐鲁医院、山东大学第二医院一线医务工作者家庭的子女，活动内容为线上阅读陪伴、课业辅导、兴趣培养、文化提升等服务，力所能及地解决前线人员的后顾之忧。

各学院团委有序指导团支部开展《铁人王进喜》《大国工匠》《大国重器》等影片的观影活动，通过影片中所折射出的向上精神风貌、勤劳价值取向让劳动教育“看得见”，推动青年团员接受精神洗礼。结合观影实际，组织开展集体学习与交流研讨，学习校内外涌现出的辛勤劳动、诚实劳动和创造性劳动的典型人物和事迹，尤其是在我国新冠肺炎疫情防控工作中，各行各业特别是医疗卫生行业表现出无私奉献、大无畏精神的劳动者，可以进一步激励我校青年学子传承新时代劳动精神。

3.开展专业劳动“云实践”系列主题团课

各学院团委指导团支部依托专业优势，通过多样化的网络“云”平台，联动各级各类青年志愿服务组织、公益类社团、在鄂临时团支部等，响应学校的号召，集中开展专业服务、科普辟谣、防疫翻译等各类线上志愿服务和社会实践活动，指导各班级展开实践工作，引导学生结合专业优势和理论知识，学思结合、学以致用。学生在工作开展后以班级或学院为单位，积极向学院或学校反馈，形成双向联动。活动进行时做好记录，以备制作主题团课。

4.开展“云双创”系列主题团课

各学院团委指导团支部围绕创新创业，采取“云”会议、直播等形式开展经验交流与分享，打造交互式的主题团课，邀请校内外创新创业先进个人，进行创新创业事迹分享、经验交流，鼓励广大学子重视新知识、新技术、新工艺、新方法的应用，创造性地解决实际问题，使学生增强诚实劳动意识，积累职业经验，提升学生就业创业能力，树立正确择业观，同时鼓励各学院依托各类“云”平台，创造性开展实习实训等活动。学校、学院、班级共同参与进来，打造学校、学院和班级之间直接的桥梁，实现联动，学校、学院可以倾听同学们的心声，更好地开展以后的工作，服务于班级的活动。

5.持续举办“劳模大讲堂”系列活动

学校首先收集学生们感兴趣的各行各业的相关信息，并以此为依托，由不同的学院根据自己的特色积极邀请校内外部分劳模代表和工匠大师等先进人物走进学校讲堂。讲堂采取线上线下相结合的方式，线上进行直播讲座、会后录制主题团课；线下开展主题讲座，让大家可以与其有面对面的交流。以现身说法的形式为大学生作相关的主题讲座或交流报告。也可以通过向大学生展示和宣传能够体现劳模精神、工匠精神的大量丰富真实的事迹、图片、视频材料和高超精湛的工艺等来加深大学生对劳动、劳动者、劳动创造、劳动成果的体验和感悟，以积极传承和弘扬勤俭、奋斗、创新、奉献的劳动精神。同时，结合植树节、农民丰收节、志愿者日等，开展丰富多彩的劳动主题教育，培育崇尚劳动的校风、教风和学风。在团课中充分发挥学校领导统筹、学院上传下达、班级实践反馈的作用。

（三）组织外出实践，践行劳动理念

正确认识劳动教育，走出劳动教育的认知困境和取向困境，既要以知促行，也要以行促知。[①] 在结合不同地区、不同类型高校的校情和学情之下，高校教师和学生应借助不同劳动实践平台，主动投入到日常生活劳动、生产劳动和服务型劳动当中，广泛进行体力劳动，积极践行马克思主义劳动观。

在外出实践中，要坚定不移地践行劳动理念，行知结合，在开展实践的过程中不忘创新创业。利用好第二课堂，在劳动中学习知识、感悟成长。抓住实习这一从校园迈向社会的纽带，在正式踏入工作岗位之前培养健康严谨的劳动就业素养。为学生搭建更加广阔的平台，横向整合社会资源，纵向提升资源质量。切实提高学生的综合教育素质，进而更好地服务社会、报效国家。

1.围绕创新创业，促进劳创融合

劳动教育与创新创业教育的深度融合，有利于培养具有创新精神、劳动精神、服务意识的新型创业者。促进劳创融合，要引导学生学习大数据、云计算、区块链等新兴技术，鼓励学生发现新方法、探索新工艺，鼓励学生投身农村实践，在乡村劳动实践中挖掘、开发创新创业项目，同时充分发挥创新创业基地的平台作用，在实践中培养劳动品德，训练创新思维，提升创新创业能力。

2.依托第二课堂，加强劳动育人

第二课堂是学生劳动实践教育的重要平台。劳动教育融入实践育人体系可以依托第二课堂开展主题活动与竞赛，例如，开展“劳动精神我来演”

---

① 参见王天桥：《论劳动教育中应正确认识和处理的几个关系》，《教育探索》2021 年第 7 期。

“劳动周”“创新实验周”等多种形式的活动；利用第二课堂开展志愿活动、社区活动等；利用第二课堂的社团部落，围绕学科领域开展对应的技术开发、发明创造活动，厚植学生的劳动情感，培养学生的劳动能力。

3.抓好实习实训，培养劳动素养

实习实训是连接大学生从学校到社会的纽带，劳动教育融入实习实训，需要将劳动教育融入到实习实训的教学设计、教学过程和教学评价过程中。通过高职院校的跟岗顶岗实习，利用集社会培训、实践教学、企业生产以及技术服务于一体的实训基地，将劳动教育与专业实训结合，将劳动价值观教育融入专业知识和技能的应用，增强学生诚实劳动的意识，提升高职院校学生的劳动素质。

4.加强产教融合，拓展劳动平台

高职院校劳动教育应充分统筹校内外资源，加大产教融合力度，紧密贴合时代的发展，围绕当前人工智能、虚拟现实、大数据、生物技术等新兴产业的发展趋势，不断创新劳动教育的手段和内容，积极整合和导入企业等社会资源，为学生参与智慧劳动、人机协同等具有战略社会价值的劳动搭建平台。

## 二、勤工助学助力营造浓厚劳动氛围

### （一）山东大学勤工助学的优良传统

1.本科生勤工助学工作

勤工助学制度是学校学生资助工作的重要组成部分，是促进学生德智体美劳全面发展和资助家庭经济困难学生顺利完成学业的有效途径。山东大学勤工助学活动由学工部学生资助中心负责，勤工助学学生运营团队协助运行，主要面向全日制本科生展开，以“立足校园、服务社会”为宗旨，按照学有余力、自愿申请、信息公开、扶困优先、竞争上岗、遵纪守法的原则，在不影响正常教学秩序和学生正常学习的前提下有组织地开展。

山东大学勤工助学分为校内勤工助学和校外勤工助学。

校内勤工助学岗位分为固定和临时两种：固定岗位是指持续一个学期以上的长期性岗位和寒暑假期间的连续性岗位；临时岗位是指不具有长期性，通过一次或几次勤工助学活动即完成任务的工作岗位。校内勤工助学活动以校内教学助理、科研助理、行政管理助理和劳动服务等为主。安排学生参加校内勤工助学,工作时间原则上每周不超过 8 小时,每月不超过 40 小时。校内各单位按工作有利原则,在合理计算学生工作量的基础上,向学工部学生资助中心提交勤工助学岗位设置申请,经审批同意后方可聘用勤工助学学生。非寒暑假固定岗位设置申请一般于每学年初或每学年末统一受理,每学期初或每学期末实施微调;寒暑假固定岗位设置申请于学生放假前一个月内统一受理;临时岗位设置申请至少于用工前两天受理。

校外勤工助学,校外单位如聘用山东大学学生勤工助学,须向学工部学生资助中心提出申请,并提供法人资格证书副本和相关的证明文件,经审核同意后方可进行。校外单位面向山东大学学生设立勤工助学岗位,一律由学生资助中心负责信息发布,并推荐适合工作要求的学生参加勤工助学活动。校外勤工助学设置申请不定期受理。未经学校学生资助中心同意,学生私自到社会兼职或从事经营活动,一旦与用人单位发生矛盾或造成不良后果,责任自负。

本科生勤工助学工作帮助学生树立正确的劳动观和价值观,培养学生自强不息、创新创业的进取精神,让学生在工作实践中锻炼成长。

2.研究生“三助一辅”工作

“三助一辅”指的是助研、助教、助管和学生辅导员助理,研究生从事科研助理、教学助理、管理助理、辅导员助理工作,在为学校科研、教学、管理提供重要支撑和补充的基础上,进一步强化了“三助一辅”对研究生的培养功能。

助研是研究生科研能力培养的重要途径,要以培养目标和学位基本要求为依据,以有利于研究生成才成长和长远发展为目标,合理安排研究生的助研工作,保证研究生接受全面、系统的能力培养和训练。坚持以助研促研究生科研能力提升,以助教促研究生知识掌握和实践能力提升,以助管促研究生协调、沟通能力提升和责任意识锻炼,以学生辅导员助理促研究生思想政治觉悟和综合素质提升。在科研和实践中培养是研究生培养的基本模式,应鼓励导师为研究生设置助研岗位并发放助研津贴。对于适合以助研方式进行科研训练的学科,研究生均应参加助研工作。

助教岗位主要承担作业批改、一般答疑、课程教学准备、研讨式教学案例教学的组织等工作。服务于公共教学的助教工作由公共教学平台负责，服务于培养单位的助教工作由培养单位负责。各研究生培养单位根据本单位研究生培养目标定位和学科特点，结合教学方法改革和教学工作实际需要，对研究生助教工作做出安排，制定具体实施细则，并报党委研究生工作部备案。

助管承担学校管理服务部门的辅助管理，以及实验室管理、学生咨询服务等工作。研究生助管原则上应先加入相关单位的研究生志愿服务团队，纳入学校拓展培养计划统一管理。助管岗位按学期聘任，工作量为每周 12 个学时，津贴标准为 500 元/月，按实际工作时间发放。各用人单位可根据聘任研究生工作内容及工作强度适当提高助管津贴发放标准。学校管理服务部门原则上按编制人员总数的 20%设置助管岗位，由党委研究生工作部汇总助管岗位数量，各用人部门制定岗位条件和要求。

学生辅导员助理协助辅导员老师开展学生思想政治教育、管理、服务等相关工作。学生辅导员助理岗位聘期一般为一学年，岗位工作时间(含周末)每月原则上不少于 60 小时。学生辅导员助理岗位由党委研究生工作部、党委学生工作部根据各用人单位在校学生人数等实际情况设置。党委研究生工作部、党委学生工作部和各用人单位负责对学生辅导员助理进行岗位指导、培训和定期考核。对考核不合格的学生辅导员助理，做出终止聘任的决定，并减发或停发学生辅导员助理津贴。

3.勤工助学岗前培训网络化:“1＋4”模式

为进一步拓展劳动育人功能，提高勤工助学学生培训规范化、科学化水平，山东大学从多校区办学实际出发，依托勤工助学网络培训平台，创新培养模式，将培训内容与信息技术有机结合，开辟勤工助学岗前培训新途径。

通过对跨地市多校区勤工助学学生进行全覆盖的岗前培训，使学生不仅能够了解到勤工助学工作规范，还可以掌握 Office 等常用软件的基本操作技能，增强职业素养，提升工作水平，促进学生成长成才。山东大学与软件公司合作研发“勤工助学培训考评系统”，实现电脑和手机两个客户端同步接收，着力在四个方面实现培训目标。

(1)着力于自主开发培训课程

邀请经验丰富的老师自主开发基础知识培训和办公软件培训两门课程,将课程在系统中以虚拟仿真的教学模式进行体现,利用大量案例生动形象地向学生讲授勤工助学管理规定、礼仪教育、心理调试、安全教育及Word、Excel等常用办公软件操作技能,使学生身临其境,主动参与其中,达到勤工助学现实培训的良好教学效果。

(2)着力于严格培训考核制度

基于网络环境下学生自主考核、无人监管的情况,通过建立课程考试题库、随机生成试卷、在系统内嵌的Office办公软件完成上机考试等手段确保考核的真实性和准确性。

(3)着力于扩大培训的覆盖面

通过建立以网络为载体的培训平台,缓解多校区实地培训难的问题,降低培训成本,增强培训的普遍性和实效性。学生不受时间、空间限制,只要打开电脑或手机,就可以享受到勤工助学培训从报名到上课、考试的全程网络化服务。尤其是手机版慕课客户端的开发,深受学生欢迎,培训参与度大大提高。

(4)着力于提升培训的服务质量

勤工助学学生运营团队专门建立微信公众号及答疑QQ群,及时发布培训相关信息,解答学生新系统下载安装及培训考核中遇到的各种疑惑和问题,保障培训顺利进行。

通过"勤工助学""三助一辅"等劳动教育的开展,学生在开展劳动教育的过程中不仅缓解了经济压力,更重要的是对劳动有了更深刻的理解,随着自己劳动能力和工作水平的提高,对自己又有了更加清晰的定位,能够更好地应对未来踏入社会可能面临的困境和挑战。

### (二)本科生勤工助学工作改进思路与举措

1.多方积极动员,拓展岗位资源

(1)丰富体现新时代特征的智慧型劳动岗位

新时代的产业革新对高校人才培养和教育理念提出了新的要求,高校勤工助学工作也需要在内容和形式上主动应对劳动教育的新变革。一是在德育、智育、体育、美育、劳动教育强相关的项目和部门增加勤工助学岗位投放数量，促使用工单位加大脑力性和创新性岗位工作内容，让第一课堂和第二课堂教育同向同行。例如，基础医学院开展的“生命之花，四季向阳”基础医学院“添翼工程”资助育人系列活动，艺术学院开展的“以美之名，建设山东大学美育工作新航标”，让学生在劳动教育的过程中培育健全的人格。二是加强勤工助学与学科和专业教师的协同联动。例如，外国语学院开展的山东大学四、六级口语强化班，这些工作依托于本学院的专业优势，打造更适合学生需求的岗位和工作，更好地完善学生的学习和工作生活。

(2)校内校外相结合，拓展勤工助学岗位

一是规范校内勤工助学岗位，要充分发掘校内勤工助学岗位，充分利用现有资源、规范岗位，加强同学校机关、后勤、产业等方面的联动，多为学生提供更加合适的岗位；二是提供校外岗位，建立勤工助学基地，大力挖掘社会资源，组织勤工助学招聘会，积极和校外公司、企业进行沟通和联系，积极引导公司、企业提供适合大学生的工作岗位；三是充分利用学校的品牌优势，通过与校外企业的联系，将校外勤工助学岗位引进校内来，方便广大学生，提升学生勤工助学的积极性。

(3)创新勤工助学岗位形式

国家文件将勤工助学活动分为“固定岗位”和“临时岗位”。在疫情防控常态化下，很多通过互联网开展的新媒体制作、数据处理、电子文档整理等工作，以及按单项工作任务完成结论考核的勤工助学活动，难以计算其工时数。因此，可将勤工助学岗位设置类型分为三种，分别是“固定岗位”“临时岗位”和“项目型岗位”。固定岗位是指持续一个学期以上的长期性岗位或寒暑假期间的连续性岗位；临时岗位是指不具有长期性，通过一次或几次勤工助学活动即可完成任务的工作岗位；项目型岗位是指以单项工作为导向，以工作任务为需求设置岗位，并根据该项工作任务予以考核，考核通过即完成任务的工作岗位。

2.提升岗位报酬，凸显资助功能

2017 年和 2020 年学校勤工助学岗位报酬变化如下，薪资对比见表 4-1、4-2。

2017年，对可以通过统计工时进行考核的学生，按每位学生每月满工作量(40小时)300元核算勤工助学报酬，不满40小时按实际工作量核算报酬；对难以通过统计工时进行考核的岗位可进行工作质量考评，每月报酬分为三档：优(300元)，合格(240元)，不合格(0元)；2020年，对在办公室工作的学生进行工时考核。学生参加勤工助学的时间原则上每月不超过40小时。每月满40个工时岗位报酬为400元，不满40个工时按实际工作时间核算报酬。对在外工作的记者、调研员等难以按工时统计的岗位，进行工作质量考评，工作质量考评等级划分为三档：优(400元)，合格(320元)，不合格(0元)。

**表4-1　可以通过统计工时进行考核的岗位2017年和2020年薪资对比**

| | 工作时间 | |
|---|---|---|
| | 不满40小时 | 40小时 |
| 2017年 | 按实际工作量核算报酬 | 300元 |
| 2020年 | 按实际工作量核算报酬 | 400元 |

**表4-2　难以按工时统计的岗位2017年和2020年薪资对比**

| | 等级 | | |
|---|---|---|---|
| | 优秀 | 合格 | 不合格 |
| 2017年 | 300 | 240 | 0 |
| 2020年 | 400 | 320 | 0 |

3.强化育人导向，发挥劳动综合育人功能

良好道德品质的培育与养成是一项系统工程，需要学校、教育工作者、朋辈和学生个人多方协同以及不懈的努力，以本科生勤工助学和研究生“三助一辅”为代表的工作促使学生知行合一，进而转化为优秀的个人特质，并带到以后的职业生活中。

(1)潜移默化——校园营造育人环境

高校应当尽可能在校园文化活动中融入价值观教育，可以邀请勤工俭学用人单位在宣讲时强调职业道德的重要性，还可以邀请劳动模范进校园开展讲座，组织有针对性的党团活动，将育人工作和勤工俭学相结合，在潜移默化中深入人心。

(2)言传身教——辅导员开展价值引领

高校辅导员是学生的人生导师和知心朋友，也是直接指导学生开展勤工助学工作的人，辅导员可以发挥价值引领的作用，在方方面面以身作则。世界正处于百年未有之大变局中，对于职业价值认知和实际工作实践都需要我们关注并及时加以引导。辅导员不仅要负责给本科生解释清楚学校助学体系及育人的初衷和作用，还要身体力行，带领和指导开展工作，脚踏实地、认真履职。辅导员应尽可能参与学生实践的全过程，引导学生自律、自强，怀着对职业的敬畏心投入未来的工作岗位，建功立业、挥洒青春。

(3)团队协作——朋辈进行榜样示范

研究表明，群体内的价值取向对于青少年而言，甚至超越了学校、家庭对于个体的影响，构建朋辈辅导平台，有助于学生见贤思齐、共同进步。在勤工助学工作中，可以组建工作小组或团队，志同道合的学生在一起，为共同的目标而努力，取长补短、分工协作，分享经验和所想所得，在团队中获得归属感与激励，朋辈之间的榜样示范作用会更加凸显、更加切实可行。

(4)完善制度——建立科学的体制机制

学生的全面发展以培养健全人格为重点，明确大学生在进入新的学习和生活的环境后所面临的包括生活的态度、学习的思路、工作的节奏等方方面面在内的变化，全面分析其在不同的成长阶段所具有的特点及其所面临的困境，根据当前的情况，统筹规划，合理配置资源，用科学的体制机制帮助他们不断地适应大学的不同阶段，解决成长中所面临的问题。

(三)研究生“三助一辅”工作改进思路与举措

1.着力突出“三助一辅”的培养功能

研究生参加“三助一辅”工作，符合研究生培养规律和全面能力培养要求，并对培养单位的科研、教学以及管理具有重要的支撑或补充作用。但在实际工作中，还存在将“三助一辅”研究生单纯作为科研、教学、管理的支撑或补充，将“三助一辅”工作单纯作为助学助困渠道的倾向，相关管理还存在不够科学规范等问题，限制了“三助一辅”作用的充分发挥。进一步强化“三助一辅”的培养功能，改进和加强管理服务，对于推进研究生培养模式和培养机制改革、提高研究生培养质量具有重要意义。

(1)把助研作为研究生科研能力培养的重要途径

在科研和实践中培养是培养研究生的基本模式。对于适合以助研方式进行科研训练的学科，研究生均应参加助研工作。要以培养目标和学位基本要求为依据，以有利于研究生成长成才和长远发展为目标，合理安排研究生的助研工作，避免单纯服从科研任务需要、工作内容简单重复或缺乏必要的科研工作支撑、研究生不能参与足够科研训练等问题，保证研究生接受全面、系统的能力培养和训练。

(2)充分发挥助教对研究生能力培养和知识掌握的促进作用

研究生担任助教工作，有助于培养研究生从事教学工作的能力，增强研究生对相关知识的系统掌握和理解，是研究生在实践中得到培养的有效途径。要根据本单位研究生培养目标定位和不同学科特点，结合教学方法改革和教学工作实际需要，对研究生参加助教工作做出要求。要在承担作业批改和一般答疑工作的基础上，科学设计和充实助教工作内容，从工作、培养两方面提出要求和进行考核。通过更多参与课程教学准备，更多参与研讨式教学、案例教学的组织工作等，加大对研究生教学能力的培养力度，加深研究生对知识的系统掌握和理解。

(3)注重通过助管工作加强研究生管理能力锻炼

在适度发挥助困作用的同时，应重视助管工作对研究生协调、沟通能力和责任意识的锻炼。积极探索将实验室管理、学生咨询服务等纳入助管工作范畴，增强助管工作与专业学习的相关性，支持研究生组成项目小组合作开展工作，为研究生提供提出问题、分析问题和解决问题的全面能力训练。

(4)积极推进研究生担任学生辅导员工作

进一步明确选拔标准，遴选政治素质好、业务能力强、学有余力的研究生担任学生辅导员。将担任学生辅导员作为加强研究生思想政治工作的新途径，积极探索和不断完善机制办法，使得研究生在担任学生辅导员的工作中同受教育、共同提高。

(5)探索建立正向评价机制

研究生群体学业压力大、科研任务重,容易出现眼高手低及工作积极性不高的问题。因此,要着力建立研究生参与“三助一辅”的全过程正向评价机制。在任期开始时,辅导员可指导学生明确岗位职责,签订责任书,帮助学生全面了解岗位需求,工作任务要围绕学生关切的现实问题,解决学生工作中的困难,服务学生实际成长需要;任期中,由设岗老师跟进和指导学生开展具体任务,并且严格考勤和评价,按照工作实际表现计分,按照实际工作时长计酬,定期召开助管工作会议,形成良好的团队氛围;任期结束后,对表现优异的学生予以奖励,颁发个人证书等激励认证,设岗教师可以撰写推荐信,优先推荐表现优秀的学生开展实习和就业,形成有效的正向激励引导。

2.完善制度,优化管理,形成闭环运行机制

(1)加强对“三助一辅”工作的统筹协调

培养单位要高度重视“三助一辅”工作,统筹协调“三助一辅”工作在能力培养、人力资源补充和助学助困渠道等方面的多重作用,按照“培养功能为主、其他功能为辅”的原则,做好管理体系建设、制度机制建设和资源配置工作,优先保证培养功能的充分发挥。要根据本单位办学定位和学科特点,统一制订助研、助教、助管和研究生担任学生辅导员工作的基本要求,建立基本的管理制度,规定基本的津贴标准,指导和规范院系做好“三助一辅”工作。

(2)保证“三助一辅”岗位提供能力与培养需求相适应

要将“三助一辅”岗位提供能力和管理水平作为反映本单位、各学科和研究生指导教师研究生培养能力的重要标准,纳入建设规划和考核评价体系。助研岗位提供能力和管理水平,要根据研究生的招收培养及其规模协调配置。对于研究生培养需求迫切、设置助研岗位存在困难的学科和导师,培养单位应根据其需求在政策范围内予以支持。对于需要将助教作为必要培养环节的学科和研究生,培养单位应积极创造条件,提供数量充足、符合要求的助教工作岗位。

(3)建立完善指导与培训体系

按照发挥“三助一辅”培养功能的要求,分类建立指导与培训体系。设

立助研岗位的指导教师要按照因材施教原则，合理安排不同研究生的助研工作内容，并加强科学方法指导和研究能力培养。建立助教基本技能、基本知识岗前培训制度，明确任课教师对助教研究生的指导责任和指导要求。设立助管岗位的单位或部门要同时承担对助管研究生的指导职责，安排有经验的管理人员对助管研究生进行指导。将担任学生辅导员的研究生纳入辅导员培训体系，根据研究生以学生身份兼职开展工作的特点，有针对性地对其进行指导和培训。对于教师承担的“三助一辅”指导工作，以适当方式进行考核，并可计入教学工作量。

(4)建立开放、公开的聘用制度

助研、助教、助管和学生辅导员助理原则上应公平、开放、竞争和择优聘任，岗位职责、工作时间、申请要求、选聘标准、选聘程序、岗位津贴、考核方式等信息应统一公开发布，聘任、考评结果等应进行公示。以助困等为目的设置的岗位，需要规定特别聘用条件的，应在发布信息时明确说明。鼓励对部分助研岗位实行跨学科、跨院系公开招聘，营造跨学科、多学科的培养环境。

(5)分类进行岗位管理和考核

根据助研、助教、助管和学生辅导员助理工作各自的特点，按照工作量与工作质量相结合的原则，分别制定岗位管理和考核办法。充分发挥指导教师、任课教师在岗位考核中的作用，根据不同岗位特点合理确定指导教师、任课教师的评价意见在考核评价中的权重。综合考虑岗位性质、设岗目的和当地生活物价水平确定岗位津贴基本标准，加强对津贴发放的规范、监管。对研究生担任助教、助管和学生辅导员助理的合计工作时间，应按照不影响专业学习和研究的原则做出合理限定。

3.提标增量，科学统筹相关政策配套和条件保障

(1)实现与奖、助学金政策的有机结合

加强“三助一辅”与国家奖学金、学业奖学金、国家助学金等制度、政策的统筹设计和整体优化，实现优化学科结构、加强能力培养、调动师生积极性、支持完成学业、提高培养质量的综合政策效果。鼓励探索研究生“三助一辅”工作与学业奖学金设置、评定的有机结合。研究生参加“三助一辅”工

作情况及考核结果，可以作为奖、助学金发放的参考因素。统筹考虑“三助一辅”津贴和各类奖、助学金的总体资助强度和资助覆盖面，提高学生工作经费使用效益，实现覆盖面的扩大。

(2)多渠道加大经费支持

将研究生“三助一辅”所需经费纳入研究生培养经费进行统筹安排。在统筹利用学费收入和社会捐助等资金支持“三助一辅”工作的同时，进一步加大基本科研业务费、科研经费对助研等工作的支持力度。在培养单位科研和师资队伍建设以及辅导员队伍建设等工作中，对“三助一辅”工作予以统筹考虑和必要支持。

4.探索国际学生参与“三助一辅”工作

国际学生是指具有中国实施学前教育、初等教育、中等教育和高等教育的学校学籍、不具有中国国籍的外籍学生，即指根据《中华人民共和国国籍法》不具有中国国籍且在学校接受教育的外国学生，一般指外国留学生。

目前，学校党委研究生工作部颁布的《山东大学研究生助研、助教、助管和学生辅导员助理工作管理办法(修订)》中，第三章“基本条件”的第六条明确指出：“具有中华人民共和国国籍，纳入全国研究生招生计划的研究生，在规定学制年限内可申请‘三助一辅’岗位。”但随着国际合作与交流的增多，国际学生日渐增多，建立健全国际学生招收、培养、管理和服务制度势在必行。

“三助一辅”岗位是符合研究生培养规律、加强研究生全面能力培养的重要途径。国际学生作为山东大学研究生的重要构成，将其纳入“三助一辅”岗位体系，对加强国际学生能力培养及推进学校相关工作的开展都大有裨益。通过探索国际学生参与“三助一辅”工作，可以让学生更加熟悉学校国际学生交流相关工作，帮助他们更好地参与乃至组织相关活动。同时，可以让学生更好地了解、宣传学校相关工作，从而塑造山大良好的国际形象。此外，在这种劳动教育中，学生也可以提升锻炼服务与自我服务能力。

探索国际学生参与“三助一辅”工作，由老师指导，国际学生具体处理国际学生事务，能更好地实现高校国际学生日常教育、管理、服务工作的因事而化、因时而进、因势而新。此外，这项工作是从课程、实践角度让国际学生参与校院“三全育人”工作全过程的重要途径。做好国际学生第一课堂、第二课堂的衔接，以行促思，营造人人为我、我为人人的良好劳动教育氛围。

（四）勤工助学与劳动的魅力

1.营造“劳动最美丽”勤工助学文化氛围

在公众微信平台、资助网站等网络载体宣传的基础上，尝试在校园绿化景观带、公共教学楼、学生宿舍区等校园公共空间建立勤工助学文化长廊，展示学生劳动成果和勤工助学育人体系与成效等，展现劳动之美。

2.注重勤工助学优秀学生典型宣传

将勤工助学先进个人、勤工助学劳动标兵等荣誉称号纳入学生荣誉体系，选树一批在勤工助学方面提升效果显著或综合素质过硬的学生，充分发挥优秀学生的朋辈示范和激励作用。举办勤工助学先进典型事迹分享会，开展勤工助学榜样在身边主题教育月活动，挖掘身边人、身边事对学生的积极正向引导作用。

3.推广勤工助学公益劳动岗位

在充分设置有偿岗位的基础上，依托高校图书馆、园区中心、后勤保障部、体育部等与校园生活息息相关的部门，设置校园志愿奉献劳动岗位，鼓励学生结合个人特长和兴趣爱好参与校园美化、图书资源采编、大型活动服务等校园公益岗位，并将参与情况通过课外学分、评奖评优、志愿时长认定等形式给予学生奖励，形成人人劳动、我爱劳动的勤工助学氛围。

4.学生勤工助学感悟摘编

鼓励参与勤工助学的山大学子积极记录工作过程、淬炼心得收获，并整理编撰成图文并茂、生动具体的感悟摘编。通过对典型事迹的梳理与发掘，引导、鼓励、支持更多的学生参与到勤工助学中。

“我相信很多同学都和我一样，都是来自普通家庭的普通学生。在得知学校有勤工助学这样的项目之后，我毫不犹豫地报名参加了勤工助学的岗前培训。勤工助学对于我来说，不仅意味着我可以减轻爸爸妈妈身上的负担，更意味着我可以凭借自己的力量做一些事情。我相信大部分人都会有这样的想法：在实践中不断地锻炼自己。而山大便给了我们这样的机会，勤工助学给了我们这样的平台。勤工助学为所有山大学子提供了一个参与、实践、锻炼的平台，它不仅温暖了广大学子的心，也让我们感受到了山大的魅力。”

“授人以鱼，不如授之以渔。勤工助学岗前培训正是如此，通过教会我们知识和技能，提高我们的能力和素质，为我们参加勤工助学岗位提供了打‘渔’之法，这不仅对我们的当下发展具有重要的意义，我想这还将使我受益终生。非常感谢勤工助学运营团队的同学们，他们牺牲自己的课余时间，为我们无私奉献、热情服务，正是在他们的帮助下，我才能顺利完成培训并通过了考试，拥有了上岗的资格。这是一段让我难以忘怀的学习经历，更让我对将来的岗位工作充满了无限的期待。‘勤以自立，学以自强’，将自己的时间合理分配，学习之余，努力工作，将自己所学到的知识运用到岗位工作中，真正发挥自己的作用，做自己力所能及的事。”

## 第二节　劳动教育的校地合作结出新硕果

在新时代“双一流”建设背景下，山东大学深入开展劳动育人工作，并积极实施服务山东战略，与地方政府、党团组织和社区等大力开展合作，共建劳动教育校外实践基地，大力拓展劳动教育育人空间，优化劳动育人环境，助力地方发展，创新劳动教育实践成果。目前，全校 29 个学院共建立 283 个实践基地，并与省内各党政机关合作，与济、威、青三地进行志愿服务基地签约，积极参与到服务山东发展策略推进中，其中硕博服务团与“三下乡”暑期社会实践已成为劳动教育校地合作中的品牌活动。

### 一、劳动教育实践基地建设

劳动教育要持续、全面开展，离不开社会的支持与保障。校外劳动是对校内劳动的重要补充，学校仅靠校内的资源条件难以满足学生接受劳动教育的需求，需要充分利用校外大环境、大课堂、大世界等丰富的资源，让学生更多地走进自然、亲近自然，走进社会、接触社会。[1] 建立校外实践基地，对

---

① 参见刘向兵、党印：《高校劳动教育实施推进的多元与统一——基于 80 所高校劳动教育实施方案的文本分析》，《中国高教研究》2022 年第 5 期。

于高校实施劳教结合有着特殊重要的意义，对于提高专门人才培养质量，有着不可替代的作用。

在新时代“双一流”建设背景下，学校深入开展实践育人工作并积极实施服务山东战略，共建实践基地，拓展育人空间，优化育人环境，实现校地共赢，进一步加强劳动教育实践基地建设，将实践基地拓展为研究基地和育人平台，努力开展基础性前瞻性课题研究，进一步提高学生培养质量。截至2020年暑期，全校283个实践基地以山东各地市为主，在山西、江苏、新疆、河南、青海、广西、宁夏、广东、辽宁、贵州、四川、云南、浙江、安徽、陕西等地均有分布。实践基地类型有政府部门、事业单位、学校、村（居）委会、社区、企业等。例如，体育学院与济南市的山东省山青世界青少年实践活动中心合作建立的山东省山青世界青少年实践活动中心山东大学学生社会实践基地；马克思主义学院与福建省龙岩市上杭县古田镇古田会议纪念馆、山东省淄博市博山区崮山镇焦裕禄纪念馆（故居）合作建立的多个山东大学党建实践基地；等等。

2022年，山东大学充分借助与济南、淄博、泰安、威海等四地市前期深厚合作基础，借力团省委“青鸟计划”招才引智政策，在全省各地特别是上述四地市更新转化社会实践基地为劳动教育基地，通过《关于组织山东大学团员青年参与山东省“大学生社区实践计划”的工作指引》，按照“校—院—团支部”层层覆盖形式，激活、更新、建立多对一、一对一的社区（基地）形式，再次强化劳动教育实践资源（基地）建设。

（一）社会实践基地构成

山东大学学生社会实践基地是指具备一定条件，能够为山东大学在校学生提供社会实践机会的相关机构或组织。基地主要分为职业发展类、素质拓展类、公益服务类和创新创业类四个类别，并分为校级社会实践基地和院级社会实践基地两个级别。

职业发展类实践基地的主要功能是为学生特别是非应届毕业生进行实习见习、岗位体验等活动提供固定岗位；素质拓展类实践基地的主要功能是为学生开展社会调查、专题调研等项目化实践活动提供支持；公益服务类实践基地的主要功能是为学生开展支农支教、社区服务等公益服务类活动提供支持;创新创业类实践基地的主要功能是为学生创业实践、科技创新提供孵化场地、技术支持、创业指导等。

(二)社会实践基地设立

校级、院级基地分别由学校、学院(系、所、中心)与政府机构、企事业单位、社会团体、乡镇街道社区、村居委会等本着相互支持、共同发展的原则,通过友好协商,签署基地协议或形成专题会议记录,共同建设。

1.校级社会实践基地申请条件

(1)能够为山大学生提供实践机会或实习岗位,保障实践团队安全,对促进学生成长成才具有积极意义。

(2)原则上要求在基地建立之前,有一支以上山大学生社会实践团队到达当地开展过实践活动,并取得良好效果。

(3)社会实践团队在实践基地的食宿、交通等费用,由双方协商确定各自承担的比例。

(4)社会实践基地建立后,原则上能够每年与山东大学团委合作开展一次以上社会实践活动。

(5)学生在实践过程中的科研成果,包括专利、论文、调查、报告等知识产权归山东大学所有。

(6)由山东大学与实践基地提供方签订建立社会实践基地的《山东大学学生社会实践基地合作协议书》,协议书有效期在3年以上。

2.院系级社会实践基地申请条件

(1)能够为山大相关院(系、所、中心)学生提供实践机会或实习岗位,保障实践团队安全,对相关院系人才培养具有积极意义。

(2)基地提供方与院系保持良好合作关系,基地建立后原则上能够每年与相关院(系、所、中心)团委合作开展一次以上社会实践活动。

(3)社会实践团队在实践基地的食宿、交通等费用,由双方协商确定各自承担的比例。

(4)学生在实践过程中的科研成果,包括专利、论文、调查、报告等知识产权归山东大学所有。

(5)由山东大学相关院(系、所、中心)团委与实践基地提供方形成《山东大学学生社会实践基地专题会议记录》，会议记录有效期在两年以上。

3.共建单位符合下列条件之一者，在申请建立基地时优先考虑

(1)校董单位，校地、校企合作单位或校友企业。

(2)与学校有长期合作关系的友好单位。

(3)世界500强企业、国有大型企业、行业龙头企业、国家政策扶持行业企业。

(4)省级及以上示范建设街道或居民社区。

(5)在学校或学院设立社会奖学金、社会实践、科研创新单项奖学金或实践活动基金。

4.校级、院级学生实践基地的设立均遵循以下工作程序(见图4-2)

(1)提出建设申请。若申请成为校级社会实践基地，由各学院(系、所、中心)团委或职能部门填写《山东大学学生社会实践基地建设申请书》并提交至校团委社会实践部。

(2)学校审核考察。校团委将在审核书面材料的基础上，联合申请单位实际考察共建单位基本条件，论证基地建设的可行性。

(3)学校批复申请。自收到《申请书》之日起20日内，校团委社会实践部对通过审核考察的基地建设申请予以批复。

(4)签订共建协议或专题会议记录。如审核确定为校级社会实践基地，由校团委与共建单位联系，通过学校OA系统签订《山东大学学生社会实践基地协议书》(一式两份)。如审核确定为院级社会实践基地，由各院(系、所、中心)团委与共建单位联系，形成《山东大学学生社会实践基地专题会议记录》(一式三份)，落实有关内容，并于签订之日起15个工作日内报校团委社会实践部备案。

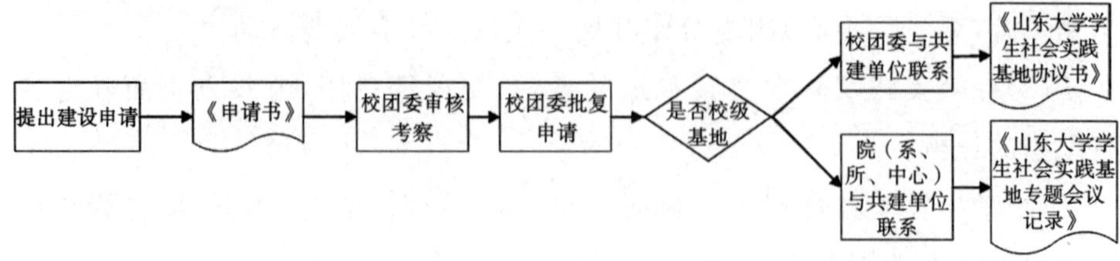


图4-2 实践基地工作程序

(三)社会实践基地管理

全校学生实践基地的建设与管理工作由校团委总体协调,工作内容主要包括校、院两级基地的规划建设、资格认定、挂牌登记、监督管理、考核表彰、注销撤牌等。各学院学生实践基地的建设与管理工作由学院团委统一协调。

学生实践基地的级别由校团委进行认定,校、院两级基地均应按要求与程序在校团委登记,任何单位或个人未经学校批准,不得以山东大学或学院名义挂牌设立学生实践基地。校级基地的牌匾由学校按照统一规范设计制作,院级基地牌匾由学院根据统一样式制作,任何个人不得私自制作学生实践基地牌匾。学生及老师在基地开展实践活动要严格遵守国家法律法规、山东大学及共建单位的各项规章制度,不得做出有损学校、学院及共建单位声誉与利益的事情,不得从事与实践主题无关的活动。

学校、学院与共建单位要建立定期沟通的机制,及时掌握基地建设与工作动态,及时解决基地建设与工作中出现的问题。在基地开展实践活动的老师及学生要充分利用自己的学科优势和专业技能,积极为地方社会与经济发展、企事业单位的成长贡献力量,并保持与基地的长期联络,不断开拓新的实践项目。共建单位不得利用基地的资源进行商业宣传。在基地共建工作中因科研合作、项目合作等产生的科研成果、项目成果涉及知识产权的问题,由学校、学院与共建单位根据国家有关法律法规及学校有关规定,按照共建协议或具体的合作协议协商解决。

## 二、志愿服务与社会实践中的校地合作

作为齐鲁大地上的高等学府,山东大学始终坚持“根植齐鲁,服务地方”的志愿服务理念,积极与省内各地的党政机关合作,与济、青、威三地志愿服务基地签约,参与到服务山东发展策略推进当中,为山东的发展注入新活力。全校 283 个实践基地中,省内的基层社区服务中心、村委会达 50 余个,省内的党政机关包括人民法院、税务、民政、公安、检察、城建、环保在内共计 60 余所。

“为天下储人材,为国家图富强。”山东大学充分发挥一所综合性大学具备的优势,积极与其他省市地方的志愿服务基地签约,为学生创造良好的志愿服务环境。从广东到新疆,从河北到海南,全国各地都有山大人的身影。在此背景下,山东大学开始逐步形成了向内覆盖全省、向外辐射全国各省市的志愿服务工作格局。

例如,山东大学与威海市人民政府深化校地合作,签署《聚力精致城市与一流大学建设深化校地合作协议》及四个重点项目协议,在人才培养、科学研究、科技创新、智力服务、文化引领等方面,开展全方位、多层次、宽领域合作,构建全面战略合作关系和长效合作机制。学校依托新建的科研平台、咨询平台、服务平台,将学校更多优质资源、优秀生源不断引向社会,以劳动教育助力校地合作,为威海实现高质量发展、打造“精致城市·幸福威海”作出贡献,在服务威海的过程中实现更快发展,助推学校人才培养及“双一流”建设。学校落实中央精神,认真研究部署定点扶贫工作,开展了对河南省确山县的扶贫工作。脱贫攻坚工作注重三个协同,一是加强校内部门协同,充分发挥各领域教授专家、基础教育集团、校属企业、齐鲁医疗系等“几路军”的优势;二是加强校友协同,发挥河南、福建等校友会各自优势,充分挖掘校友在产业扶贫等方面的经验,形成合力;三是加强校地双方协同,增强信息沟通,精准对接,增强工作实效。在对河南省确山县的扶贫工作中,彰显了“双一流”院校的使命感和责任感,给学生们起到了良好的榜样示范作用。

(一)参与社区治理——以山大学子赴各地挂职为例

中共中央、国务院《关于加强和完善城乡社区治理的意见》《关于深化新时代学校思想政治理论课改革创新的若干意见》《关于全面加强新时代大中小学劳动教育的意见》等一系列文件都将社区作为新的育人阵地,高校也是社区治理共同体中最具活力最具潜力的组织之一。高校从跟踪研究、示范带动、成果提炼、持续赋能等方面参与到社区民主协商创新实验中,在“共建创新基地、共享专家团队、共研专项课题、共办区域论坛、共筑对接平台”五大领域深度合作,开设社区服务实践教学课程,有序引导学生参与社区治理工作,培养学生社区责任意识,提升学生履行社区责任的能力。

选派优秀研究生赴地方党政机关和企事业单位挂职锻炼是山东大学人才培养的有效途径之一，也是学校发挥人才智力优势、服务地方发展的重要举措。近年来，山东大学学生就业创业指导中心积极对接各省市组织部，选拔优秀研究生赴各地党政机关和企事业单位进行挂职锻炼、参观见习，促进了校地双方在科学研究、人才培养、人才引进等多个方面的合作，有效提高了毕业生的就业质量。

山东大学“青鸟计划”以实习实践、高质量就业、“双创”空间和校地合作为四大支撑，推进服务青年就业创业工作，吸引优秀学子和人才回鲁干事创业，是联系齐鲁学子的纽带、服务招才引智的窗口、汇集智力资源的重要依托，为同学们搭建了到机关事业单位、国企实习和工作的桥梁。为响应共青团山东省委“招才引智”工作部署，山东大学团委带动各学院持续发力，推动“青鸟计划”工作深入开展和进一步实施。这是学校推进科教、医教、产教融合，助力智力资源汇集，更好服务地方发展的新举措。

山东大学学生基层公共管理研究会实施“春苗计划”，服务山大学子超过3000人次。“春苗计划”通过组织各省定向选调生、国家公务员等各类考试的考前培训和面试培训辅导，培养学生基本的岗位竞聘职能，涵盖模拟考试、试题精讲、工作坊讲座、线上指导等多种开展方式，旨在帮助山东大学毕业生了解各省定向选调考试、国家公务员、各省公务员考试的招考信息和报考流程，提升山东大学毕业生的应试技巧和考试能力。

为进一步丰富大学生工作实践经验，“山东大学寻访浪潮团队”多次赴浪潮集团调研。在调研的过程中，学生们在浪潮看到了前沿的科学技术、科学的互联网系统模式，浪潮K以超强运算能力、多层次容错结构成为全球第五个Unix主机系统。在实地参访活动中，学生们了解了企业的相关录用要求，更加明确了未来就业方向，有力促进了学生职业生涯规划。

1.制度更新，规范管理

通过制度引领、规范工作实施和计划推进，保证“青鸟计划”精准落地，提升“青鸟计划”影响力。学校团委坚持机制设计与举措落地相结合，形成《山东大学关于进一步推进“青鸟计划”工作实施方案》，指导具体工作。方案依托学校既有的“五个一”工作体系，制定了加强校内工作协同、校内外工作联动的工作举措,提出了稳妥推进、注重实效、做好协同、全面覆盖、安全第一、筑牢底线的工作要求,规范工作程序,合理分工,职责明确,不断提升“青鸟计划”工作覆盖度和“青鸟岗位”精准匹配度。同时,山东大学团委面向一校三地,引导学院团组织结合自身就业特点、学科特色情况,与“青鸟计划”入驻企业展开交流合作,推动学院与地市团组织签订意向书,优化校院两级指导,加强校地持续纵深合作,结合青年学生实习实践实际需求,将各专业专向理论与岗位具体实际结合起来,发动学生注册、使用“青鸟计划”小程序。在小程序中,学生可以根据自己心仪的工作区域,结合工作单位、学历要求、薪资水平等因素进行选择,从而选择自己心仪的工作岗位。

2.组建队伍,紧抓两端

山东大学与省内各地市有效沟通,群组联络,把好“青鸟计划”入口端、做好“青鸟计划”出口端。山东大学团委与省内16地市团组织形成沟通联络机制,组建“青鸟计划”对接微信交流群,汇总学生端需求信息,将就业岗位所需、就业业态分布等典型问题及学生相关需求反馈至各地市,同时遴选企事业单位端优质岗位,定期汇总整理各地市岗位资源情况,通过“青春山大”和各培养单位的网站、联络群发布信息。各地市提供了各种类型的实习岗位9600个,为广大山大学子根据专业选择相应的实习、就业岗位提供了极大的保障和支持。

山东大学立足疫情防控常态化形势,结合寒假社会实践的开展,组建实施“青鸟计划”社会实践专项,做好“青鸟计划”出口端。“青鸟计划”社会实践专项共计22支团队,由180名学生组成,实践地点覆盖全省16个地市;34个学院设立专门负责人与对接地市团组织积极联络,专门性跟进学院“青鸟计划”的宣传推介、注册使用、实习实践、就业签约等工作,切实利用各类“云”平台,积极开展大学生就业观教育和就业培训指导;一校三地共计3000余名学生注册使用“青鸟计划”小程序,并通过“青鸟计划”信息平台甄选实习岗位。

3.台账管理:“一张表”工程

山东大学团委在“青鸟计划”工作中推进“一张表”工程,加强数据互通、信息共享。前期建立沟通交流机制,收集联系表;中期岗位实践有序进行,收集落地表;后期岗位实践结束总结,收集反馈表。真正做到"一张表",准确提供信息、实时追踪关注、客观评估成效、扎实有效推进。同时,各学院立足专业特色与学生实际,就实习实践、岗位签约等建立"青鸟计划"院系落实工作统计台账,实现台账式管理模式,助力山东省"双招双引"工作,引导青年学子贡献青春力量。打通两端,持续发力,统筹入口端与出口端,协调人岗精准对接,推动"青鸟计划"走深走细,使其真正成为人岗精准智能对接平台、青年人才与地方发展供需对接平台、联系凝聚青年平台,实现招才引智,汇集智力资源。

(二)开展志愿服务——在社区及公共场所开展志愿服务

志愿服务是开展德育的重要途径,是当代青年成长成才的有效方式,广大青年学生要把个人发展和国家、民族的命运紧密结合起来,在服务和奉献社会的过程中升华精神、提升品格。山东大学提出"人人都做志愿者"的口号,就是要鼓励学生深入社区、知行合一。开展志愿服务行动是山东大学服务山东战略的重要体现,山大青年学生要以志愿服务精神为指引,积极服务济南、服务山东,在实干中成长为德、智、体、美、劳全面发展的社会主义建设者和接班人。

时任山东大学校长樊丽明曾在参加活动时介绍,志愿服务是山东大学的一项优良传统,目前学校已拥有超过 5 万名注册志愿者,建立了 200 多个社区志愿服务工作站,每年参与济南、青岛、威海地区志愿服务超过 10 万人次。学生在志愿服务的实践行动中应用所学的专业知识,加深了对理论的理解。同时,在服务中接受劳动教育,树立牢固的劳动意识,在劳动中奉献和成长,打造志愿服务的山大模式。

1.服务济南社区行动

山东大学在 2005 年启动了"服务济南社区行动"。2016 年,随着青岛校区的启用,整合济南、青岛、威海三校区志愿者资源,在三地同时启动了"服务社区行动",在三地 200 多个社区建立志愿服务基地。深入推进"服务社区行动",鼓励学生服务社会,了解国情民情。鼓励学生利用课余时间走进社区或校外志愿服务基地组织,开展普及讲文明树新风、政策宣讲与热点调研、科普宣传与技能培训、专业援助与咨询服务、公益服务与社区建设、保护生态环境等形式的具有专业学科优势的志愿服务。

为贯彻落实中共教育部党组、共青团中央《关于在各级各类学校推动培育和践行社会主义核心价值观长效机制建设的意见》(教党〔2014〕40 号)精神,进一步健全学校与社区合作育人工作机制,山东大学校团委将继续深入开展山东大学学生“服务济南社区行动”,引导青年学生走进基层、深入基层、服务基层,在服务基层过程中增长才干,切实提高山东大学学生的社会责任感,丰富学生社会实践经历,深化青年志愿者行动,丰富社区文化生活,推动和谐社区建设,在实现中华民族伟大复兴的中国梦的宏伟进程中放飞青春梦想、贡献青春力量。

2.研究生支教团

山东大学研究生支教团由中国青年志愿者扶贫接力计划和山东大学支教奖学金项目组成。山东大学西部计划项目办公室按照“公开招募、自愿报名、择优选拔”的方式,在全校范围内选拔录用一定数量具有推荐免试攻读研究生资格的优秀应届本科毕业生和部分在读研究生到西部地区县级以下(西藏、新疆除外)中小学或山东大学扶贫单位等地区中小学开展为期一年的基础教育教学志愿服务工作和力所能及的社会扶贫、志愿服务、公益活动等,研究生支教团志愿者可以参与团的组织建设和基层工作。

(三)践行社会实践——积极参与服务山东发展策略推进

近年来,学校服务山东工作按照统筹谋划、健全机制、重点突破的思路,围绕山东省八大战略布局要求,全力推动“山大系”资源与济南、青岛、威海的重点战略精准对接,提升服务水平,使之达到一个新层次。

1.切实加强服务山东内涵建设

着力提升科学研究水平,瞄准世界科技前沿和国家重大战略需求,注重在提升专利质量、打造专利群等方面开展有效工作;强化文化引领作用,面向国家和区域经济社会文化发展战略需求,聚焦基础理论前沿和重大现实问题开展研究,产出具有重要学术价值和社会影响的研究成果;深度推进学科交叉融合,在现有学科交叉融合平台基础上,引入社会资源,加强交叉学科协同创新,促进创新链与产业链精准对接,开展跨学科研究;注重强化重点平台构建,在加强对校内已有平台管理和服务的同时,创新科研组织形式，注重搭建校企、校地合作平台。

2.切实推动服务山东走深走实

解放思想，聚焦目标抓落实，创新思维，总结学校已有经验，借鉴长三角、粤港澳大湾区等地区的先进经验做法，全面加强合作，全力助推学校“由大到强”的历史性转变；加强谋划，完善机制抓落实，借鉴与威海市建立联席会议制度、组建工作专班的合作经验，加强与国家和山东省有关厅局委办的需求对接，推动谋划大项目、产出大成果；协调联动，步调一致抓落实，强化全校“一盘棋”思想，加强校区与校区之间、部门与学院之间、学院与研究院之间的协调联动，携手并肩，形成合力；重心下移，夯实责任抓落实，尊重学院作为服务山东主体、专家学者作为服务山东中坚力量的重要地位，强化年初任务分解和年底考核评估，充分调动基层单位服务山东工作积极性和主动性，全力推进服务山东工作向纵深发展，努力开创服务山东工作新局面，为国家和区域发展以及学校“双一流”建设作出贡献。

山大青年以多种多样的形式满怀热情走向社会，进行着富有意义的社会课堂新体验，山东大学硕博服务团就是鲜活生动的例子。山东大学硕博服务团由山东大学硕博士研究生组成，秉承“服务山东·山大方案”宗旨，在暑期社会实践中深入社会各方，建言献策，知行相融。

2018年，由来自不同专业的70名硕士生和博士生，形成7支交叉学科团队，来到德州市齐河县展开实地调研，走访奇瑞新能源汽车技术有限公司、表白寺镇西刘村、安头乡冢子村、祝阿镇古城苑社区；2019年，由62名硕士与博士生组成，形成6支专业不同的实践队伍，赴临沂市实地调研，走访新旧动能转换办公室、临沂市科学技术局、临沂市科学技术合作与应用研究院、山东临工工程机械有限公司等地；2020年，山东大学硕博服务团7支分队走进山东大学三地校区食堂，围绕制止餐饮浪费、加强卫生监督、食堂新管理体制、食堂智能化发展、光盘行动特色成效以及提高服务质量六个方面，开展美好“食”光专项实践活动。

## 第三节　校企合作谱写新篇章

校企合作是推进劳动教育、服务地方建设、实现校企优势互补的重要途径。将企业资源优势、环境优势与高校科研优势、人才优势紧密结合，通过校企合作大力拓展学生就业创业渠道，探索劳动育人新途径，谱写学校劳动育人新篇章。

### 一、校企合作社会资源丰富，合作平台层次不断攀升

目前，学校与全国百余家企业合作建有劳动教育实践基地。例如，与浪潮集团在云计算、大数据、智慧校园建设、人工智能、网络安全和电子信息等领域重点加强交流合作，共同打造校企产学研合作典范，服务国家战略需求；与山东新华医疗器械股份有限公司合作共建山东大学医院感染预防与控制实践培训基地，在培养应用型人才、促进产学研结合方面取得了良好效果；与中建八局在人才培养、人才引进、科学研究、学生就业实习实践以及干部能力提升等方面合作，促进校企产学研深度融合，实现共赢发展。

服务大行业、大企业，抓住重点，深化校企合作，围绕社会筹资和平台建设，提高合作效益，为社会筹资培育资源。校企合作呈活跃态势，重点对接了全国纳税500强企业，积极拓展了一批校企合作伙伴。大力推进校企合作，加强了与中国华电集团、国家电网公司、中央人民广播电台、AMD公司、华特迪士尼公司、三星集团等中央企事业单位及跨国公司的合作，深化了与潍柴动力、海信集团、山东烟草、齐鲁证券、浪潮集团、山东高速、山推集团、时风集团、五征集团等山东省内大型企业的合作，推动与辽宁辉山控股集团、福田汽车、珠海格力电器等省外大型企业的合作。

随着合作发展的深入，校企合作平台层次明显提升。与中泰证券共建山东大学中泰证券金融研究院，与鲁发红木家具有限公司共建研究中心，与山东高速集团共建研发中心，与淄博高新区及新华制药共建山东大学（淄博）生物医药研究院。通过与大型企业的合作，解决企业关心的技术难题和企业发展中的重大瓶颈问题，促进学校相关学科发展和科技成果转化，营造

劳动育人的良好校企合作氛围,积极争取企业对学校劳动教育事业发展的支持。

学生在校企合作的项目中进入企业中实习、工作、实践,通过了解企业文化、企业规章制度、企业氛围、企业精神,从而对企业框架有大概的了解,明白相关岗位的职责和相关的要求。学校与企业根据学生的专业特点和培养目标制定相应的考核规范、奖惩体系等,对学生的德智体美劳等多方面进行考察,形成科学、完善的考察体系。让学生在工作过程中对工作和职业有更加完整和真实的理解,从而在正式进入社会以后更好地选择职业。

### 二、关注学生发展需求,以为社会提供人才为落脚点

山东大学以学生发展需求为核心,以社会人才需求为导向,整合资源、拓展渠道,加强校企合作,不断强化学生实习实践,助力学生在实践创新过程中不断提升能力。校企共建学生俱乐部是加强创新合作的新型模式和积极举措,一是助力学生综合素养提升,俱乐部通过职业发展类活动及比赛、学术活动、文体活动、社会公益项目、实习生计划、企业参观等形式,引导在校生树立职业意识、提高职业能力,为未来的成长发展打下基础;二是助力企业树立雇主品牌,俱乐部通过各种渠道帮助企业在学生中树立雇主品牌,帮助企业在学校挖掘、招募优秀人才等;三是助力学校创新人才培养,俱乐部通过设立课题、开展校园创新项目等活动,为在校生提供行业知识、双创培训,提升学生职业能力,促进学生全面发展。通过设立校企联合培养实验班或企业派技术专家、高级管理人才到校授课等方式,使更多的社会力量参与学校的人才培养,为社会培养更多优秀学生。

校企合作是推进学生劳动教育的一个重要途径,也是需要与企业、行业联动的一个教育制度,促进校企合作是国家发展改革的需要,也是学校、企业、行业发展的需要,更是学生实现人生价值的需要。高校推行高质量的校企合作、制定科学的人才培养模式,帮助学生养成精益求精、爱岗敬业、创新奉献的工作态度,可以为国家的建设提供源源不断的高技能、高素质人才。在校企合作的过程中,通过学校和企业及时的沟通,提高信息的对称性,在日常的教学实践中改革培养人才的重点,加强与社会的联系,提高可实用

性、应用性。对学生除了教授专业知识以外，也要强调踏实肯干、吃苦耐劳的工作态度，同时学生也要培养与人沟通、交往的处事能力。在提升学生理论联系实际专业技能的同时，也让他们的世界观、人生观、价值观得到不同程度的提高，综合素质和创新能力也得到了提升，最终实现拓宽毕业生的就业渠道、提高毕业生就业竞争力的目标。

### 三、深入推进服务山东战略，为社会发展提供强有力的支持

山东大学一贯注重深入推进服务山东战略，促进高校与企业间的合作，拓展学生就业创业渠道，建立实习实践基地，探索劳动育人新途径。

在“强院兴校”行动中，不断推动学校、学院、教师、学生进一步发展，整体提高办学水平和社会服务能力，在智造山东、健康山东、文化山东、经济强省、海洋山东、教育山东方面贡献山大智慧、山大方法、山大力量。学校方面坚持以支撑创新驱动发展战略、服务经济社会发展为导向，着力构建科研创新体系，提升科研创新能力，致力于建设成为地方区域创新体系的有力支撑、国家创新体系的重要组成部分。

山东大学本着产教融合、强强联手、优势互补、合作共赢的理念，抢抓机遇、超前布局，着力与世界500强企业、行业领军企业建立长期、稳定、深入、全面的合作关系，谱写校企合作劳动育人新篇章。

## 第四节　家校联动新趋势

家庭是一个人成长的最初场所，家庭的影响是巨大的。家庭环境与家庭观念对人的塑造起着重要作用。1920年，一个8岁的美国男孩在踢足球时不小心将邻居家的玻璃踢碎了，邻居索赔12.5美元。男孩在闯祸后向父亲认错，父亲要求他对自己的行为负责，父亲借给了他12.5美元用于对邻居进行赔偿，但是要求他一年后偿还。之后，这位男孩每逢周末、假期便外出辛勤打工，经过一段时间的努力，他终于将钱还给了父亲。这个男孩就是后来的美国总统里根。他在回忆这件事时说：“通过自己的劳动来承担过失，使我懂得了什么叫责任。”父母的价值观念会在潜移默化中传递给孩子，适

当的劳动会让孩子更加有责任感，更加明白劳动的价值。

## 一、家庭在劳动教育中的基础作用

“万般皆下品，惟有读书高”的传统思想从古至今影响着许多中国家庭，并且在传统观念中，劳动概念所指向的是单纯的体力劳动，很多家长认为劳动不光彩，甚至会鄙视劳动者。由此导致在家庭教育中，学习书本知识是重中之重，劳动教育相对缺乏，长此以往，就会导致孩子对劳动缺乏正确认识。在这种传统观念下，有的家长从小为孩子包办一切，有的学生直到进入大学都无法独立生活，缺乏基本的生活技能，面对自己的内务整理等束手无策，无限度溺爱孩子、包揽一切的做法，其结果注定是消极的。

《关于全面加强新时代大中小学劳动教育的意见》指出：“家庭劳动教育要日常化。”时代不断进步，关于劳动教育也有了新的时代内涵，“新时代高校劳动教育是高等教育人才培养体系的重要组成部分，是顺应新时代劳动发展趋势对大学生进行系统的劳动思想教育、劳动技能培育与劳动实践锻炼，全面提高大学生劳动素养的过程，其目的是引导新时代大学生在劳动创造中追求幸福感、获得创新灵感，培养具有社会责任感、创新精神和实践能力的高级专门人才”①。进入新时代，劳动教育的重要性被重新摆在重要位置，劳动教育不仅要靠学校的规范与培育，更要将家庭教育这一重要环节重视起来，家庭作为学生成长、生活的重要场所，作为学校教育的外延，在劳动教育中发挥着重要作用。

在家庭教育中，应着重培养学生对于劳动的情感态度，但是这一方面并不是一蹴而就的，需要整个家庭的共同努力，劳动情感态度反映的是一个人对于劳动的心理特征，代表着一个人的劳动价值观念。在家庭生活中，可以制定相应的家庭劳动契约，根据自身家庭的实际情况，营造适合自身家庭的独特氛围。组织家庭成员进行真实的劳动生活，在体力劳动方面，可以通过家务劳动的进行和生活技能的锻炼来实现，家务劳动看似简单，但是真正落实到行动中，实则是一件既烦琐又考验耐心的活动，在家庭中，家庭成员在

① 刘向兵等：《新时代高校劳动教育论纲》，社会科学文献出版社 2019 年版，第 51 页。

组织进行家务劳动时,可以将劳动任务的分配工作交给孩子来做。一方面可以锻炼孩子的沟通协作能力;另一方面可以通过分配工作这一环节,增强其完成劳动任务的责任感和成就感,使得家庭劳动的教育作用得以有效发挥。在组织进行家务劳动时,家长也应明白,孩子已经可以作为一个独立的个体独立进行各项工作,家庭中的一些稍有难度的任务也可以交给其独立完成,这不仅在一定意义上锻炼了学生的动手能力,还考验了学生在面对新问题时的应对能力,增强其在日后生活中面对困难挫折时的勇气。

在家庭环境中,学生处于放松状态,可以更好地通过生活中的各种实际问题对其进行劳动教育,发展更多劳动教育的途径,可以通过小游戏的方式,轮流进行家务劳动和相关生活技能的学习和执行。即使是已经成年的大学生,活动的趣味性、吸引力越强,学生在执行任务时的完成度与积极性也会越高。当前许多大学生缺乏必要的生活技能,对于基本的洗衣服、做饭、洗碗等事情过度依赖于生活家电,进入大学后,学生基本都已成年,家长在家务劳动的完成和生活技能的锤炼方面应放心让学生独立学习并完成。同时,家长的社会生活经验相对丰富,而大学生虽已成年,但是随着信息技术的不断发展,各种良莠不齐的信息充斥于网络,对于网络上出现的拜金主义、享乐主义、轻视劳动者等不良风气,家长也应以自身实际行动为孩子做榜样。

苏联教育家马卡连柯说:"在我们的社会中,劳动不仅是经济的范畴,而且是道德的范畴。"父母是孩子的老师,父母对于劳动的态度会深刻影响孩子,良好的劳动行为习惯是一个人价值观念的外化呈现。家长也应转变观念,以身作则,共同努力营造热爱劳动的家庭氛围,与学校的劳动教育共同发挥作用。良好的家庭劳动环境并不是简单地对孩子进行思想教育和粗暴直接的命令式指挥,恶劣的家庭环境不会培养出热爱劳动、勤奋努力的孩子,尊重劳动、热爱劳动的家庭氛围也不会教育出蔑视劳动、好逸恶劳的学生。家庭劳动教育既要求方式恰当,又要求每个人在日常生活中做到持之以恒,让劳动成为一种习惯,成为属于自己家庭文化的独特的一部分,从而在轻松愉快的家庭生活中实现对学生的劳动教育作用。

## 二、家校联动与劳动教育

为深入贯彻落实党的十九届五中全会、全国教育大会精神，落实习近平总书记关于家庭教育的重要指示，探索学生、家长、教师共同参与评价的有效方式，构建及时高效的家庭教育指导服务体系，引导广大家长树立正确的教育观和成才观，强化立德树人的家庭教育，山东大学统筹规划、家校联动、全员发力，持续深入推进家校协同育人工作，凝聚育人合力，为提升“三全育人”实效打下坚实基础。

1.广泛宣传推广《家长家庭教育基本行为规范》，形成家校联动常态机制，渗透劳动教育内容

在疫情防控常态化要求下，学校积极响应全国妇联、教育部印发的《家长家庭教育基本行为规范》要求，发布《关于做好家校协同育人工作的通知》；各学院高度重视、积极响应、周密部署，根据学院背景、学科特色、学生特点，利用学院特有资源，积极拓展宣传渠道，创新开展各具特色的家校合育工作，打造具有学院特色的家校沟通平台。山东大学校院两级以书信等形式呼吁家长重视家庭教育，做好家校配合。例如，学校层面发布《家校协作促成长，共绘育人同心圆——致学生家长的一封信》，在倡议广大学生家长于学生假期期间在重安全、塑家风、勤沟通、树榜样的基础上，注重假期居家期间的劳动实践。学校的各学院积极转发，并纷纷以《家长家庭教育基本行为规范》为基础寄信家长。艺术学院积极关注山东教育电视台、《山东教育报》等平台推出的家庭教育主题特别节目，并协助宣传工作实施，通过推文、主题班会等形式倡导学生及家长关注家庭教育，注重劳动教育；外国语学院、商学院（威海）主动拓展宣传渠道，于学院微信公众号转载《家长家庭教育基本行为规范》，并号召学生积极转发；经济学院、化学与化工学院、能源与动力工程学院等印发《致家长的一封信》，倡议学生家长助力家校合育工作开展。

2.搭建稳定交流平台，创新活动形式，带动劳动教育实践热潮

为更好地密切家校联系，汇聚育人合力，山东大学各学院充分发挥主观能动性，积极通过各种形式与学生家长保持沟通交流，为家长和学生提供个

性化咨询服务，解决学生成长成才过程中遇到的问题，构建家校合作联动机制。机械工程学院本科生各年级辅导员通过线上会议、公众号推文等形式组织召开年级家长会，根据不同年级学生特点，有针对性地向家长汇报学生成长成才情况，提供家庭教育建议，呼吁学生参与到家庭劳动中；新闻传播学院向优秀学生家长寄送喜报，与家长共同分享学生成长过程中的收获与喜悦，希望家长们能够转变观念，在家庭中营造劳动光荣的家庭氛围；文学院设立“家校信箱”交流平台，为家长和学生提供个性化咨询服务，并通过不定期电话家访等途径满足家长了解学生发展近况的需求，达到双向沟通效果；体育学院、马克思主义学院充分利用家长群等沟通平台，为学生成长成才保驾护航。

为充分发挥榜样引领作用，山东大学各学院不断创新形式，举办系列主题鲜明、形式多样的家校合育活动，深入挖掘在家风家教方面的优秀人物和典型事迹，并通过学院网站、公众号、家校沟通平台等加大宣传，带动全面学习热潮。历史文化学院举办“同心课堂”家校共育品牌活动，邀请优秀学生家长担任主讲嘉宾，结合自身工作专长举办主题讲座，帮助家长营造热爱劳动、崇尚劳动的良好氛围；微电子学院开展“寒风仍在，孝子温暖”活动，号召同学们通过为父母做饭、准备年货等劳动方式积极表达对父母的爱；哲学与社会发展学院、口腔医学院、药学院、管理学院、国际教育学院联合举办“我的家教好故事”“我的家风家训”系列征集活动，丰富学生假期生活，传播优秀家庭教育理念。

# 第五章　劳动教育实施路径探索

劳动教育的实质在于引导和教育学生为祖国的建设而努力奋斗、奉献自我，从而练就过硬本领，服务党和国家，服务人民，为社会创造出更多的物质财富和精神财富。全面贯彻落实习近平总书记关于教育的重要论述和全国教育大会精神，切实加强和推进劳动教育，是落实高校立德树人根本任务的重要内容。作为劳动教育必不可少的一环，探索切实可行的劳动教育实施路径成为新时代高校劳动教育实施规划的重点课题。其中，加强劳动教育的组织实施、建立科学的劳动教育评价体系与建设信念坚定的教师队伍极为关键。只有在党委组织领导与宣传引导下，在科学的评价体系中，在坚实的教师队伍带领下，高校劳动教育的实施才能够稳步推进，达到育人之效。

## 第一节　劳动教育组织建设

在中国特色社会主义教育事业持续发展的新时代，高校应当积极响应党和国家号召，从组织领导、督导检查、宣传引导三方面逐步开展高校劳动教育的各项工作，切实加强劳动教育的组织开展，保证劳动教育的顺利实施。加强组织领导是高校实施劳动教育的前提，高校应当在高校党委的坚强领导下，强化制度保障，促进全员参与，推动建立全面实施劳动教育的长效机制。强化督导检查有助于高校劳动教育的顺利开展，高校应结合自身实际，建立科学有效的多维度的评估指标体系，有效推动高校劳动教育稳步提升。加强宣传引导是高校劳动教育实施的重要议题，高校应当积极探索劳动教育宣传的新途径、新方法，牢牢把握宣传工作的主阵地，扩大劳动教育的积极影响。

## 一、加强组织领导

在党和国家对劳动教育的大力倡导下，在中国特色社会主义教育事业持续发展的要求下，高校应当在遵循教育规律的前提下，积极响应国家号召，有针对性地逐步开展劳动教育工作，把握当代大学生的时代特殊性与差异性，与时俱进、因时而新，逐步推动高校劳动教育深入发展。在党委领导下，做好组织规划与体系建设，是高校实施劳动教育的前提。高校党委必须进一步提高自身政治站位，将劳动教育纳入学校教育教学发展布局中，将其作为一项重要议程，做好整体规划和顶层设计，明确相关部门职责所在，推动建立全面实施劳动教育的长效机制，建立健全党委领导、全员参与、制度保障的工作格局。

### （一）坚持党委领导

中国特色社会主义制度的最大优势就是中国共产党的领导，因此，新时代高校劳动教育也离不开党的正确领导。高校党委必须对劳动教育加以高度重视，融合时代要求，结合高校实际，因地制宜构建高校劳动教育新模式。在学校党委的统一领导下，校内各职能部门、各学院必须将劳动教育放在重要位置上，紧密结合实际，遵循育人规律，以学生的成长需求为导向，成立高校劳动教育工作领导专班，制定新时代高校劳动教育的总体规划和教育目标，统一协调高校劳动教育的总体安排。发挥高校育人优势，在与社会资源的沟通联动中构建劳动教育新体系，同时以科学有效的措施予以支撑，加快形成劳动育人新局面。

现阶段，社会整体层面对劳动教育功能价值的认知尚不足，对于劳动教育在人的全面发展中起到的作用尚且不甚明晰，对劳动教育的理解过于松散，实施过程过于简单，对劳动教育的宏观把握依旧不足，对劳动育人价值的研究还未进行更加深入的探讨。东华大学人文学院哲学教授贺善侃曾提出:“应该充分认识劳动教育纳入国民教育体系的战略意义。在中国特色社会主义新时代背景下,加强劳动教育、努力提高国民尤其是青少年的劳动素质,对于培育‘时代新人’、奋进两个百年目标以及实现中华民族伟大复兴的中国梦都具有深远的战略意义。”[①]可以看出,只有在坚持党的领导的前提下,在整个社会层面提高人们的思想认识,深刻理解劳动教育的战略性意义,才能使劳动教育真正为中国的社会现实服务,为社会主义现代化建设服务。

高校肩负着培育时代新人的职责使命,是青年大学生劳动教育的重要阵地。山东大学将《意见》作为一项重要指导性文件,坚持培养德智体美劳全面发展的社会主义建设者和接班人的教育目标,在学校的具体工作中全面贯彻落实各项要求,从领导层面进一步提高对劳动教育重要意义的认识,坚持“五育并举”相互融合,全面深化劳动教育工作。在学校党委统一领导下,成立劳动教育工作领导小组,明确各部门职责,加强劳动教育工作的统筹协调与监督落实,纳入学校督查巡查。各学院党委将劳动教育摆上重要议事日程,根据学校方案要求,出台相关政策措施,推动建立全面实施劳动教育的长效机制。强调育人实效,坚持“一滴汗水一份收获”的实践原则,找准制约劳动教育的重点难点,抓实抓牢劳动教育。坚持思想引领与实践引导相结合,围绕创新创业,发挥其在“五育”中的重要作用,结合学科和专业开展劳动实践;以志愿服务为抓手,强化志愿服务劳动的育人特色,着力培养学生的公共服务意识;紧密结合就业指导,带领学生感知国家发展、认识自身实际,树立正确的择业观;深化勤工助学工作,完善体制机制,推动形成校内劳动实践的良好氛围。在党委的统一领导下,山东大学致力于建立完善的劳动育人体系,坚持“五育并举”,将劳动教育与德育、智育、体育、美育放在同等高度纳入学校整体发展规划中,将“三全育人”落实落细。

(二)推进全员参与

习近平总书记在给中国劳动关系学院劳模本科班学员回信中强调:“劳

---

① 朱丹、何云峰:《新时代劳动教育的地位、内容及其实践路径——第五届劳动人权马克思主义论坛综述》,《云梦学刊》2021 年第 2 期。

动最光荣、劳动最崇高、劳动最伟大、劳动最美丽。”他在北京大学师生座谈会上也曾讲道，大学生要在劳动创造中“把自己的理想同祖国的前途、把自己的人生同民族的命运紧密联系在一起，扎根人民，奉献国家”。高校的劳动教育不仅仅是单纯针对学生的劳动实践，而是贯穿于整个学校的整体教育规划部署中的重要环节，需要全员共同参与。高校广大师生在劳动教育的实践中，必须紧紧围绕劳动教育相关课题展开交流，形成师生广泛参与的浓厚氛围和强大合力；同时，高校开展劳动教育同样需要家庭的支持和参与，通过家庭教育鼓励学生利用丰富的假期时间参与劳动，在家中参与家庭事务，在社区中投身社会实践；此外，通过全社会共同关注，将劳动教育覆盖到全体社会活动中，鼓励学生走上工作岗位，深入社会现实，将劳动贯穿发展的全过程，实现全员参与，共同学习。

在理论教育层面，高校要深化马克思主义劳动观的理论教育，引导学生正确认识劳动与劳动教育的意义，准确把握劳动教育价值取向，消除错误的固有认知，在师生思想意识层面将马克思主义劳动观摆正，形成充分的认知，认识到劳动是“人由自然存在转化为社会存在的基础”[①]，具有推动人类社会历史进步的作用，从而认识到人民群众历史创造者的地位，将劳动的价值意义深植于每一位师生的思想意识中。只有筑牢理论根基，摒弃对劳动教育的错误认知，树立正确的思想观念，教师才能够在劳动教育的引导过程中向学生传递正确的马克思主义劳动观，把马克思主义劳动观真正给学生讲明白，以身作则，起到引领作用；学生才能正确认识并主动将劳动教育放在一定的高度上予以重视，认真践行。只有将劳动教育真正转化为高校全体师生的理论根基与内在动力，才能真正推动高校劳动教育工作稳步前进。

在实践落实层面，高校劳动教育的有效开展在很大程度上还需要社会各方面的共同努力，劳动教育氛围的营造需要全社会的广泛参与。高等教育培养的是即将走向社会各行各业的具有社会责任感、创新精神和实践能力的高级专业人才，而这个过程正是一个全社会共同参与的过程。高校通过劳动教育培养学生形成积极向上的就业创业观，提高学生的劳动能力、分

---

① 孙建东等：《马克思劳动观视阈下高职院校劳动教育的价值意蕴与优化策略探析》，《连云港职业技术学院学报》2020 年第 4 期。

析与解决问题的能力，为大学生走上工作岗位奠定坚实的基础。山东大学通过推进“青鸟计划”，以实习实践、高质量就业、“双创”空间和校地合作为四大支撑，服务青年学生就业创业工作，吸引优秀学子和人才回鲁干事创业，助力全省“招才引智”工作大局，以此作为劳动教育的一大抓手，凝聚干事力量，做好保障工作。北京理工大学推行“三全育人”导师制，“三全导师”既是“三全育人”工作的主体，也是劳动教育的重要抓手，各方人员协同配合，形成劳育合力。[①] 在导师的共同参与中为学生提供一个良好的劳育环境，提高学生综合能力。同时，学生的实践离不开社会的全面参与，家庭为学生提供了劳动教育的基础性引导，社会行业为学生提供了丰富的劳动实践机会与广阔的劳动实践平台，社区为学生提供了有力的后勤保障。以此为鉴，我们必须认识到，只有实现全员参与，才能够真正在整个社会形成教育合力，将劳动教育深入到整个社会的教育体系中，最终达到“三全育人”的效果。

（三）强化制度保障

制定科学有效的劳动教育政策制度有助于高校劳动教育的顺利有效开展，能够对劳动教育的实施予以有力的规约。在《关于全面加强新时代大中小学劳动教育的意见》中，劳动教育作为一项重要内容被纳入中国特色社会主义教育制度，为劳动教育的开展指明了方向。在保证党委的统一领导下，在《关于全面加强新时代大中小学劳动教育的意见》的指导下，各省市需要出台依托于本地具体情况的相关重要政策，紧密围绕党委部署，将劳动教育作为一项重要政治任务进行科学规划部署，推进本地区劳动教育落实落地；同时，各高校需要结合自身实际，制定劳动教育的相关规章制度，为劳动教育的顺利实施提供有力的制度保障，保证实施过程有依可循。高校应高度重视劳动教育相关制度建设，从顶层设计到实施过程，从课程建设到评价机制，实现制度政策层面对劳动教育的全方位覆盖，保证落地成效。

现阶段，高校已经开始探索劳动教育相关制度制定。山东大学出台《中

① 参见方蕾、刘艳晴：《“三全育人”视域下高校劳动教育践行机制研究》，《教育教学论坛》2021年第5期。

共山东大学委员会关于全面加强新时代学生劳动教育的行动方案》，通过成立劳动教育领导小组，在党委领导下，依托学校办学实际，面向一校三地，结合各培养单位学科与专业特点，发挥“三全育人”功能，调动各部门劳动教育优势，加强校内统筹协同，充分挖掘可利用资源，拓宽劳动教育途径，贯通家庭、学校、社会各方面，形成鲜明时代特点、扎实育人内涵、突出山大特色的劳动教育格局。

上海财经大学致力于将劳动教育纳入人才培养全过程，学校党委成立工作专班，定期开展专题研究，统筹推进课程设计、考核评价、文化宣传和条件保障等工作，确保劳动教育扎实开展。实施《新时代劳动教育行动计划(2020～2023)》，制定本科生劳动教育课程培养方案及教学大纲。围绕培养方案，实施生活技能培育、社会实践体验、公益志愿服务、合作发展助力、创新创业创造联动、就业能力拓展、劳动文化建设等7项行动，形成“1＋7”劳动教育体系。结合学科专业特色，遵循学生成长规律，把创新性劳动能力培养有机融入专业课，将服务性劳动教育有机融入实践课，切实将劳动教育纳入人才培养全过程。

西安交通大学出台《劳动教育实施方案》，以丰富多彩的社会实践活动为平台，引导学生崇尚劳动、热爱劳动、投身劳动、尊重劳动。通过对《劳动教育实施方案》的深入贯彻挖掘，将劳动教育落到实处，取得了良好的效果。

南京理工大学通过分类施策，探索劳动教育新的实施路径。“打好‘设计牌’，聘请学校劳动教育研究院专家团队设计‘基于专业成长的劳动教育指导手册’，根据学科专业分类建立劳动教育纪实方案和风险防控预案。念好‘实践经’，将实习和劳动教育相结合，联合地方政府、科研院所、企事业单位共同搭建劳动教育实践平台，拓展劳动教育实践场所，满足多样化的劳动实践需求和专业实习需求。”①

劳动教育制度建设正在各高校稳步推进，在对《关于全面加强新时代大中小学劳动教育的意见》充分学习领会的前提下，制定与自身发展阶段与发展需求相符合的特色劳动教育体系方案是高校发展的必然要求。尽管劳动

① 赵建春、潘玉娇：《南京理工大学钱学森学院：用劳动塑造学子精彩人生》，《中国教育报》2020年6月26日。

教育体系的建立仍在探索过程中，但各高校对劳动教育的创新性政策实施仍然展现出了新时代教育体系完善的强大动力。通过政策引导，各高校已经开始建立更为全面的教育体系，劳动教育平台更为广阔，督导体系渐趋完善，评价反馈更为及时有效，形成了一种良性循环。

## 二、强化督导检查

中国劳动关系学院任国友、曲霞《新时代高校劳动教育督导评价体系研究》一文中提到："坚持问责、关注绩效、加强和深化教育督导对教育质量的评价、监督、指导作用是各国的一项主要国策。"①随着时代的发展，高校"三全育人"体系不断完善，教育的方式呈现出多样化的特点，第二课堂教育的重要性逐步凸显。传统的教育督导体系更加偏重于对于第一课堂教学的过程，在培养德智体美劳全面发展的社会主义建设者和接班人要求下，将第二课堂教育纳入教育整体督导体系势在必行。其中，劳动教育作为"五育并举"工作中的重要一环，在现阶段社会整体教育规划中并没有得到与德、智、体、美"四育"同等的位置，且没有真正融入到教育督导体系中，得到有力的推动施行；同时，传统单一的督导办法已经不再适用于劳动教育这种形式灵活多变的教育方式，必须通过有针对性的改革对其进行发展完善，从而有效推动政策落地实施。因此，对劳动教育进行有力督导，建立科学有效的评估指标体系成为教育部门一项亟待解决的重要问题。

对于高校的劳动教育督导，需要在党委的统一领导下，联合学生管理部门、教务部门、各学院与学生组织等共同对组织实施的劳动教育情况进行督导检查和劳动教育质量监测，确保劳动教育落地见效。《新时代高校劳动教育督导评价体系研究》中提出了劳动教育督导体系建设的一种参考模式，即通过"层次性、可量化、系统性、创新性、定性与定量结合的指标建构原则"，从"基础性、发展性和创新性"三个新维度提出新时代高校劳动教育督导评价指标体系。② 其中，基础性维度以环境、专业、课程三项为指标，主要对高

① 任国友、曲霞：《新时代高校劳动教育督导评价体系研究》，《劳动教育评论》2020 年第 1 期。

② 参见任国友、曲霞：《新时代高校劳动教育督导评价体系研究》，《劳动教育评论》2020 年第 1 期。

校基础建设保障进行督导；发展性维度主要通过思政与实践两个方面进行深化；创新性维度主要结合学校与专业特色，对劳动教育进行创新，提高劳动教育的影响范围，增强劳动教育的效果。这样一种劳动教育督导体系模型的建立，能够评价激励特色创新，从而有效推动高校劳动教育成效稳步提高，为高校特色劳动教育督导体系的建立提供范本。

## 三、加强宣传引导

党的十九大报告中提出："要建设知识型、技能型、创新型劳动者大军，弘扬劳模精神和工匠精神，营造劳动光荣的社会风尚和精益求精的敬业风气。"劳动教育离不开宣传引导，只有通过广泛渠道对其进行宣传，才能够将劳动教育氛围覆盖整个高校。高校应该将劳动教育宣传工作作为一项重要议题，做到因势利导，扩大正向宣传效果，营造良好氛围，从而在全社会形成一种强大动力。高校劳动教育宣传报道要紧紧围绕中心，服务大局，贴近实际，积极探索新时代新形势下劳动教育宣传工作的新途径、新方法，结合劳模精神与劳动教育先进典型，充分发挥其对青年学生的引导作用，唱响时代主旋律，推动劳动教育向前发展。

劳动宣传的最终价值是引导广大青少年牢固树立劳动最光荣、劳动最崇高、劳动最伟大、劳动最美丽的观念，体会劳动创造美好生活，体认劳动不分贵贱，热爱劳动，尊重普通劳动者。但我们必须认识到，高校学生现有的劳动观念具有虚化、悬浮化、漂移化等特点，甚至一些学生在开展劳动教育实践时还存在逃避、不重视等问题，这些都需要我们对劳动教育宣传、劳动育人氛围的营造加以重视。同时，高校在宣传过程中要注意方式方法，通过学生喜闻乐见的方式，运用新媒体技术手段进行广泛宣传，充分开展调研，探索创新型劳动教育宣传模式，避免造成反向效果，筑牢意识形态阵地，将高校劳动教育宣传真正深入学生内心，号召学生学习先进典型，传承精神文脉，推动劳动教育正向发展。

以劳模精神宣传为例，作为中华民族宝贵的精神财富，在实现中华民族伟大复兴的征程上，我们需要将劳模精神发扬光大，汇聚磅礴力量，推动劳动教育正向引导。通过向大学生展示和宣传能够体现劳模精神、工匠精神的大量丰富真实的事迹、图片、视频材料和高超精湛的工艺等来加深大学生对劳动、劳动者、劳动创造、劳动成果的体验和感悟，以积极传承和弘扬勤俭、奋斗、创新、奉献的劳动精神。

此外，高校宣传部门要及时跟进学校劳动教育开展情况，宣传各部门、各学院先进工作经验，推广先进典型。学校要加大对各部门、各学院劳动教育做法先进、成效显著的专业课教师、思政教师以及劳动表现优异和有关技能大赛中成绩突出的学生等的表彰奖励和宣传力度，通过校内师生的共同影响实现劳动教育的宣传促进作用。通过大国工匠进校园、劳模进校园等活动，让学生与真正的先进劳动工作者面对面进行交谈，通过展示高素质劳动者事迹形象，引导学生学习劳模精神和工匠精神，激发学生的劳动热情，树立正确的马克思主义劳动价值观，将劳动教育深入人心。

上海财经大学充分利用校报、学校官网、微信微博微视频等平台，推出“身边的劳动者”专题宣传等，立体化宣传劳动教育，唱响“劳动光荣创造伟大”主旋律和最强音。打造“劳模进校园”“工匠面对面”等活动，让学生零距离接触先进典型，切身体悟“幸福是奋斗出来的”，增强劳动积极性、主动性和责任感、自豪感。山东大学广泛利用各类媒体，加大劳动教育宣传力度，积极协调校内外新闻媒体，充分发挥报刊、广播、电视、互联网等大众传媒的作用，积极运用“两微一端”等新兴校园媒体，深入宣传学生志愿服务活动、社会实践活动、就业创业活动等涌现出的典型先进事迹、先进人物和先进经验，传播劳动服务理念、弘扬劳动服务精神，推动全校形成关心、支持和参与志愿服务的良好氛围，营造“三全育人”“五育并举”的良好局面。

总而言之，高校需要将宣传工作纳入劳动教育体系的建立中，有意识地加强对劳动教育的宣传报道与对先进典型的宣传推动，有序组织典型宣传的深化活动，通过创新新媒体宣传形式，在组织表彰会、事迹报告会、开展向劳动教育先进典型学习活动中，以活动为引导，形成劳动教育声势，营造劳动育人风气，最终形成良好宣传效果。

## 第二节　劳动教育评价体系建设

建立科学的劳动教育评价体系是高校劳动教育的重要课题，构建具有山大特色的劳动教育评价体系也是山东大学开展劳动教育工作的重要内容。科学的劳动教育评价体系应设置以育人实效为导向的评价指标，以目标性原则、全面性原则、多元化原则、科学性原则为四项基本原则，以学生劳动素养评价、教师劳动教育教学条件与能力评价、其他劳动教育状况评价为三大内容，广泛吸取已有经验，构建一套适应高校自身发展的教育评价指标体系。山东大学根据学校具体工作实际，以劳动教育成效为导向，通过第一课堂全方位评价与第二课堂动态评价相结合的方式，致力于规划建设富有山大特色的劳动教育考核评价制度。

### 一、以育人实效为导向的评价指标

教育评价是根据一定的教育价值观或教育目标，运用可行的科学手段，通过系统收集信息、分析解释，对教育现象进行价值判断，从而为不断优化教育实践和教育决策提供依据的过程。[①] 现阶段，各高校在劳动教育评价方面多处于不成熟的状态，因此，建立以育人实效为导向的评价指标尤为重要。《大中小学劳动教育指导纲要(试行)》中指出，要“开展平时表现评价、学段综合评价和学生劳动素养监测，发挥评价的育人导向和反馈改进功能”，通过科学多元的评价指标对劳动教育的实施加以督导，对劳动教育的成效加以评价，将劳动素养评价纳入学生综合素质评价体系中，注重学生劳动教育学习过程的评价，关注在评价过程中对学生劳动价值观的培养，劳动态度、情感的形成导向，关注学生在学习活动中劳动经验的积累、劳动相关原理的应用、劳动文化的感悟等，形成促进学生劳动素养和综合素质提升的评价机制。

我们需要认识到，传统劳动评价主要以主观描述和模糊评价为主，评价

---

① 参见曾天山、顾建军:《劳动教育论》，教育科学出版社2020年版，第372页。

的标准不甚确定，评价成绩不够客观，这在一定程度上影响了师生参与劳动教育的积极性。这是由于现阶段的劳动教育评价存在一些局限性，其主要表现在目标不明晰、内容不具体、方式不灵活、机制不顺畅等方面，原因就在于缺乏一套科学的评价指标体系。

针对以上分析，我们需要构建一套适用于新时代高校劳动教育的评价体系需要遵循四个基本原则。

1.目标性原则

新时代高校劳动教育评价应当设定具体的目标，以服务人才成长的内在需要和外在社会发展需要为基准来开展评价工作，同时在实施过程中要将总目标进行细化，进一步分类设置出更加具体详细的目标，并且设置评价方法，通过量化指标使得各目标能够更加直观。除此之外，评价指标的目标越明确，对于引导学校开展劳动教育的指引性就越强，同时，在评价上操作性也会更强。

2.全面性原则

高校劳动教育是一项综合系统性工作，对其评价应力求做到全面。学生劳动素养提升状况、教师劳动教育教学条件与能力状况、学校其他劳动教育状况都应整体纳入评价内容。

3.多元化原则

在评价主体上，要涵盖学生、教师、社会上更多的人，使之成为评价主体以实现评价的全面客观目标；在评价方法上，应采用定性与定量相结合的评价方法；在评价性质上，坚持科学评价与人文评价的统一，注重把事实判断和价值判断相结合。

4.科学性原则

劳动教育的评价是复杂立体的过程，其中许多评价内容的内隐性强，评价难度大，这就对评价指标体系的科学性提出了要求，真正把握劳动教育的科学内涵，运用科学的思维和方法指导评价指标体系的构建。同时，高校劳动教育评价指标体系的构建需要遵循教育教学一般规律和学生成长的内在规律，其构建需按照科学规划、实施、评价、修订、动态调整的理路扎实推进。

根据以上四项基本原则，劳动教育评价体系应包含三大部分：学生劳动素养评价、教师劳动教育教学条件与能力评价、其他劳动教育状况评价。

1.学生劳动素养的评价

学生劳动素养评价体系应与当前高校普遍实行的学生综合素质评价体系相配套，把劳动素养纳入综合素质评价的“五育”目标，从加强劳动教育的视角，进一步优化学生综合素质评价指标体系，切实提升劳动教育各项内容的重要性。将劳动素养纳入学生综合素质评价体系，建立综合素质评价平台，实现平时表现评价和学段综合评价相结合、劳动能力评价和劳动态度评价相结合、过程性评价和结果性评价相结合，重点加强学生参加学校劳动、家庭劳动和社会劳动的评价，建立公示、审核制度，确保记录真实可靠，使学生在劳动学习与实践的过程中将“崇尚劳动、尊重劳动”的精神内化于心、外化于行。

严格实施劳动素养评价体系，将劳动素养评价结果作为衡量学生全面发展的重要内容，作为高一级学校录取的重要参考或依据，作为评优评先的重要参考和毕业依据。并且，各学院在每学期末评选出本学期的“校园劳动模范”，并给予表彰鼓励，以激励大学生积极参加劳动实践，把劳动教育落到实处。

2.教师劳动教育教学条件与能力的评价

教师是劳动教育教学活动的直接组织者，在劳动教育过程中发挥着主体和主导作用。因此，教师自身的劳动素养以及实际开展劳动教育教学的能力都直接影响劳动教育工作效果。针对教师劳动素养的评价，主要体现在对劳动价值观、劳动知识技能、劳动实践和习惯等方面的评价；针对教师劳动教育教学能力的评价，可以从教育教学设计能力、组织能力和评价能力等方面展开。

3.其他劳动教育状况的评价

其他劳动教育工作状况的评价需要从学院的劳动教育课程设置与资源开发情况、劳动教育活动的数量和质量等方面进行评价。高校劳动教育主要是通过课程教学的形式来实现，劳动教育课程的设置能够进一步规范教师的教育行为，明确劳动教育的教学目标、教学内容、教学计划和教学活动等。同时，劳动教育需要一定的场所和载体，这就需要进行劳动教育课程资源的开发，包括劳动教育课程教材和教辅资料的编写、劳动实践基地的建设、劳动教育的研究、校外劳动专家的评聘等。除此之外，劳动教育活动是劳动教育的最外在表现，也是劳动教育评价的最显性指标。劳动教育活动的评价要从数量和质量两个方面考察。数量是指一段时间内整个劳动教育活动的数量，同时还可以考察其形式的多样性。就劳动教育的质量方面来说，优质的劳动教育活动一个直接的外在要求是学生接受程度高，同时还要求活动设计的科学性强，活动具有目标明确、方法得当、效果明显等内在要求。

中国劳动关系学院发挥劳动教育的制度导向作用，从制度层面对劳动教育评价加以规范。学校通过修订《学生素质综合测评条例》等相关制度文件，将劳动教育实践内容融入学生综合素质测评的评分体系。“一是加入劳动素养方面的内容，引导学生积极参加各项劳动教育活动；二是在综测奖励加分项中突出劳动实践成果，对有劳动教育学术成果、获得优秀青年志愿者等荣誉称号的学生予以加分。……特别增设‘劳动之星’单项奖学金，鼓励劳动奉献，提升劳动素养，构成德、智、体、美、劳完善的奖励体系。……在勤工助学岗位中评选‘勤工之星’，鼓励贫困学生通过诚实劳动和辛勤劳动改善学习和生活条件，实现自身价值。”①

上海财经大学通过建立劳动素养评价机制：“以家庭、学校、社会为评价主体，体力劳动、服务性劳动、创新性劳动为评价内容，劳动态度、劳动技能、劳动成效为评价指标，将过程和结果、定量和定性、自评和他评相结合，充分发挥评价的育人导向和反馈改进作用。”

南京理工大学钱学森学院致力于下好“保障棋”，将劳动教育纳入学生培养方案之中，注重“将过程性评价与结果性评价相结合，建立学生劳动教育成长档案，构建劳动知识、劳动习惯、服务性劳动、生产性劳动、创造性劳动‘五位一体’的劳动教育综合评价体系”。学院将劳动教育实践服务活动确定为一个学分的必修课，而要获得相应学分，就必须参加 20 课时的劳动实践并通过考核。在实践服务过程中，“为确保考核公平公正，也让每名学

① 申继亮等:《新时代高校劳动教育实施体系构建的实践与反思》,《劳动教育评论》2020 年第 3 期。

生都得到充分锻炼，所有小组都施行‘组长轮换制’，即学生轮流当组长，负责本小组活动的开展与考评。考评分数则由4部分组成，分别是小组其他成员评价（占30%），服务单位负责人评价（占30%），活动成效汇报考核（占20%）以及学生自我评价打分（占20%）。此外，考评体系中还设有评优制度，每年都会评出若干‘优秀团队’和‘先进个人’”①。

西安交通大学通过加强考核示范：“发挥党员和团学骨干先锋模范作用，开展劳动成果展示、劳动竞赛活动，建立健全劳动活动的公示、审核、认定、评优评先制度，将劳动实践纳入学生综合素质评价，作为学生评奖评优的重要指标。注重成果转化，将社会实践、志愿服务、创新创业、校园文化建设积极转化为实际成果。”

天津大学通过探索新时代大学生勤工助学的劳动教育作用，针对以勤工助学为主体的劳动教育，提出了构建以人的发展为核心的勤工助学质量跟踪体系，建立勤工助学育人跟踪体系，“依据可量化、可测量、符合新时代高等教育人才培养目标的考核指标，对岗位能力需求和学生综合素质和工作技能进行全面科学的考查”②，从而培养学生热爱劳动、自强不息的精神，提升学生综合素质，将育人功能充分发挥。

## 二、构建具有山大特色的劳动教育评价体系

山东大学秉持“为天下储人才，为国家图富强”的办学理念，根据学校具体工作实际，以劳动教育成效为导向，致力于规划建设富有山大特色的劳动教育考核评价制度。通过制定动态评价指标，建立激励机制，全面客观记录第一课堂与第二课堂劳动过程和结果，加强对实际劳动技能和价值体认情况的考核，将学生劳动教育计划完成情况纳入学生综合素质评价体系，把劳动素养评价结果作为衡量学生全面发展情况的重要内容与评优评先的重要参考。通过将劳动教育课程评价纳入劳动教育课程体系建设中，把劳动教

① 赵建春、潘玉娇：《南京理工大学钱学森学院：用劳动塑造学子精彩人生》，《中国教育报》2020年6月26日。

② 陶森等：《新时代大学生勤工助学的劳动教育作用发挥研究——以天津市某大学为例》，《大学教育》2021年第1期。

育第一课堂作为一项重点项目来抓，实施多元评价方式，引导劳动教育课程向学生喜闻乐见的方式发展；通过志愿服务与社会实践丰富学生劳动教育第二课堂成绩单，推动第二课堂评价体系的完善，通过勤工助学等将劳动育人与资助育人相结合，并建立相应的评价制度，形成有效推动力。

(一)劳动教育第一课堂全方位评价

山东大学将把第一课堂劳动教育实践作为学校劳动育人的第一抓手，通过对第一课堂的评价，引导全校师生注重劳动价值观的建立。将第一课堂劳动教育实践细化为校内劳动教育实践和校外劳动教育实践。校内劳动教育实践可分为劳动教育实践必修课程和劳动教育实践选修课程两方面，通过课程组织、课程内容、课程效果等方面对劳动教育课程进行全面评价，将新媒体技术运用于课程评价的全过程，可以简化课程评价方式，优化课程评价过程，分析课程评价结果，对后续劳动教育课程实施进行合理导向。校外劳动教育实践以开展体验式学习和企业顶岗实习为主，将“劳心＋劳身”一系列课程内容整合，提高学生的劳动素养，重点培养学生的职业综合能力，通过对课外劳动教育实践课程的评价，为学生提供更广阔、质量更高的劳动教育平台，增加劳动机会。

社会劳动教育实践是大学生在入职前务必要经历的关键环节，大学生通过不断践行劳动精神，在社会劳动教育实践的评比中强化劳动意识，增强职业技能，将大学生的劳身与劳心相结合，从而实现进一步的发展。社会劳动教育实践评价以社会实践评价和社会服务评价为主，建立量化指标，帮助学生强化劳动意识和提高社会实践能力，为大学生创造更多的社会劳动教育实践机会，实现劳动教育社会实践化。

(二)劳动教育第二课堂动态评价

第二课堂作为高校人才培养体系的重要组成部分，是提高学生综合素质的重要载体。山东大学试行第二课堂成绩单制度，对第一课堂课程之外的学生素质拓展培养活动进行系统性评价，依托学生素质拓展培养系统，引导学生注重综合素质发展，推动学校综合志愿服务、社会实践、创新创业等各方面共同实现劳动教育育人功能。

志愿服务能培养学生的无私奉献的精神，增强学生的劳动意识和劳动观念；社会实践为学生提供了丰富的校外资源，能够为学生提供更加广阔的实践平台，让学生更加深刻地感受到劳动的价值与意义。山东大学深入贯彻落实志愿服务精神，坚持落实立德树人根本任务，弘扬劳动精神、推动劳动教育，促进学生全面发展，倡导形成“人人都做志愿者”的理念，实现新时代、新环境大背景下的志愿服务项目化、长效化、品牌化发展，建立完善长效工作机制和活动运行体制，积极构建体系化、规范化、矩阵化的志愿服务工作体系。学校充分动员大学生积极利用课外时间主动参与校内外组织的各类志愿服务、公益性活动，增强大学生社会劳动实践的获得感，形成为社会服务的高尚情怀，强化大学生的劳动意识与服务能力，多渠道促进大学生劳心与劳身的融合，将“劳动精神”内化于心、外化于行。

通过每年评选年度志愿服务先进典型，即“十佳志愿者”“优秀志愿者”“十佳志愿服务组织”“山东大学年度优秀志愿服务项目”等，山东大学将志愿服务榜样的选树作为落实立德树人根本任务、弘扬劳动教育的重要举措，深入甄选推送，踊跃发掘在各个领域内的志愿服务“好人好事”，推选示范性强、育人实效高、宣传推广强的先进组织、先进个人，设立多元评价指标，抛开传统固定化考核模式，将志愿服务作为劳动教育的一个重要举措放置在科学完善的评价体系内加以实施，以劳动成效为导向，将志愿服务评价作为山大特色劳动教育评价体系的一部分，从服务成效的角度进行考量，推动学生劳动意识的显著增强，从而将劳动观念深植于学生内心，促进学生的全面发展。

在创新创业方面，通过融合创新创业开展劳动教育实践，依托校院两级创新创业教育平台，借力“创街、创园、创平台”功能区，依托中国研究生创新实践系列大赛、“挑战杯”全国大学生课外学术科技作品竞赛、“创青春”全国大学生创业大赛、中国国际“互联网＋”大学生创新创业大赛等创新创业赛事，通过创业导师指导、开展团队组建、实施项目立项、建立运营空间等举措，强化新知识、新技术、新工艺、新方法应用，促进知识学习、创新创业与劳动实践深度融合。以赛事为抓手，在此基础上进行创新创业劳动实践成果评价，将劳动教育评价广泛延伸。

同时，通过规范劳动实践基地的管理与考核，完善奖惩机制，建立高质量实践教育平台，依托社会实践，引导学生参与劳动。严格按照学校在《山东大学研究生社会实践基地管理办法》中的要求，规范基地的建立及管理，明确规定基地可吸收参与实践的研究生人数、批次以及实践时间，通过定期考核，取消不合格的基地，表彰管理规范、可持续使用的基地。充分利用社会实践先进表彰和《山东大学研究生社会实践基地管理办法》在研究生社会实践所能发挥的推动作用，通过评比，对在社会实践调研、服务社会社区、企业科技服务、政府机关、企事业单位联合培养等各类活动中表现突出，取得较大成绩的研究生个人和集体给予表彰奖励和经费支持。在学生层面，要及时把参加社会实践活动的情况填入《山东大学学生社会实践活动写实记录及考核登记表》，依据此表和相关辅助性证明材料，按照学校规范化程序，以学年为单位对本科学生社会实践活动进行考核，同时进行《形势政策与社会实践》课程实践环节的成绩测评。学院要以学期为单位制定学生社会实践工作计划，学校以学年为单位对各学院学生社会实践工作进行总结考核与评比表彰，计划开展“劳动之星”“劳动模范班”等评比活动，选树先进典型，弘扬劳动精神。

此外，山东大学还通过实施大学生志愿服务时长认证制度，探索实施寒暑期社会实践、日常社会实践、创新创业成果等成果学分转化制度，实现劳动育人评价的制度化、规范化。发挥大学生创新创业中心“引航”作用，依托大学生创新创业孵化基地，开展创新创业活动，通过组织大学生参加“互联网＋”“挑战杯”等大学生创新创业大赛以及与专业相关的创业活动，通过对创新成果进行评价，培养学生的创新精神和创业能力，涵养学生的劳动情怀。在此之中，学校注重过程性评价，建立分层评价机制，实施“教师评价＋自我评价”的多元评价模式，最大程度地鼓励学生参与劳动实践，收获劳动价值。此外，将“第二课堂成绩单”纳入到学生考核当中，在学生评优评模、推选入党等评比中占一定的比例，激发学生参与劳动的积极性。

## 第三节 高素质劳动教育师资队伍建设

高素质的教师队伍是高校开展劳动教育的重要基石，高校应当在拓宽思路、提高精度、夯实根本上下功夫，通过举办劳动教育论坛、开展劳动课程评优、加强教师队伍建设的方式，层层深入，逐步建立起一支思想理论精通、业务技能熟练的高素质教师队伍。

### 一、拓宽思路：举办劳动教育论坛

劳动教育论坛作为一种沟通交流的重要形式，能够对营造劳动育人的文化氛围和文化环境起到重要作用，是高校开展劳动教育的重要思路。高校可以通过邀请劳动育人专业教授、劳动模范与先进工作者、大国工匠、就业创业先进代表等到校园内开展劳动主题教育讲座、报告会等活动，将劳动精神传递给青年学生，对劳动的价值进行深入解读，通过对劳动理念的积极弘扬，在潜移默化中对学生进行价值观的引导。同时，高校自身也应注重劳动教育与校园文化活动的深度结合，通过学校网站、新媒体客户端的标语宣传、案例示范、视频讲解等营造尊重知识、尊重劳动的文化氛围，突出劳动的新时代内涵，表达对劳动者的崇高敬意。

2020 年 8 月 21 日，第五届劳动人权马克思主义论坛在上海举行。在以“劳动精神与劳动教育”为主题的分论坛上，线上线下与会专家学者围绕“劳动教育”问题展开了深入而全面的讨论。[①] 在分论坛上，专家学者肯定了劳动教育在国民教育中的重要战略地位，通过对比讨论，指出了马克思的劳动观与习近平关于劳动的相关论述对于加强新时代劳动教育的重要意义。同时，新时代劳动教育的主要研究内容被纳入讨论议题，不同时代的劳动教育思想在不断地变化，职业模范教育在劳动教育中发挥了积极的作用，大中小学的具体劳动教育问题也迫在眉睫。此外，与会专家对劳动教育的实践路径进行了进一步探索，包括疫情中的劳动伦理问题和现实中的劳动正义问

① 参见朱丹、何云峰：《新时代劳动教育的地位、内容及其实践路径——第五届劳动人权马克思主义论坛综述》，《云梦学刊》2021 年第 2 期。

题等。通过这场关于劳动教育的深入研讨，高校对劳动教育问题的探索视角和方法得到了极大的丰富，对新时代新挑战下高校开展劳动教育提供了很好的借鉴模式，意义重大。

2017 年，东北大学建立起一支由全国、省、市劳模组成的特聘教授队伍。“毛主席的好工人”、全国劳动模范尉凤英，党的十九大代表、沈鼓集团副总工程师姜妍，“雷锋传人”郭明义……特聘教授走进思政课堂，根据教学目标和课程需求，定制劳模授课各种模块，实现菜单式、个性化授课。学校还依托“一五一十”思政文化育人一体化平台建设项目，组织开展“名家讲坛”“领导干部上讲台——国企公开课”等讲座报告。[①] 通过劳模特聘教授进课堂，打造劳动教育品牌讲座报告，全面发挥模范带头作用，为高校实施劳动教育提供了示范。

上海应用技术大学主办新时代劳动教育创新论坛暨德育研究中心揭牌仪式，邀请业界人士针对新时代劳动教育的开展进行研讨，结合新冠疫情的防控救治，讨论劳动育人的现实意义，引导学生树立正确的价值观念。青岛举办全国劳动教育发展论坛（青岛）暨青岛市劳动教育现场会，通过“劳动教育推动更高水平育人体系”与“中小学劳动教育政精神解读和重点要求”两场主题报告、与专家对话、典型经验交流互动等形式，对劳动育人建设的政策实施进行进一步讨论，努力构建德、智、体、美、劳“五育”并举的教育体系，打造区域一流、全国知名的劳动教育示范区。山东大学计划举办驻鲁高校劳动教育论坛暨首期“青志大课堂”系列讲座论坛，同时借助“稷下创新讲堂”“齐鲁创业讲堂”等品牌课堂的创办，发挥劳动教育论坛在营造劳动育人文化氛围中的积极作用，从而为劳动教育的实施进行创新性探索。

### 二、提高精度：开展劳动课程评优

当前部分高校的课程仅仅围绕培养学生的德、智、体、美四方面的素质而设立，劳动方面的课程较为缺乏，劳动教育也往往沦为其他“四育”的附庸，甚至部分高校在人才培养方案中也很少涉及大学生劳动教育这一领域，

---

① 参见刘玉、王钰慧：《接地气，所以有朝气——东北大学推动“知行合一”让劳动精神落地生根》，《中国教育报》2020 年 5 月 11 日。

致使劳动教育缺乏相应课程的支撑,收效甚微。同时,劳动课堂评价机制鲜少建立,劳动课程缺乏监管体制,其效果也难以保证。因此,劳动课程体系建立与评优需要高校予以一定的重视,对提高劳动教育精度也有很大帮助。

在劳动教育课程的评价方面,杜萍萍在《新时代高校劳动教育课程评价体系完善对策探析》一文中探讨了这样一种评价模式,即以传统的考试和考核为载体,分为两个方面:理论部分为认知考试,参与实践为能力考核。“主要是对大学生在劳动教育课程中的积极参与度、行为表现和劳动效果等进行客观评价,评价方式可借助于阶段考核、操作展示、成果展示、劳动技能竞赛、日常观察、作品评定等多种方式。对劳动强度、时间,劳动态度、劳动纪律、劳动技能的掌握,以及所学专业知识的运用等指标进行客观评价。对大学生劳动素养的整体综合评价,进行评价标准既要注重‘结果’也要注重‘过程’,强调结果与过程并重。劳动教育课程整体综合评价标准始终以学生为主体,综合反映学生的劳动观念、劳动精神、劳动态度、劳动经历、劳动能力和劳动成果。评价标准的核心要义是要注重大学生劳动情感和劳动态度。”①

我们需要认识到,新时代高校劳动教育课程评价考核是实施劳动教育重要的环节。建设相应的评价导向体系,建立评价引导的专项制度,是高校劳育课程教学体系构建和正常运行的重要保证。“科学合理的劳动课程评价体系,可以引起大学生对劳动教育的重视程度,保障大学生能够有效完成高校劳动教育课程化教学任务,有利于高校劳动教育课程深入开展。”②同时,对劳动教育课程的评价不应该简单地以成绩分数来认定,而是应该进行多元化的客观综合考核评价,综合多种评价方式进行灵活对待。开展劳动教育质量监测,对于劳动教育课程进行多元评价,强化反馈和指导,在学生评教、督导评教、管理人员评教中增设课程劳动教育评价指标,能够引导教师在专业课程中融入劳动教育,引导学生在不同领域开展劳动课程专业实践,认识到学习的本质也是劳动,培养学生认真学习的态度,将劳动育人贯穿于学生生涯中,从而提高劳动教育课程育人精度,为课程顺利实施做好

① 杜萍萍:《新时代高校劳动教育课程评价体系完善对策探析》,《才智》2020 年第 21 期。

② 杜萍萍:《新时代高校劳动教育课程化教学体系构建与运行》,《公关世界》2020 年第 24 期。

保障。

## 三、夯实根本:加强劳动教育教师队伍建设

《关于全面加强新时代大中小学劳动教育的意见》中提出,要“采取多种措施,建立专兼职相结合的劳动教育师资队伍。根据学校劳动教育需要,为学校配备必要的专任教师。高等学校要加强劳动教育师资培养,有条件的师范院校开设劳动教育相关专业。设立劳模工作室、技能大师工作室、荣誉教师岗位等,聘请相关行业专业人员担任劳动实践指导教师。把劳动教育纳入教师培训内容,开展全员培训,强化每位教师的劳动意识、劳动观念,提升实施劳动教育的自觉性,对承担劳动教育课程的教师进行专项培训,提高劳动教育专业化水平”①。

为建设完善的师资队伍,高校应该配备完善的专、兼职相结合的劳动教育教师队伍,并对承担劳动教育课程的教师进行专项培训,提高教师的劳动育人专业化水平,确保劳动教育教学质量。要把劳动教育纳入教师培训内容,革新劳动教育教师的培训机制,依托各类培训计划和在线远程培训等开展全员培训,强化每位教师的劳动意识与劳动观念,增强广大教师实施劳动教育的自觉性。高校可定期组织安排教师进行专业培训,聘请相关专业人士来校对教师进行特色培训,以此强化教师的正确认知,纠正错误认知,提高教师的教学能力。

同时,需要将劳动教育与专业教育相融合,鼓励教师结合不同专业特点、思维方法和价值理念,深入挖掘专业劳育元素,把劳动教育有机融入专业教育体系设计、课程教育和实践教育中,引导教师在专业教育中不断挖掘专业劳动精神,研究专业劳动伦理,探索专业劳动素质,依靠自身能力为学生搭建专业实践平台,强化专业技能训练,探索完善专业劳育教学体系,切实提升人才培养质量,将教师育人水平提升到一个新高度。

此外,高校还应该通过聘请劳模来丰富师资队伍,充分利用大国工匠进校园的独特优势,将劳动模范精神与思想政治教育工作深度融合,通过组织

---

① 《中共中央、国务院关于全面加强新时代大中小学劳动教育的意见》,政府网,http://www.gov.cn/zhengce/2020-03/26/content_5495977.htm。

劳模教师与学生共同参与的劳动教育主题班会、劳动教育沙龙等形式，让学生深入感知劳模精神。同时鼓励劳动模范担任劳动实践活动的参与者、指导者，营造学习劳模精神的校园风尚。邀请劳模校友回校做讲座，可以将先进典型的带动作用通过师资的形式发挥出来，扩大师资队伍，建设有文化、有精神、有信念的教师队伍。

在建设教师队伍的同时，建立健全劳动教育教师工作考核体系也同样需要高校予以重视。通过分类完善劳动教育教师评价标准，在绩效考核、职称评聘、评优评先、专业发展等重要工作中体现劳动教育的重要性，引导更多教师参与劳动教育，进而调动起广大教职员工参与劳动育人的积极性。因此，高校要落实全员、全程、全方位育人理念，明确教师参与志愿服务与社会实践、创新创业指导、各类赛事指导、专业实践指导的工作标准，将教师参与劳动育人的成效作为教师职称评定的考核指标，加强教师队伍建设。同时，优化教师聘任、选拔和淘汰机制，通过给予奖励来增强劳动教育教师的获得感和幸福感，通过严格督导与监管来保障劳动教育教学的有序开展，通过公平公正合理的评价来调动劳动教育教师的积极性、主动性和创造性，坚定教师队伍理想信念，培养一支适应时代变化的优秀劳动教育人才队伍。

# 参考文献

[1]《马克思恩格斯文集》第 3 卷，人民出版社 2009 年版。

[2]《马克思恩格斯文集》第 5 卷，人民出版社 2009 年版。

[3]《马克思恩格斯文集》第 10 卷，人民出版社 2009 年版。

[4]《马克思恩格斯全集》第 16 卷，人民出版社 1964 年版。

[5]《马克思恩格斯全集》第 23 卷，人民出版社 1972 年版。

[6]《马克思恩格斯全集》第 32 卷，人民出版社 1998 年版。

[7]《马克思恩格斯全集》第 42 卷，人民出版社 1979 年版。

[8]《马克思恩格斯选集》第 1 卷，人民出版社 1972 年版。

[9]《马克思恩格斯选集》第 3 卷，人民出版社 1995 年版。

[10]《马克思恩格斯选集》第 4 卷，人民出版社 1995 年版。

[11]《列宁全集》第 2 卷，人民出版社 2013 年版。

[12]《列宁选集》第 3 卷，人民出版社 2012 年版。

[13]《列宁选集》第 4 卷，人民出版社 2012 年版。

[14]《邓小平文选》第 2 卷，人民出版社 1994 年版。

[15]中共中央文献出版社、中共湖南省委《毛泽东早期文稿》编辑组编：《毛泽东早期文稿》，湖南人民出版社 2008 年版。

[16]中共中央文献研究室编：《三中全会以来重要文献选编》，中央文献出版社 2011 年版。

[17]中共中央党史和文献研究院编：《十九大以来重要文献选编》上，中

央文献出版社 2019 年版。

[18]何东昌主编:《中华人民共和国重要教育文献(1949～1975)》,海南出版社 1998 年版。

[19]何东昌主编:《中华人民共和国重要教育文献(1998～2002)》,海南出版社 2003 年版。

[20]教育部思想政治工作司组编:《加强和改进大学生思想政治教育重要文献选编(1978～2014)》,知识产权出版社 2015 年版。

[21]华东师范大学教育系编:《列宁论教育》,人民教育出版社 1990 年版。

[22]中共中央文献研究室编:《邓小平论教育》,人民教育出版社 2004 年版。

[23]《山东大学百年史》编委会编:《山东大学百年学堂(1901～2000)》,山东大学出版社 2001 年版。

[24]山东大学档案馆编:《山东大学大事记(1901～1990)》,山东大学出版社 1991 年版。

[25]共青团山东大学委员会编著:《共青团在山大(1922～2013)》,山东大学出版社 2014 年版。

[26]陶行知:《生活教育文选》,四川教育出版社 1988 年版。

[27]曾天山、顾建军:《劳动教育论》,教育科学出版社 2020 年版。

[28]李庆刚:《"大跃进"时期"教育革命"研究》,中共中央党校出版社 2006 年版。

[29]成有信:《教育与生产劳动相结合问题新探索》,湖南教育出版社 1998 年版。

[30]桑新民、陈建翔:《教育哲学对话》,河北教育出版社 1996 年版。

[31]田慧生:《综合实践活动课程实施中的问题与策略》,教育科学出版社 2007 年版。

[32]姜晓燕、赵伟:《俄罗斯基础教育》,同济大学出版社 2005 年版。

[33]刘煜主编:《大学生社会实践导论》,浙江大学出版社 2017 年版。

[34]曹胜利、雷家骕主编:《中国大学创新创业教育发展报告》,北方联合出版社传媒(集团)股份有限公司、万卷出版公司 2009 年版。

[35]刘向兵等:《新时代高校劳动教育论纲》,社会科学文献出版社 2019 年版。

[36][苏]苏霍姆林斯基:《教育的艺术》,肖勇译,湖南教育出版社 1983 年版。

[37][苏]**B.A.**苏霍姆林斯基:《帕夫雷什中学》,赵玮等译,教育科学出版社 2009 年版。

[38][德]马丁·海德格尔:《存在与时间》,陈嘉映、王庆节译,商务印书馆 2017 年版。

[39][美]杜威:《人的问题》,付统先、丘椿译,上海人民出版社 1965 年版。

[40]徐长发:《新时代劳动教育再发展的逻辑》,《教育研究》2018 年第 11 期。

[41]檀传宝:《劳动教育的概念理解——如何认识劳动教育的基本内涵与基本特征》,《中国教育学刊》2019 年第 2 期。

[42]檀传宝:《劳动教育的基本内涵与特征》,《中小学德育》2019 年第 6 期。

[43]李庆刚:《正确处理人民内部矛盾探索中的制度创新》,《北京党史》2017 年第 3 期。

[44]萧宗六:《怎样理解“教育与生产劳动相结合”》,《教育研究》1999 年第 6 期。

[45]黄济:《关于劳动教育的认识和建议》,《江苏教育学院学报》(社会科学版)2004 年第 5 期。

[46]瞿葆奎:《劳动教育应与体育、智育、德育、美育并列?——答黄济教授》,《华东师范大学学报》(教育科学版)2005 年第 3 期。

[47]刘娜:《新时代高校劳动教育的多维向度》,《黑龙江高教研究》2020 年第 11 期。

[48]万婕、朱惠蓉:《新时代高校劳动教育的价值意蕴与实践路径》,《山西师大学报》(社会科学版)2020 年第 6 期。

[49]李旭荣等:《“五育”背景下新工科劳育和美育课程建设探索》,《比

较教育研究》2005 年第 2 期。

[50]孙进、陈囡:《德国中小学的劳动教育课程:目标·内容·考评》,《比较教育研究》2020 年 7 期。

[51]任平、贺阳:《从"劳作学校"到"普职融合":德国劳动教育课程建设的价值嬗变、特征与启示》,《全球教育展望》2020 年第 10 期。

[52]杨红军:《日本中小学家庭课的特点及启示》,《劳动教育评论》2020 年第 3 期。

[53]朱文辉、许佳美:《从分立窄化到固本创新:我国劳动教育的发展历程与价值取向》,《教师教育学报》2021 年第 6 期。

[54]李鹏程:《临沂山东大学述略》,《临沂大学学报》2013 年第 2 期。

[55]赵凌云:《社会主义建设时期中国共产党思想解放的三个阶段》,《江汉论坛》2008 年第 7 期。

[56]张雨强、张书宁:《新中国成立 70 年劳动教育的历史演变——基于教育政策学的视角》,《中国教育学刊》2019 年第 10 期。

[57]方蕾、刘艳晴:《"三全育人"视域下高校劳动教育践行机制研究》,《教育教学论坛》2021 年第 5 期。

[58]张成尧:《例谈课堂教学中劳动教育的开展策略——以高中思想政治课为例》,《教师教育论坛》2020 年第 12 期。

[59]陈勇军:《马克思主义"教育与生产劳动相结合"生产劳动的涵义》,《南京体育学院学报》1995 年第 3 期。

[60]李同果:《高校第二课堂活动课程体系探讨》,《教育评论》2009 年第 2 期。

[61]张美凡等:《美术类高职高专院校以劳育美途径探析》,《科教文汇》2021 年第 4 期。

[62]裴华尉:《大学生"三下乡"社会实践育人功能的实现路径研究》,《亚太教育》2020 年第 18 期。

[63]朱丹、何云峰:《新时代劳动教育的地位、内容及其实践路径——第五届劳动人权马克思主义论坛综述》,《云梦学刊》2021 年第 2 期。

[64]孙建东等:《马克思劳动观视阈下高职院校劳动教育的价值意蕴与

优化策略探析》,《连云港职业技术学院学报》2020 年第 4 期。

[65]任国友、曲霞:《新时代高校劳动教育督导评价体系研究》,《劳动教育评论》2020 年第 1 期。

[66]申继亮等:《新时代高校劳动教育实施体系构建的实践与反思》,《劳动教育评论》2020 年第 3 期。

[67]陶森等:《新时代大学勤工助学的劳动教育作用发挥研究——以天津市某大学为例》,《大学教育》2021 年第 1 期。

[68]杜萍萍:《新时代高校劳动教育课程评价体系完善对策探析》,《才智》2020 年第 21 期。

[69]杜萍萍:《新时代高校劳动教育课程化教学体系构建与运行》,《公关世界》2020 年第 24 期。

[70]中共教育部党组:《深入学习贯彻习近平总书记关于青年学生成长成才重要思想 大力培养中国特色社会主义建设者和接班人》,《光明日报》2017 年 9 月 8 日。

[71]《习近平同全国劳动模范代表座谈时强调:人世间的美好梦想,只有通过诚实劳动才能实现》,《中国青年报》2013 年 4 月 29 日。

[72]吕晓娟、李晓漪:《新时代劳动教育:全面育人的助推器》,《中国教育报》2020 年 7 月 17 日。

[73]唐琪:《新时代如何全面加强劳动教育》,《中国教育报》2020 年 4 月 23 日。

[74]赵建春、潘玉娇:《南京理工大学钱学森学院:用劳动塑造学子精彩人生》,《中国教育报》2020 年 6 月 26 日。

[75]刘玉、王钰慧:《接地气,所以有朝气——东北大学推动“知行合一”让劳动精神落地生根》,《中国教育报》2020 年 5 月 11 日。

[76]段俊华:《“以劳育德”视域下黄冈市小学劳动教育问题及对策研究》,黄冈师范学院 2020 年硕士学位论文。

# 后　记

2022年10月16日，习近平总书记在党的二十大报告中指出："广大青年要坚定不移听党话、跟党走，怀抱梦想又脚踏实地，敢想敢为又善作善成，立志做有理想、敢担当、能吃苦、肯奋斗的新时代好青年，让青春在全面建设社会主义现代化国家的火热实践中绽放绚丽之花。"习近平总书记这一论述旗帜鲜明地为高校落实"立德树人"根本任务提出了新要求，为培育符合时代发展需要的人才指明了新方向。

劳动，是人类社会生存和发展的基础。习近平总书记指出："人世间的美好梦想，只有通过诚实劳动才能实现；发展中的各种难题，只有通过诚实劳动才能破解；生命里的一切辉煌，只有通过诚实劳动才能铸就。"[①]新中国成立后，勤劳的中国人民正是凭借劳动的双手，将百废待兴的国家建设成如今富强、民主、文明、和谐的新中国。可以说，尊重劳动、倡导劳动、保护劳动，正是中国特色社会主义的显著标志。

如今，站在"两个一百年"奋斗目标的历史交汇点上，在开启全面建设社会主义现代化国家新征程的今天，高度重视劳动教育，具有更加迫切的现实意义。当前，我国经济发展面临环境不稳定因素增多、"人口红利"逐渐消失、结构性矛盾突出、内生动力不足等问题，并且我国正面临经济发展转型，处于由中等收入阶段迈向高等收入阶段的关键时期。面对这一经济态势，

---

① 《习近平同全国劳动模范代表座谈时强调：人世间的美好梦想，只有通过诚实劳动才能实现》，《中国青年报》2013年4月29日。

习近平总书记深刻指出："面对日趋激烈的国际竞争，一个国家发展能否抢占先机、赢得主动，越来越取决于国民素质特别是广大劳动者素质。"[①]综合国力的竞争，归根到底是人才的竞争。正因如此，党的十九大报告指出，实现中华民族伟大复兴的中国梦，越来越依赖具有高素质的知识性、技能型、创新型劳动大军。在此时大力提倡劳动教育，有助于为国家社会建设、科技创新、经济发展提供高素质强有力的后备人才，对于国家和民族的进步与发展意义深远。

我国的劳动教育发展经过了曲折的历程，如今提出要加强劳动教育，一方面是提倡劳动教育具有非常重要的迫切性和现实意义，另一方面则反映出当前的劳动教育存在着不少问题。由于受到过去"万般皆下品，惟有读书高""君子劳心，小人劳力"等一些错误观念以及投机主义、享乐主义、拜金主义等不良思潮的负面影响，劳动教育更是长期处于被矮化、弱视的边缘，甚至有人评价别人的标准就是"有没有钱"，还有人看不起默默无闻的一线工作者，看不起为城市建设作出贡献的农民工，看不起辛勤耕作靠自己双手吃饭的农民。如果大家都去关注当红流量明星，却鲜有人知道劳动模范的名字，这无疑是可悲也是可怕的。针对上述不应该出现的现象，习近平总书记给出了强而有力的回答："在当代中国，工人阶级和广大劳动群众始终是推动我国经济社会发展、维护社会安定团结的根本力量。那种无视我国工人阶级成长进步的观点，那种无视我国工人阶级主力军作用的观点，那种以为科技进步条件下工人阶级越来越无足轻重的观点，都是错误的、有害的。"[②]

此外，受计划生育政策影响，如今的大学生有许多是独生子女，长期以来，许多家庭对子女只有成绩上的要求，而忽视了对子女的劳动教育，不少新生刚踏入大学校门时甚至需要家长、学长学姐帮忙铺床收拾行李，在日常生活中更是表现出怕吃苦、不愿意劳动、崇尚安乐等特点。因此，加强劳动

---

① 《习近平在庆祝"五一"国际劳动节暨表彰全国劳动模范和先进工作者大会上的讲话》，人民网，http://cpc.people.com.cn/n/2015/0429/c64094-26921006.html。

② 《习近平在庆祝"五一"国际劳动节暨表彰全国劳动模范和先进工作者大会上的讲话》，人民网，http://cpc.people.com.cn/n/2015/0429/c64094-26921006.html。

教育，对于解决上述问题，培养新一代胸怀理想、锤炼品格、脚踏实地、艰苦奋斗的青年，具有非比寻常的意义。

高等教育阶段是青年走向社会、进入职场的最后一道门关，直接面向社会输出高素质的劳动者。因此，高校担负着培养具有社会责任感、奋斗精神、创新能力的高素质社会主义建设者和接班人的神圣使命，除了培养学生劳动知识和劳动技能，高校还应当依托专门的劳动教育体系，提升学生的劳动素养。从这种意义上看，高校的劳动教育是培养人、发展人的教育，劳动教育的目标是让学生树立正确的劳动观，养成良好的劳动习惯和品德，并掌握应有的劳动知识和技能。围绕上述三个目标，结合中央最新的文件精神，山东大学围绕劳动教育进行了顶层制度设计，起草制定了一系列方案，并在教学、第二课堂等领域进行了实践。本书是对山东大学劳动教育的系统梳理，是山东大学落实《中共中央、国务院关于全面加强新时代大中小学劳动教育的意见》（以下简称《意见》）的具体措施和行动。学校专门召开了中共山东大学第十四届委员会第55次常务委员会议暨党委理论学习中心组会议，专题学习《意见》。在具体的行动中，山东大学将重点放在创新创业、志愿服务、就业指导以及勤工助学等方面，紧密结合实际，融合时代要求，因地制宜构建劳动教育山大模式。

山东大学一直秉承“为天下储人材，为国家图富强”的办学宗旨，历来有提倡劳动奉献的优良传统，不仅在过去涌现出了劳模部长郝建秀，全国劳模教授艾兴、邓从豪、吴承远等，近年来山大人的脚步也未曾停止：2019年山东大学金融研究院院长、数学院院长陈增敬获得“全国五一劳动奖章”，2020年山东大学控制科学与工程学院张承慧教授获评“全国先进工作者”。进入新时代以来，学校更是将劳动教育上升至战略高度，将劳动教育作为学校人才培养体系中的重要组成部分，不仅将劳动教育贯穿于学生日常生活中的点滴，提倡“人人都做志愿者”，更是在制度上采取了“劳动教育进素拓，素质拓展算学分”等措施，保证劳动教育踏实落地、富有成效。

在劳动教育建立制度保证后，我们开始在劳动教育的体系和教育内容上下功夫。课堂是育人的主渠道，劳育的重要性和必要性决定劳动教育必须进课堂，成为教学内容的重要组成部分。

在课堂教学的设计上，我们围绕劳动观、劳动品德、劳动价值、劳动知识开设劳动教育专门课程；在思政课中，我们不断探索在思政课堂中加入劳动教育内容的路径，将劳动价值观教育纳入“马克思主义基本原理”“习近平新时代中国特色社会主义思想概论”等思政课，实现劳动教育培养人、教育人的初衷；在专业课中，我们融入创新性劳动相关内容，打造有特色的劳动融合课程，如在专业课中加入劳动法、职业道德等内容，并将实践与知识理论相结合，依托工程训练中心开设劳育实践课程；日常教学工作间隙也是对学生开展劳动教育的良好契机，结合“雷锋月”等主题活动，组建学院“学雷锋志愿服务班组”，参与防疫值守，做擦黑板、摆放桌椅、打扫教室等劳动，有助于广大青年在日常劳动和志愿奉献中受教育、长才干、作贡献。

第二课堂是相对于教学课堂这个“第一课堂”而言的，如果说第一课堂是基础，那么第二课堂就是对第一课堂的拓展、延伸与巩固。“授人以鱼，不如授人以渔”，第二课堂正是让广大学子在动手、实践、参与中得到学习，是真正的“授人以渔”。第一课堂和第二课堂互为补充，相得益彰，开展劳动教育，第二课堂是非常重要的育人阵地。劳动教育是一门综合的育人课程，是其他一切教育的基础，劳动教育不能与德、智、体、美“四育”割裂。因此，在第二课堂劳动教育的设计上，我们十分注重“五育并举”，将劳动教育与其他“四育”有机结合。以劳动教育促进德育，通过邀请劳模进校园、开设劳动主题讲座等培养学生正确的劳动观和价值观，增强学生的社会责任感，厚植家国情怀；将劳动教育与智育相结合，开展产学研结合的劳动实践，在专业教育中融入劳动实践，利用工程训练中心等平台，探索“智慧劳动”和“创造劳动”，使学生在创新中感受到劳动的魅力与乐趣；注重体力劳动与体育锻炼有机结合，如开展植树节植树、田间劳作、假期家务打卡、体育大课堂等活动，让学生在劳动中感知艰辛、磨炼品性、增强体魄，树立学生珍惜劳动成果的意识；以劳育提升学生审美能力，学校依托传统文化体验基地等平台，让学生亲自参与做月饼、剪纸等中华传统文化技艺的学习，在劳动中体会和感知美，在潜移默化中培养学生对于美和艺术的热爱。

在第二课堂劳动教育实践中，我们尤其注重志愿服务、社会实践和创新创业三个板块，这是因为它们的内涵与劳动教育在根本上是一致的，在价值取向、育人目的、实践要求等方面有着高度的契合性。鼓励学生积极参与志愿服务、社会实践，有助于充分发挥青年人的热情和专业知识，在广阔的社会天地中增长见识和才干，体验劳动的意义和价值。志愿服务和社会实践在山东大学均已形成成熟、完备的体系，在长期实践中积累了丰富的成果。创新创业则代表着当今社会发展的方向和需求，我们既需要劳动者具有讲求奉献、艰苦朴素的传统劳动精神，又需要他们善于创新、追求卓越，从“劳动模范”到“创新模范”的转变，正是体现了当今时代对劳动者的更高要求。大学生创新创业，必须建立在对劳动具有科学的认知和一定经验的基础上。因此，创新创业与劳动教育是相辅相成的。山东大学不断深化“创新创业＋劳动教育”实践，依托“盈创空间”“创客导师之家”等平台，鼓励学生自主创业，设立大学生创新创业训练立项；以“挑战杯”“互联网＋”等比赛为抓手，营造浓厚的创新创业氛围；推进行业劳动实践，每年鼓励选派优秀学子到基层党政机关挂职实习，激励青年学子赴基层就业，前往祖国最需要的地方。

推行劳动教育，不能只局限在校园这一方小天地，更要走入社会大舞台。劳动教育旨在为社会培养合格的劳动者，最有效的劳动教育就是让学生进入真实的劳动场所，亲身感受真正的劳动，而校企合作则有助于直接实现上述目标。[①] 通过校企合作，不仅能够链接到企业丰富的劳动教育资源，还有助于加深学校与企业之间的合作，为学生就业拓展渠道。通过推行校企合作，一方面学校可以利用企业提供的实习岗位，开展学生专业实习和社会实践，提高学生的职业能力与职业素质；另一方面可以邀请企业资深专家、高级管理人才进入校园进行相关指导，结合专业进行技术指导和案例教学。山东大学与世界500强企业、行业领军企业建立了长期稳定、深入全面的合作关系，将企业的资源优势、环境优势与高校的科研优势、人才优势紧密结合。目前，学校与全国百余家企业合作建有劳动教育实践基地，例如，与浪潮集团在云计算、大数据、人工智能、网络安全等领域共同打造校企产学研合作典范；与力诺集团在学生联合培养、学生实习实践、校企导师聘任等方面进行合作，充分促进学生职业能力提升；与山东新华医疗器械股份有

① 参见曾天山、顾建军主编：《劳动教育论》，教育科学出版社2020年版。

限公司合作共建山东大学医院感染预防与控制实践培训基地，在培养应用型人才等方面取得了良好效果。山东大学在拓展校企合作关系、建立合作基地的同时，也积极聘请优秀企业家和社会工作者兼任学生创业导师、劳育导师等。山东大学聘请工人劳模许振超作为德育导师，受到学校师生热烈欢迎，取得了良好的育人效果，这也是山东省第一位工人劳模大学生德育导师。

《中共中央、国务院关于全面加强新时代大中小学劳动教育的意见》同样对劳动教育师资力量提出了更高要求，学校在劳动教育中居于主导地位，而教师队伍是高校开展劳动教育的关键。教师是直接面对学生的传道授业者，组建一支高素质、高水平、能力强的劳动教育教师队伍，是做好新时代劳动教育的基本。劳育作为一门与德育、智育、体育、美育并列的必修课程，同样需要建立专职劳动教育教师队伍。由于过去我国劳动教育长期处于被矮化、弱势的边缘，国家尚未针对劳动教育教师队伍制定专门的培养方案。劳动教育与许多学科存在交叉重合部分，如劳动教育哲学、劳动文化学、劳动经济学、劳动管理学等。目前，高校可充分利用自身学科门类广、师资力量丰富等优势，从专业教师中选聘能力素质高的教师组建劳动教育教师队伍。除了充分利用高校自身的师资力量，高校还应积极拓展，充分挖掘和利用好社会人才，可聘请优秀劳动模范、各界技能名师、大国工匠等作为兼职劳动教育教师，邀请他们进入校园参与授课、讲座活动，并担任学生的劳动实践指导教师。

加强劳动教育，发挥高校在劳动教育推进中的重要作用，领导班子至关重要。只有学校重视，才能自上而下建立起一支素质过硬、能力过强的劳动教育人才队伍，才能通过调查研判制定出合理有效的劳动教育实施方案和细则，才能打通学校各个机关部门，全校一盘棋，共同让劳动教育扎实落地。新时代高校如何发挥好劳动教育的主体作用，这是新时期所有高校面临的考卷。面对这份考卷，山东大学结合自身特色，通过长期以来的探索和实践给出了自己的答案。在学校党委的统一领导下，山东大学近年来坚持“五育并举”，建立并完善了劳动育人体系，将劳动教育与其他“四育”在同等高度纳入学校整体发展规划中，并在具体工作中落实落细。本书立足学校实际，全面梳理了学校近年来开展劳动教育的经验做法,分门别类进行系统归纳,并紧跟时代潮流,积极探索高校推行劳动教育的实践路径。

本书是多单位跨部门协同努力的结果,多位专家、教师参与了此书的编写。他们来自不同岗位,有的长期从事共青团的相关工作,在第二课堂方面不断创新,参与学校拓展培养方案的制定;有的长期负责劳动教育理论研究,持续学习中央最新文件精神;有的在一线负责学生日常事务管理,不断掌握学生最新动态。大家分工明确,齐心协力,力图将山东大学劳动教育的相关案例、经验、做法进行归纳总结,不断打磨书稿,汇编此书,希望能够为高校开展劳动教育提供一些经验和思路。本书撰写的具体分工如下:第一章由翁祥栋、王永军、张洁三位同志负责撰写,第二章由张熙、张洁、张婷婷三位同志负责撰写,第三章由封莹、马海波、李齐三位同志负责撰写,第四章由朱云龙、桑军帅和张婷婷三位同志负责撰写,第五章由路云生和陈诗宜两位同志负责撰写,结语由封莹同志负责撰写。王君松同志承担了全书撰写的协调和保障工作,多次主持了通稿会、内容修订研讨会,翁祥栋同志承担了教材的前期框架拟定、内容设计等工作,并进行了全书统稿。李磊、杜恩义、方华、刘政、范清涵、贾彦楠六位同志对全书多次进行审校修改,最后由姜炳刚同志主持了对全书的审核工作。全书的撰写还得到了山东大学相关职能部门和部分一线学生思政工作者的支持。

在本书的撰写中,我们发现在劳动教育的体系建构、理论建设、创新研究上还存在不足,我们的工作还有很大进步空间,这也是接下来我们要继续努力的方向。同时,受限于我们自身的能力水平,不足之处在所难免,请各位同仁批评指正,也期待大家能够继续支持、监督山东大学的育人工作,关注劳动教育,共同为新时期高校劳动教育事业作出贡献。

编　者

2022 年 12 月于济南